# MÉTHODE
#### POUR L'ÉTUDE
# DE L'ARABE PARLÉ

# OUVRAGES DU MÊME AUTEUR

VOYAGES DE SINDEBAD LE MARIN (les), texte arabe extrait des *Mille et une Nuits*, muni de toutes les voyelles, accompagné d'un vocabulaire et de notes analytiques. Belle édition ; chaque page est encadrée d'un double filet vermillon. 2ᵉ édition, revue et corrigée. 1 volume in-12, relié percaline. 5 fr.

MANUEL DE L'ARABISANT ou *Recueil de pièces arabes*. Lettres administratives, judiciaires, politiques, etc., précédées d'un formulaire et suivies d'un vocabulaire. 1 volume petit in-8°, relié percaline. 6 fr.

RECUEIL D'ACTES JUDICIAIRES, renfermant 138 actes divers, provenant des trois provinces de l'Algérie, de la Tunisie et du Maroc, accompagné d'un vocabulaire et de notes. 1 volume petit in-8°, relié percaline. 6 fr.

UNE PREMIÈRE ANNÉE D'ARABE, à l'usage des classes élémentaires des lycées, des collèges et des écoles primaires. 1 volume in-12, cartonné (2ᵉ édition). 1 fr. 50

GRAMMAIRE ÉLÉMENTAIRE D'ARABE RÉGULIER, contenant des tableaux pour la conjugaison de tous les verbes irréguliers et des modèles d'analyse. 1 volume in-8° écu, relié percaline (2ᵉ édition). 5 fr.

MÉTHODE DE LECTURE ET DE LANGAGE, à l'usage des élèves étrangers de nos colonies. 2 livrets, avec tableaux muraux. 1ᵉʳ livret. 75 c.
    2ᵉ livret. 90 c.
    3ᵉ livret. 1 fr. 50
  La traduction en arabe de ces deux livrets. 1 fr. 20
  La traduction en italien. 1 fr. 50

# MÉTHODE

POUR L'ÉTUDE

DE

# L'ARABE PARLÉ

CONTENANT :

1° DES LEÇONS GRADUÉES DANS LESQUELLES SONT EXPOSÉS LES PRINCIPES DE LA GRAMMAIRE ;

2° DES VERSIONS ET DES THÈMES SUR CES PRINCIPES ;

3° DES DIALOGUES RENFERMANT LES FORMULES DE SALUTATIONS, DE COMPLIMENTS, ETC. ;

4° UN GRAND NOMBRE DE PROVERBES ;

5° UNE LISTE D'IDIOTISMES, LOCUTIONS FAMILIÈRES, ETC., CLASSÉS PAR ORDRE ALPHABÉTIQUE ;

6° DES LISTES DE MOTS SOUVENT EMPLOYÉS DANS LA CONVERSATION ;

7° LES MOTS TUNISIENS QUI DIFFÈRENT DES MOTS ALGÉRIENS,

PAR

## L. MACHUEL

Inspecteur général de l'Université,
Chevalier de la Légion d'Honneur,
Directeur général de l'Enseignement public en Tunisie,
Ex-Professeur d'arabe à la Chaire publique d'Oran,
au Lycée d'Alger et au Collège arabe-français
de Constantine.

---

CINQUIÈME ÉDITION

---

ALGER
ADOLPHE JOURDAN, ÉDITEUR
IMPRIMEUR-LIBRAIRE DE L'ACADÉMIE
—
1900

Cette nouvelle édition a été l'objet de plusieurs améliorations : Les premières versions ont été imprimées en gros caractères pour en faciliter la lecture aux débutants ; — les leçons sur les pluriels ont été modifiées ; — celles qui traitent de la conjugaison ont été complétées ; — des tableaux récapitulatifs ont été placés à la suite de chaque division bien distincte de la grammaire ; — j'ai exposé d'une façon nouvelle les règles relatives aux verbes irréguliers ; les leçons sur les verbes dérivés ont été refondues et rédigées d'une manière qui m'a paru plus simple et plus claire ; j'ai séparé les règles concernant les verbes irréguliers aux formes dérivées, de celles des verbes dont la racine est régulière ; — j'ai signalé, à l'aide d'un astérisque, dans les 40 premières leçons, les mots où les locutions qui appartiennent exclusivement au langage et qu'on ne saurait employer en écrivant ; — j'ai donné les expressions et les mots usités en Tunisie lorsqu'ils différaient de ceux de l'Algérie ; — j'ai ajouté un grand nombre de phrases aux quatre leçons qui renferment des formules de compliments, de souhaits, etc. ; — enfin, j'ai considérablement augmenté la liste des proverbes. Une nouvelle expérience m'a démontré que l'étude des proverbes plaît en général à l'élève, qu'il les retient facilement et qu'il est heureux de pouvoir les placer dans la conversation, lorsque l'occasion s'en présente. Ces proverbes sont, en outre, très utiles, à cause du grand nombre de mots qu'ils renferment.

Malheureusement, ces différentes additions m'ont obligé, pour ne pas augmenter le volume, et, par suite, le prix de l'ouvrage, à écourter la liste des idiotismes que j'avais donnés dans la 2ᵉ édition. Je n'ai laissé que ceux dont l'emploi est le plus fréquent.

J'ose espérer que ces diverses améliorations ajouteront un nouveau prix à ce modeste travail, et feront accueillir, par le public arabisant, cette 5ᵉ édition avec la même bienveillance que les précédentes.

L. M.

Tunis, juillet 1900.

# PRÉFACE

DE LA

DEUXIÈME ÉDITION

A une époque peu éloignée de nous, les Français qui venaient s'établir en Algérie tenaient à peu près le raisonnement suivant : « Ce n'est pas à nous, les vainqueurs, d'apprendre la langue arabe : que les indigènes étudient la nôtre. » Je sais qu'il y a, aujourd'hui même, malgré une longue expérience, bien des personnes qui pensent de la sorte ; toutefois, la Tunisie, l'Algérie, le Maroc et les diverses populations qui les habitent commençant à être mieux connues, on a compris, en général, que les mœurs, les habitudes et les idées des indigènes tiennent éloigné le moment où l'on pourra espérer les voir entrer en foule dans nos écoles, et venir chercher l'instruction qui doit les rapprocher de nous [1]. Il faut donc, pour l'heure au moins, que les vainqueurs fassent aux vaincus la concession d'apprendre leur langue, pour les initier à nos idées. Cependant, il est relativement peu de nos compatriotes qui aient suffisamment étudié l'arabe pour s'en servir avec profit, bien qu'ils en éprouvent le désir et le besoin. A quoi peut-on attribuer ce petit nombre ? Je n'hésite pas à le dire : au manque absolu d'une méthode d'arabe parlé, à la fois théorique et pratique, enseignant à l'étudiant à former rapidement les phrases dont il peut avoir besoin, et lui procurant la satisfaction de constater, au bout de trois ou quatre mois d'étude, qu'il a appris quelque chose, et qu'en prolongeant ses efforts il arrivera à un résultat encourageant. Je suis loin de dire, ou même de vouloir donner à penser, que les livres qui ont précédé celui-ci, surtout ceux qui sont sortis des mains habiles et savantes de MM. Bresnier et Cherbonneau, ne

---

(1) Depuis l'époque où ces lignes ont été écrites, de nombreuses écoles destinées aux enfants indigènes ont été créées en Algérie et en Tunisie, grâce aux efforts combinés du Gouvernement général et des autorités universitaires. On peut donc affirmer, dès aujourd'hui, que dans peu d'années un grand nombre d'indigènes algériens et tunisiens parleront facilement la langue arabe.

puissent conduire à un bon résultat ; mais je crois être en droit d'avancer que ma position au Lycée d'Alger, à une époque où les règlements ont modifié l'enseignement des langues vivantes et leur ont donné une plus large place dans l'instruction de la jeunesse, m'a, pour ainsi dire, mis dans l'obligation d'élever l'enseignement de l'arabe au niveau de l'anglais et de l'allemand. De là, pour moi, la nécessité d'avoir un livre pratique, dans le genre des excellentes méthodes Robertson, Otto, Ollendorff et autres, qui me permît d'obtenir des résultats aussi satisfaisants que ceux obtenus par mes collègues.

Telles ont été les raisons qui m'ont décidé à rédiger cette MÉTHODE, qui a été tout d'abord autographiée parce que je ne la destinais qu'à mes jeunes auditeurs, et que j'ai cru devoir faire imprimer, par suite de l'accueil favorable dont elle a été l'objet.

« Pourquoi, m'ont dit quelques arabisants, commencez-vous par l'étude de l'arabe parlé, qui n'est qu'une altération de l'arabe des livres ? » La réponse est toute simple : si nous n'étions pas en Algérie, si nous n'avions pas ce besoin pressant de communiquer par la parole avec les indigènes, je conseillerais à ceux qui désireraient apprendre l'arabe de commencer directement par l'étude de la langue régulière, qui est une et exactement la même dans tous les pays où le Koran est la loi religieuse. Mais ici, débuter par l'arabe régulier serait, à mon avis, suivre une marche défectueuse ou tout au moins peu féconde en résultats immédiats [1]. Je pourrais répondre également que cet ouvrage n'a pas la prétention d'être une grammaire, qu'il ne tend qu'à un seul but : celui d'amener l'Européen à connaître, en fait d'arabe (sauf le vocabulaire), ce qu'un indigène qui n'a pas fait d'études sait de sa langue ; avec cette différence, toutefois, que l'indigène ne sera pas capable d'écrire les mots qu'il emploie : ce que fera l'Européen qui se sera servi de ce livre, et qui, par suite, sera mieux préparé à étudier l'arabe régulier

---

[1] J'ai été à même de constater de nouveau, en Tunisie, combien est fondée cette théorie que je n'ai jamais cessé de soutenir. Parmi les nombreux Italiens qui habitent la Régence, il en est peu qui sachent lire et écrire l'arabe ; mais presque tous, hommes ou femmes, fonctionnaires, commerçants ou ouvriers, manient avec facilité l'idiome du pays, ce qui n'a pas peu contribué à leur donner autrefois une influence incontestable sur les indigènes.

que l'indigène lui-même, si grande que soit son intelligence.

Cette méthode est divisée en quatre parties :

La première partie traite de la lecture et de l'écriture. Je n'ai pas donné d'explications pour enseigner la prononciation de certaines lettres qui n'existent pas dans notre alphabet ; je me suis contenté de les indiquer, laissant à l'étudiant qui travaille seul le soin de se les faire prononcer par des personnes exercées.

Les modèles d'écriture ne sont pas donnés comme spécimens de calligraphie arabe ; ils n'ont pour but que d'enseigner le tracé des caractères, dans leurs diverses positions, la typographie étant insuffisante sous ce rapport [1].

Je me suis occupé, dans la deuxième partie, de tout ce qui concerne les noms, les pronoms, les adjectifs et les verbes dans leurs variations comme genre, nombre, temps, etc. Pendant les 15 premières leçons, j'ai cru devoir guider les pas du

---

[1] Les modèles d'écriture de cette 5ᵉ édition ont été écrits par un calligraphe de profession, qui aurait pu donner des spécimens d'une correction parfaite s'il avait eu une habitude plus grande de l'autographie.

commençant en écrivant en caractères français les mots arabes, car je sais par expérience que l'on ne peut arriver à lire couramment qu'après bien du temps, et lorsqu'on connaît déjà un certain nombre de règles grammaticales. Presque toujours, j'ai donné l'exemple avant la règle, ce qui peut permettre à l'étudiant de la déduire lui-même, et surtout de la retenir et de l'appliquer plus facilement, la première impression étant produite dans son esprit par le fait matériel lui-même.

La troisième partie renferme des textes courants, à la suite desquels j'ai donné soit des règles de formation et de syntaxe, soit des synonymes, soit des explications nécessaires pour se rendre compte de certains faits particuliers à la langue arabe. J'ai ajouté à ces textes différentes formules de salutations, de souhaits, etc., et un grand nombre de proverbes bien connus des Algériens [1].

A la suite du vocabulaire des mots que renferment les textes courants, j'ai placé une liste, par ordre alphabétique, d'idiotismes, de locutions pré-

---

(1) Cette nouvelle édition renferme aussi plusieurs proverbes tunisiens.

positives, d'expressions familières, etc., souvent employés dans la conversation.

La quatrième partie contient des listes, nécessairement abrégées, de mots d'un emploi fréquent dans le langage.

Enfin, pour rendre les recherches plus faciles, et pour permettre d'embrasser d'un seul coup d'œil tout ce qui concerne un même article, j'ai donné une table des matières par ordre alphabétique.

Je tiens à répondre, maintenant, aux reproches qui ont été adressés à mon ouvrage. « Pourquoi, m'a-t-on dit, n'avez-vous pas suivi la marche adoptée par les grammairiens dans l'explication des verbes irréguliers? » Je répondrai qu'il est peu important que ma façon d'expliquer la conjugaison de ces verbes ne soit pas celle des autres grammairiens; mon but est d'aller vite, et, avec mon système, je parviens à faire comprendre en quelques minutes tout ce qu'il est nécessaire de connaître pour conjuguer les verbes irréguliers de l'arabe parlé. — Un autre reproche est celui-ci: « Les textes que vous avez donnés sont trop simples et trop enfantins. » Je répondrai que le fond de ces textes importe peu. L'essentiel est qu'ils renferment beaucoup de mots et de locutions usuelles. — Quelques personnes encore, mais étrangères à la langue arabe, m'ont demandé pourquoi je n'avais pas donné un spécimen de lettres. Je dirai qu'un ouvrage du genre de celui-ci est insuffisant du moment qu'il s'agit d'interpréter un texte écrit, et qu'il faut, pour le traduire, faire une étude préalable des règles de la grammaire de l'arabe littéral. On pourra, cependant, si l'on possède bien ce livre, comprendre certaines lettres arabes, mais quelles lettres ! elles n'auront pu être rédigées que par des ignorants ; encore ne suis-je pas sûr qu'à un moment donné on ne rencontrera pas une tournure de l'arabe régulier qui arrêtera net le traducteur. J'aurais trompé l'étudiant et manqué de méthode si j'avais ajouté quelques lettres à la fin de mon livre, car je n'aurais pu les donner que correctement écrites, et l'arabisant eût été incapable de les traduire. Ne devra-t-il pas être satisfait si, au bout de cinq ou six mois de travail, il est arrivé à comprendre passablement les Arabes dans leur conversation? Avec un peu de patience et de courage, il parviendra à entendre leurs écrits en étudiant la grammaire de l'arabe régulier, ce qui n'exigera pas un temps bien long, car la plupart des mots et même des règles qu'il aura appris lui serviront dans cette nouvelle étude.

Tel est ce livre, dans lequel j'ai évité de faire étalage d'une vaine science dont n'a que faire celui qui veut apprendre à parler. J'ai toujours cherché à être simple dans mes explications, évitant, autant que possible, l'emploi de termes grammaticaux que le lecteur aurait pu ne pas comprendre. Je n'ai eu qu'un but : celui d'amener à communiquer par la parole avec un peuple que nous coudoyons journellement, que nous avons à rapprocher de nous, dont les individus sont pour la plupart privés d'instruction, n'ayant que des idées fort élémentaires et restreintes, dont le langage, plein de simplicité, n'offre de difficulté réelle que par l'abondance des termes, ce qui, aux yeux de quelques-uns, rachète la pauvreté du système ; langage qui ne brille que par l'éclat des images, qui sont souvent, il faut l'avouer, heureuses dans leur hardiesse.

Je ne doute pas que mon travail ne pèche encore, tant dans sa marche que dans son exécution matérielle, et qu'il ne puisse être l'objet de critiques fondées. Si toutefois il peut rendre, tel qu'il est, des services en rapport avec la peine qu'il m'a coûté, je ne regretterai pas d'avoir consacré mes efforts à l'intérêt incontestable qu'offre la connaissance de l'arabe.

Je ne terminerai pas sans faire observer qu'il est bien plus difficile de juger une méthode qu'une grammaire ; celle-ci peut être appréciée à la première lecture ; celle-là a besoin d'être vue dans son application et dans ses résultats : elle doit plutôt être considérée comme un instrument quelque peu compliqué, dont on ne peut connaître les avantages et les inconvénients qu'après s'en être servi.

Alger, mars 1875.

# MÉTHODE
### POUR
# L'ÉTUDE DE L'ARABE PARLÉ

## LIVRE PREMIER
### LECTURE ET ÉCRITURE

#### 1ʳᵉ LEÇON

ALPHABET

Les Arabes écrivent de droite à gauche.

Leur alphabet, qui se compose de 28 lettres, ne renferme que des *consonnes*.

Dans l'écriture arabe, il n'y a ni lettres majuscules ni ponctuation.

Les lettres qui entrent dans la composition des mots se joignent les unes aux autres, mais les mots ne se lient pas entre eux.

Chaque lettre de l'alphabet n'a pas une forme particulière; beaucoup d'entre elles se ressemblent et ne diffèrent que par la place et le nombre des points.

Les 28 lettres de l'alphabet sont [1]:

| NOM | FORME | VALEUR | NOM | FORME | VALEUR |
|---|---|---|---|---|---|
| Alîf | ا | » | D·âd | ض | D· |
| Bâ | ب | B | T·â | ط | T· |
| Tâ | ت | T | D·zâ | ظ | Dz |
| Tsâ | ث | Ts | 'Aïne | ع | ' |
| Djîme | ج | Dj | R·aïne | غ | R· |
| H·â | ح | H· | Fâ | ف | F |
| Khâ | خ | Kh | K·âf | ق | K· |
| Dâl | د | D | Kef | ك | K |
| Dzâl | ذ | Dz | Lâme | ل | L |
| Râ | ر | R | Mîme | م | M |
| Zîne | ز | Z | Noûn | ن | N |
| Sîne | س | S | Hà | ه | H |
| Chîne | ش | Ch | Ouaou | و | Ou |
| S·âd | ص | S· | Yâ | ي | Y |

(1) Les lettres dont la prononciation présente le plus de difficultés sont marquées d'un astérisque; il est nécessaire de se les faire prononcer par un indigène.

Treize de ces lettres peuvent être exactement représentées en français, ce sont :

| | | | | | |
|---|---|---|---|---|---|
| ب | bâ | B. | ش | chîne | Ch. |
| ت | tâ | T. | و | fâ | F. |
| ج | djime | Dj. | ك | kef | K. |
| د | dâl | D. | ل | lâme | L. |
| ر | râ | R. | م | mîme | M. |
| ز | zîne | Z. | ن | noûn | N. |
| س | sine | S. | | | |

Les lettres ح h·â, ص s·âd, ض d·âd, ط t·â, ظ dz·â, ق k·âf, sont les fortes des lettres ه hâ, س sîne, د dâl, ت tâ, ذ dzâl et ك kef. — Le point placé à la droite de la lettre française indique cette prononciation forte.

Les consonnes dont la prononciation offre le plus de difficulté aux Européens, sont :

| | | | | |
|---|---|---|---|---|
| ح | h·â. | غ | r·aïne. |
| خ | khâ. | ق | k·âf. |
| ع | 'aïne. | ه | hâ. |

La première lettre de l'alphabet est en réalité le petit caractère ء appelé *hamza*, dont l'alif n'est que le support le plus habituel (أ). Le *hamza* se met aussi sur le و *oùaou* (وُ), le ي (*iá*) et le caractère sans point (ـئـ). Le و comme consonne a la valeur du W; le ي comme consonne a celle de l'Y dans le mot *yatagan*, ou mieux celle de notre *l* mouillé. Les lettres ت *tâ* et ث *tsâ;* د *dâl* et ذ *dzâl;* س *sine* et ص *s·âd;* ض *d·âd* et ظ *d·zâ* sont souvent confondues en Algérie et en Tunisie. La lettre ف se prononce souvent *gu;* il est d'usage, dans ce cas, de mettre trois points dessus (ڨ). En Orient, le ف *fâ* a un point dessus (ف); et le ف *k·âf* deux points dessus (ق). Les indigènes de l'Afrique septentrionale (États barbaresques) classent les lettres de l'alphabet dans l'ordre suivant :

ا ب ت ث ج ح خ ذ ذ ر

ز ط ظ ك ل م ن ص ص ض

ع غ ب ف س ش ء و لا ي

## 1ᵉʳ EXERCICE

Nommer les lettres suivantes :

ا ت ب ج ح ث خ ب ث ح ا ت

ج ذ ر س د ز ش د ز س ذ ر ش ص

ط ع ط ص غ ط ع ض ظ ٯ ك ل م

ڧ ل ك ٮ م ڧ م د ن ي ه و ي

ٴ ن ي ا ح د ر س ص ط ع ك ل م

ه و ب ج ٮ ي ت ث ش خ ذ ز خ

ز ض ظ غ ڧ ن ا ل م و ب ن ي ث

ت ه ح ك ڧ د ض ز د ظ ر د س

ص ت ط ل ا و م ڧ ع ٮ غ ح خ ح

ج ع خ ع ٮ ڧ ه ح ع ج غ ص ص

ن ل و ث ش ا ك ب ي ط ذ ر س

## 2ᵉ LEÇON

### LIAISON DES LETTRES ENTRE ELLES [1]

Les 28 lettres de l'alphabet, lorsqu'elles sont isolées, sont représentées à l'aide de 18 caractères différents, qui sont :

ا ب ج د ر س ص ط ع ف
ق ك ل م ن ه و ى

Tous ces caractères peuvent se joindre à celui qui précède, de cette manière :

ـا ـب ـج ـد ـر ـس ـص
ـط ـع ـف ـق ـك ـل ـم
ـن ـه ـو ـى

REMARQUES. — 1º La lettre qui précède le caractère ح se joint à lui au-dessus de la ligne d'écriture, c'est-à-dire au sommet du caractère :

---

(1) Voir les modèles d'écriture.

ج— et non ح—; — 2° le caractère ج, précédé d'une autre lettre, prend la forme d'un triangle : ـج— et non ـح—; — 3° le caractère ة, à la fin des mots, prend diverses formes : ة, ـة; lorsqu'il est surmonté de deux points [ة, ﺔ] on l'appelle *tâ mârboûta*, c'est-à-dire *tâ bouclé*. Le *tâ marboûta* ne se trouve qu'à la fin des mots ; il donne toujours à la lettre qui précède le son de A ; il est, en général, la marque du féminin ; lorsqu'il doit être prononcé, on le prononce comme un ت ; lorsqu'il doit être joint à une autre lettre, on l'écrit comme un ت.

Des 18 caractères qui servent à représenter les 28 consonnes, 4 (formant 6 lettres) ne se joignent jamais à la lettre qui suit, ce sont : ا, د [ذ], ر [ز] et و, renfermés dans le mot دوار *douâr*.

Tous les autres caractères peuvent se lier à la lettre qui suit, mais alors ils perdent leur *appendice*, c'est-à-dire la queue que l'on ajoute à la lettre lorsqu'elle est isolée.

*Caractères isolés :*

ب ح س ص ط ع و ق ك

ى ء ن م ل

*Caractères joints à la lettre qui suit :*

بـ حـ سـ صـ طـ عـ فـ كـ

لـ مـ نـ هـ يـ

REMARQUES. — 1° Les deux caractères و
et ف ont la même forme lorsqu'ils sont joints
à une lettre qui suit ; — 2° les deux caractères
ن et ي ont la même forme que le premier بـ :
ـنـ, ـيـ ; — 3° le caractère ء, suivi d'une lettre,
prend cette forme : ء (ئـ, ؤ) ; — 4° le caractère
ل, suivi de ا, s'écrit ainsi : لا, لا, لا (ces deux
lettres réunies s'appellent *lámalif*).

Lorsque les différents caractères qui servent à
représenter les 28 lettres sont joints à une lettre
qui précède et à une lettre qui suit, ils ont cette
forme :

ـفـ ـهـ ـلـ ـكـ ـعـ ـطـ ـصـ ـســ ـحـ

En rapprochant ces caractères jusqu'à ce
qu'ils se touchent, on a la ligne suivante :

ـفـهـلـكـعـطـصـســحـ

Si l'on ajoute à ces 11 caractères ceux qui ne se joignent jamais à la lettre qui suit (ا, د, ر, و), on verra qu'il n'y a en réalité que 15 caractères différents pour représenter les 28 lettres :

1° ا seul de sa forme.

2° ـنـ servant à former ثـ تـ [ن] نـ يـ بـ

3° ح id. ج خ ح

4° د id. د ذ

5° ر id. ز ر

6° س id. ش س

7° ص id. ض ص

8° ط id. ظ ط

9° ع id. غ ع

10° ـو id. ف و

11° ك seul de sa forme.

12° ل id.

13° م id.

14° ه id.

15° و id.

## Division des lettres :

On peut diviser les lettres de l'alphabet en lettres qui se prononcent à l'aide des LÈVRES, lettres qui se prononcent à l'aide des DENTS, lettres qui se prononcent à l'aide de la LANGUE, etc., etc.

SOLAIRES : 14.
- *Dents* : ت T et sa forte ط T·, د D et sa forte ض D·, ذ Dz et sa forte ظ Dz·, س S et sa forte ص S·, ش Ch, ث Ts, ز Z.
- *Langue* : ن N, ل L, ر R.

LUNAIRES : 14.
- *Lèvres* : ب B, و F, م M.
- *Gosier* : ك K et sa forte ق K·, غ R', خ Kh, ع '.
- *Lettres aspirées* : ه H et sa forte ح H·.
- Les lettres ا, و, ي sont appelées *lettres faibles*. — La lettre ج peut être considérée comme double, *Dj*. En Égypte on la prononce *gu*, en Tunisie *j*.

NOTA. — Les lettres qui se prononcent à l'aide des *dents* et de la *langue* sont appelées lettres *solaires*, du mot arabe signifiant *soleil*, qui commence par l'une d'elles ; toutes les autres sont appelées *lunaires*, du mot arabe signifiant *lune*, qui commence aussi par une lettre de cette catégorie.

## 2ᵉ EXERCICE

Épeler les lettres renfermées dans les mots suivants :

اصل بحر خبز جير جبل لبس سلم
ثلج تبن بيت حمار دفيف زيت طير
ضربة عرق فعد غبار بلع حجاج دوار
لسان كتاب جزيرة ميزان بلاد سلاك
عظام بحث فلاح جواز معدنوس لابس

Joindre ensemble les lettres suivantes pour en faire des mots :

ح ا ن و ت ٭ ث ع ل ب ٭ ت ر ا ب ٭ ب ل د ا ن ٭ ا ج ر ٭
ي م ي ن ٭ ش م س ٭ س ر و ا ل ٭ ز ب د ة ٭ ر ط ل ٭
خ د م ي ٭ ج م ل ٭ ط ر ي ف ٭ ف ر ح ا ن ٭ ك ر س ي
٭ م ر ي ض ٭ ب ل و ك ة ٭ ع و د ٭

---

## 3ᵉ LEÇON

### VOYELLES

On peut considérer les trois lettres ي et ا , و comme ayant donné naissance aux trois voyelles de la langue arabe : و à la voyelle *ou*, ا à la voyelle *a*, ي à la voyelle *i*.

Le son **ou** se représente par un petit و placé *sur* la lettre (ـُ) et s'appelle *d·amma*;

Le son **a** se représente par un petit trait placé *sur* la lettre (ـَ) et s'appelle *fath·a*;

Le son **i** se représente par un petit trait placé *sous* la lettre (ـِ) et s'appelle *kasra*.

On lira donc les syllabes suivantes : بُ *bou*, بَ *ba*, بِ *bi*, فُ *fou*, فِ *fi*, مَ *ma*, مُ *mou*, etc.

Dans l'arabe parlé, on ne prononce presque jamais les voyelles grammaticales des mots. Lorsqu'une consonne ne sera pas accompagnée d'une voyelle, il faudra l'articuler avec un *e* muet; Exemples : فتـل *k·e-te-le (k·etel)*, شرب *che-re-be (chereb)*, رجل *ra-dje-le (radjel)*. Les lettres ح et ع font souvent prononcer la consonne qui les précède avec la voyelle *a*; Exemples : سمح *semah·* ; سمع *sema'*. On

rencontrera quelques mots ayant la terminaison اً que l'on prononce *ane* ou *ene;*
Exemple : أَبَدًا *a-ba-dane* ou *a-ba-dene*. (La langue arabe n'a pas de voyelles nasales, telles que *an, in,* etc. Si l'on rencontre ces sons dans la représentation française des mots arabes, il faudra toujours les prononcer *a-ne, i-ne,* etc.)

Nota. — La lettre ة à la fin des mots est souvent *pronom*, et donne alors le son de *o* ou *ho* à la consonne qui précède ; Exemples : كتبه *ke-tou-bho,* بلده *be-la-dho.*

(La grammaire apprendra à reconnaître dans quel cas le ة est pronom.)

### 3ᵉ EXERCICE

Lire les syllabes suivantes :

بُ بِ بَ دِ دَ دُ زَ رِ رِ مَ مُ كَ كِ ع

عَ لُ لِ نَ نُ نِ تَ تُ جَ جِ زَ زُ صَ صِ ص

صِ شِ فَ فِ فِ ضَ ضَ غَ غِ غَ ثُ ثَ ث

هُ هِ هَ خَ خِ حُ حَ فَ بِ سُ سِ طِ طَ كَ

لَ عُ نَ ثِ صُ غَ فِ ضَ جِ ثَ جُ مِ زُ

- Lire les mots suivants (1) :

| | | | |
|---|---|---|---|
| حرب | il a fait la guerre. | هرب | il s'est enfui. |
| خرب | il a détruit. | عرب | Arabes. |
| غرب | il a disparu. | طلَع | il est monté. |
| زلق | il a glissé. | ربده | il l'a porté. |
| جبل | montagne. | كتُب | livres. |
| سرف | il a volé. | بلَد | ville. |
| جهة | côté. | جزَع | il a eu peur. |
| عَرف | il a su. | لبن | lait de beurre. |
| بقرة | vache. | لبس | il a revêtu. |
| قلم | plume. | بصل | oignon. |
| حكَم | il a jugé. | حطبه | son bois. |
| وهمه | il l'a compris. | شربه | il l'a bu. |
| قلمه | sa plume. | بغض | il a haï. |
| خرج | il est sorti. | جرح | il a blessé. |
| بلَع | il a avalé. | كتب | il a écrit. |

---

(1) On trouvera des exercices beaucoup plus longs dans notre ouvrage intitulé : *Une première année d'Arabe*.

## 4º LEÇON

### LETTRES DE PROLONGATION

Les trois lettres ي , ا , و, que nous avons considérées comme ayant donné naissance aux trois voyelles, servent souvent à prolonger ces mêmes voyelles. (Nous représenterons, en français, cette prolongation par un accent circonflexe.)

و sert à prolonger le son **ou** بو *boû*;

ا id. **a** با *bâ*;

ي id. **i** بي *bî*.

REMARQUES. — 1º Lorsqu'un mot doit être terminé par un و, on fait suivre ce و d'un ا d'orthographe, dont on ne doit tenir aucun compte dans la prononciation ; Exemples : فالوا *kâloû* et non *kâloûa*, جابوا *djâboû* et non *djâboûa* (il y a peu d'exceptions) ; — 2º le ي, placé à la fin des mots, ne donne pas toujours le son de *i* à la lettre qui précède. Ainsi l'on prononce مشى *mechâ* et non *mechî*, على *'alâ* et

— 16 —

non *'alî,* etc. Il est d'usage, dans ce cas, de retrancher les points du ي ; cependant ce caractère, quel que soit le son qu'il donne à la lettre qui précède, est presque toujours dépourvu de ses points lorsqu'il est final.

### 4ᵉ EXERCICE

| | | | |
|---|---|---|---|
| جوز | noix. | سوق | marché. |
| صوف | laine. | موز | banane. |
| بيت | chambre. | سيف | sabre. |
| نيب | nez. | فال | il a dit. |
| مات | il est mort. | شافه | il l'a vu. |
| سلوقي | lévrier. | حانوت | boutique. |
| بكى | il a pleuré. | فلومة | plumes. |
| نهار | jour. | جنان | jardin. |
| شرى | il a acheté. | بنات | filles. |
| كبير | grand. | راس ⁽¹⁾ | tête. |

---

(1) Dans un grand nombre de mots, les consonnes ا, و et ي ne sont pas des lettres de prolongation, bien qu'on les considère comme telles dans le langage.

— 17 —

| | | | |
|---|---|---|---|
| ذِيب | loup. | مُوس | rasoir. |
| خَيْل | chevaux. | جَرَى | il a couru. |
| تْراب | terre. | زِيت | huile. |
| فُول | fève. | نارُه | son feu. |
| فارَة | souris. | بْلادُه | son pays. |
| خديم | serviteur. | بْلوكة | barque. |
| بارد | froid. | غِيران | cavernes. |
| مْرابط | marabout. | لَوحة | planche. |

## 5ᵉ LEÇON

### DJEZM

On appelle *Djezm* ou *Soukoun* un signe ayant la forme d'un petit croissant (ـْ), que l'on place sur les lettres pour indiquer qu'*elles ne doivent pas être lues avec une voyelle* et que l'on doit glisser sur elles en les prononçant; le *djezm* indique donc l'*absence* de voyelle; Ex. : مَسْ mes, سَبْ seb, فُلْ kʿoul, جِبْ djib, فَرْحان ferhâne.

Une lettre portant un *djezm* doit être rattachée dans la lecture à la syllabe précédente; Ex : مَسْتَكْبَر *mes-tek-ber*.

## 5ᵉ EXERCICE

| | | | |
|---|---|---|---|
| كُلْ | mange. | بِعْ | vends. |
| بُسْ | embrasse. | خُذْ | prends. |
| عُمْ | nage. | جِبْ | apporte. |
| جُزْ | passe. | ثَعْلَب | renard. |
| كَبْش | mouton. | فَهْواجِي | cafetier. |
| فُلْ | dis. | زُرْ | visite. |
| غُرْبَال | tamis. | بَرْد | bœuf. |
| قَلْب | cœur. | سِرْ | marche. |
| فُمْ | lève-toi. | مِفْتَاح | clé. |
| سَكْرَان | ivre. | مَفْتُول | tué. |
| زِدْ | ajoute. | صِرْ | deviens. |
| عَتْرُوس | bouc. | مِنْشَارَه | sa scie. |
| مَرْكَب | navire. | أَعْطِ | donne. |
| شَمْس | soleil. | تِلْمِيذ | élève. |
| حَرْب | guerre. | لَحْيَة | barbe. |
| خُبْزَة | son pain. | ثَلْج | neige. |
| مَعْجُون | confiture. | زَنَفَة | rue. |

مَرْسَى port.     كَلْبَة chienne.
مُسْتَكْبِرَة fière.     شُفْنِي vois-moi.
لُمْهُمْ blâme-les.     مَسْكِين pauvre.

## 6ᵉ LEÇON

### CHADDA

On appelle *Chadda* ou *Techdid* un signe, ayant la forme d'un petit *sine* (ـ) ou d'un **v** dans l'écriture barbaresque, que l'on place sur les consonnes pour indiquer qu'il faut appuyer sur ces consonnes en les prononçant ; le *chadda* indique en quelque sorte le redoublement de la lettre ; Exemples : مَرَّة *merrâ*, سَلَّك *sellek*, حَطَّاب *h'ett'âb*, سَرَّاق *serrâk'*, رَدِّي *reddi*, مَدّ *medd*, عَلَّقِي *'alleki*.

Nota. — Remarquez bien la différence de la prononciation dans les mots suivants :

مَلِك *me-le-k*, — مَلْك *mel-k* (avec le djezm sur le ل), — مَلَّك *mellek* (avec le chadda sur le ل); — شَرَب *che-re-b*, — شَرْب *cherb*, — شَرَّب *cherreb*.

## 6ᵉ EXERCICE

| | | | |
|---|---|---|---|
| سَدِّي | bouche (f.). | حَلّ | il a ouvert. |
| وَرِّي | montre (f.). | تكلّمي | parle (f.). |
| عَضَّتْ | elle a mordu. | قطّة | chatte. |
| غَطِّها | couvre-la. | وصّى | il a recommandé. |
| وَلِّ | reviens. | خبّيها | cache-la. |
| رَدُّهُمْ | il les a rendus. | غنّ | chante. |
| فلّاح | cultivateur. | صلّ | prie. |
| مخبّي | caché. | قبّة | coupole. |
| خلّتني | elle m'a laissé. | خلّ | laisse (m.). |
| سِتّة | six. | عضّوهُم | ils les ont mordus. |
| جنّة | paradis. | خبّاز | boulanger. |
| خلّي | laisse (f.). | شدّي | tiens (f.). |
| علّق | il a pendu. | سبّة | motif. |
| كبّي | verse (f.). | دخّان | fumée. |
| نحّى | il a ôté. | عمّة | tante. |

## 7ᵉ LEÇON

### OUES·LA ET MADDA

#### OUES·LA

On appelle *Oues·la* ou *Oues·l* un signe, ayant la forme d'un petit *s·ad* (ـص), que l'on place sur l'*alif*, au commencement de certains mots, et qui indique que cet alif ne doit pas être prononcé; Exemples : بَاب اَلْبِيت lisez *bâ-bel-bît*, بِالْعَصَا lisez *bel'as·â*, مَعَ اَلْمَرَاة lisez *ma'al-mera*.

REMARQUE. — Lorsqu'un mot commençant par un *oues·la* se trouve isolé ou le premier d'une phrase, on le prononce, dans le langage, avec la voyelle *e* : اُشْرَب *echreb*, اَلْكَلْب *elkelb*.

L'article اَل *el* commence par un *alif* avec un *oues·la* (اَ). Lorsque l'article est placé devant un mot commençant par une lettre *solaire*, le *djezm* du ل disparaît, et l'on met un *chadda* sur la première lettre du mot ; Exemples : اَلرَّجِل *erradjel* et non *elradjel*, اَلتِّبِن *etteben* et non *elteben*. Ainsi le ل de l'article se change, dans la prononciation, en une lettre solaire semblable à celle qui commence le mot qu'accompagne l'article.

### MADDA

On appelle *Madda* un signe, ayant la forme d'un alîf horizontal (~), que l'on place sur l'alîf pour indiquer que ce caractère aurait dû être suivi d'un autre alîf : حَمْرَآء *h'amrâ*, mis pour حَمْرَاأ ; — مَآء mis pour مَاأ. — Placé sur une autre lettre que l'alîf, le *madda* indique une abréviation.

### SYLLABES

Une syllabe peut se composer : 1° d'une lettre et de sa voyelle : رُ *rou*, رَ *ra* ; — 2° d'une lettre et de sa voyelle, plus une lettre de prolongation : رُو *roû*, رَا *râ* ; — 3° d'une lettre et de sa voyelle, plus une lettre portant un *djezm* : بَرْ *bar*, صَبْ *s·ab* ; — 4° d'une lettre et de sa voyelle, plus un *chedda* : رَّ *rra*, رُّ *rrou*.

Lorsqu'un mot commence par un alif avec un *oues·la* (ٱ), il faut le lier au mot précédent, de cette manière : مِفْتَاحْ ٱلْبِيتْ *mef-tâ-h·el-bît*.

### 7ᵉ EXERCICE

| | |
|---|---|
| ٱلْكِتَابْ le livre. | ٱلزِّيتْ l'huile. |
| ٱرْقِدْ porte. | ٱلتْرَابْ la terre. |
| ٱلْقَلَمْ la plume. | ٱخْرُجْ sors. |
| ٱلنَّارْ le feu. | ٱلْبِيتْ la chambre. |
| ٱشْرَبْ bois. | ٱلْخُبْزْ le pain. |
| ٱلسَّرَّاقْ le voleur. | ٱلْكَلْبْ le chien. |

ٱرْقِدُونِي portez-moi.
فِي مَاءْ ٱلْبَحَرْ dans l'eau de la mer.
ٱنْجَرَحْ il a été blessé.
قَلَمْ ٱلْوَلَدْ la plume de l'enfant.
عِنْدْ ٱلْمَرَاةْ chez la femme.

| | |
|---|---|
| بَابْ اَلْبَلَدْ | la porte de la ville. |
| فْدَامْ اَلْوَادْ | devant la rivière. |
| مَعَ اَلْوَلَدْ | avec l'enfant. |
| عَلَى اَلْبَغْلَةْ اَلزَّرْقَاءْ | sur la mule grise. |
| جِبْ كْتَابَكْ اَلْكْبِيرْ | apporte ton grand livre. |
| اُكْتُبْ جْوَابْ لْخُوكْ | écris une lettre à ton frère. |
| مَا تْخَلِّي شِي الْبَغَلْ بَرَّا | ne laisse pas le mulet dehors. |

(Comme modèles de lecture courante, prendre les proverbes qui sont donnés à la fin de l'ouvrage.)

# MODÈLES D'ÉCRITURE

ااا ا ا ا ا ا

بت ب ب ب ب

بين بن بن س ر ر

بس سـ سـ ش سـ

ل ا بل بل ل لن

بلن التين السل

رز بر لر سر

بر بر شر البر

و و بو و سو سو

ف و و ب ف بف

فب بر فل نـ نـر
شف شبـق برون
حد ك ححّ
بح حح حح بح
بحر بحر حاج ججّ
ع ع ع غ عز

ع ح عب حب
بحث عنب عير
ع ع بع بعث
فعرفع عجب جع
جعب بجع جاع
لعب عجل شعل

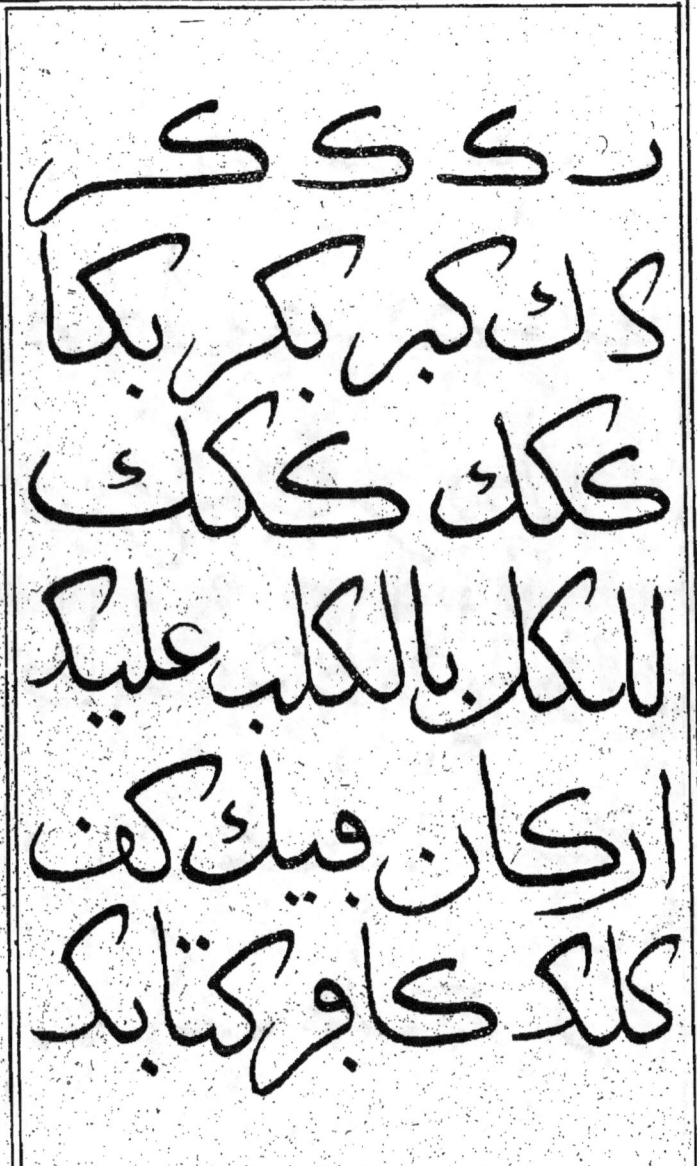

ص ص ص ص ص

ط ط ط ط ط

ضرب بصر بطل

طلب عطاط طالون

صصططع

لفلكصطعرن

د د بد بلد ذ ڡن

درك عبد بعد دد

م م م بم بم

لم ملك علم عمل

من لا الا بلا ملا

لا بس بالامر لا

ه ه ه ه ة لا لا

ه بـ بهم ـه هرب

به به ة ـه ـس ـس

هيه د شهر هوش

لى حى سى ى ى

علي فى چى لى ى

ا ب ت ث ج ح
خ د ذ ر ز س ش
ص ض ط ظ
ع غ ف ف ك
ل م م ن ه
ـه و ي لا لا ي

بلغ تین ثلج
جذب حکم خبر
روح ذهب رقم
زون سکن شکر
صبر ضبع طلق
ظلم علق غبر

فهم فطح كعب
لمح مكر نهر هنا
وفر يبس لا يم
بقرة تبنة عجوزة
عليه فيه غيره
پے بے علے منی

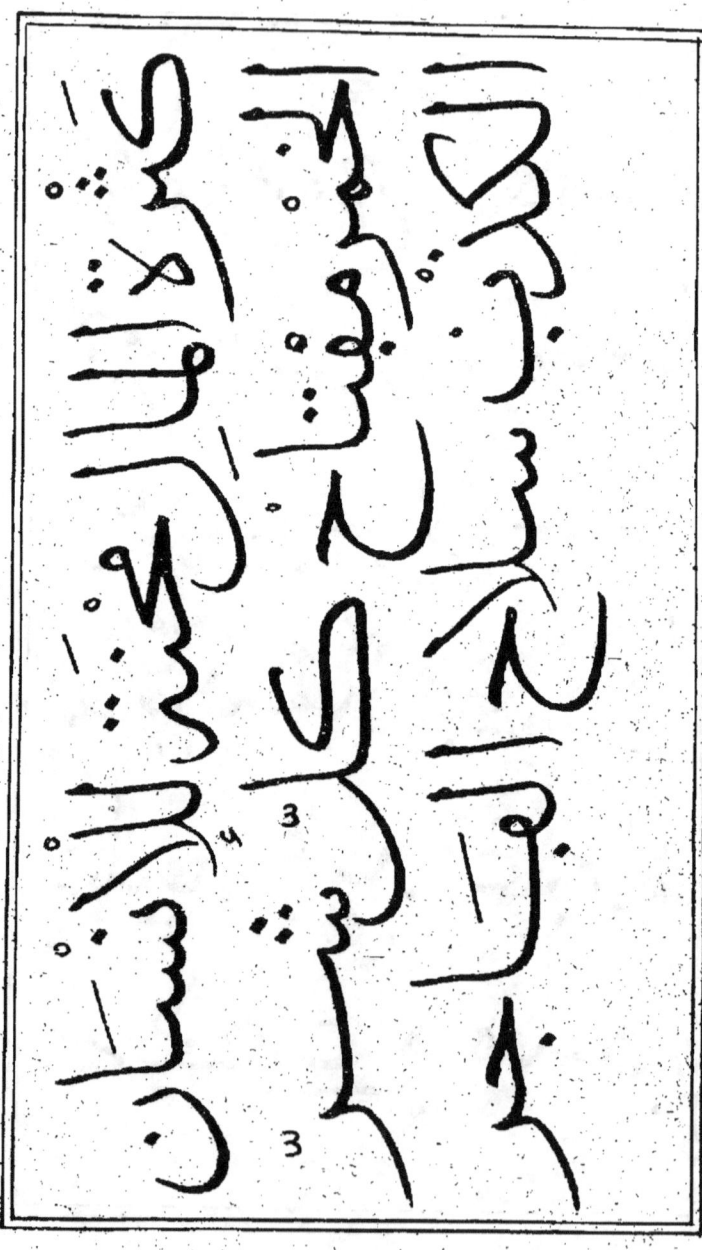

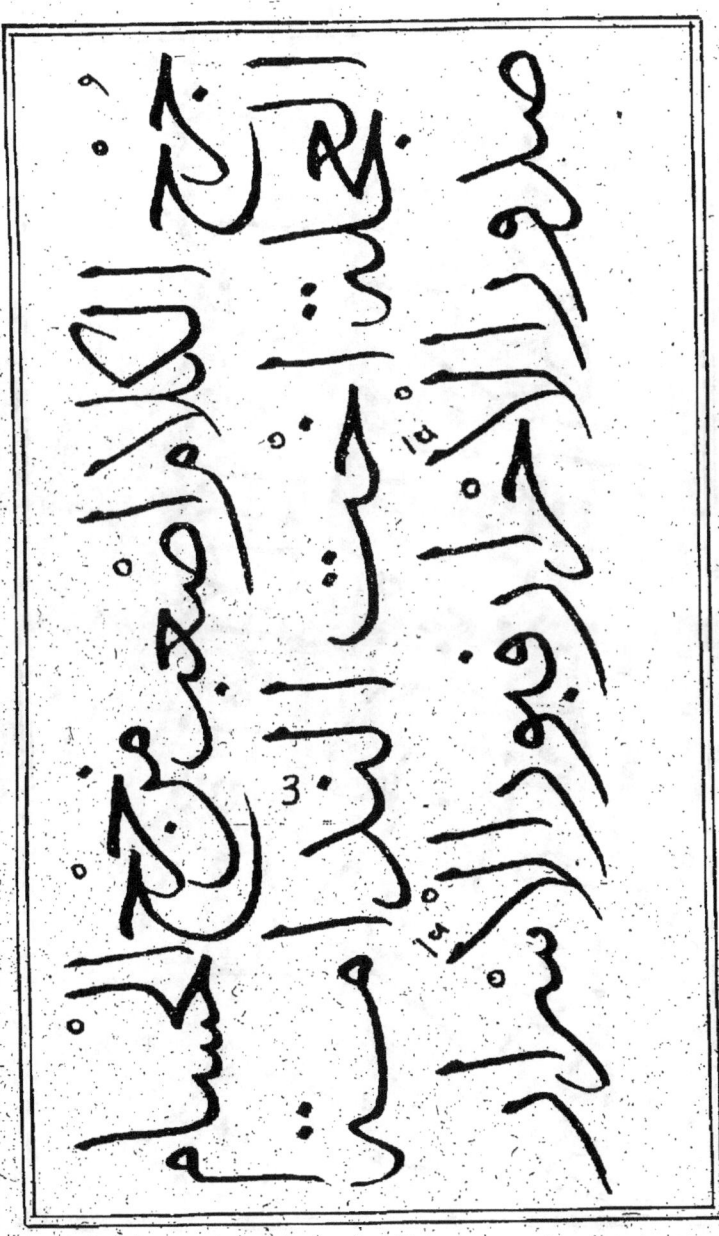

قال تعالى: ﴿وما أرسلنا من رسول إلا ليُطاع بإذن الله ولو أنهم إذ ظلموا أنفسهم جاءوك فاستغفروا الله واستغفر لهم الرسول لوجدوا الله توابا رحيما﴾

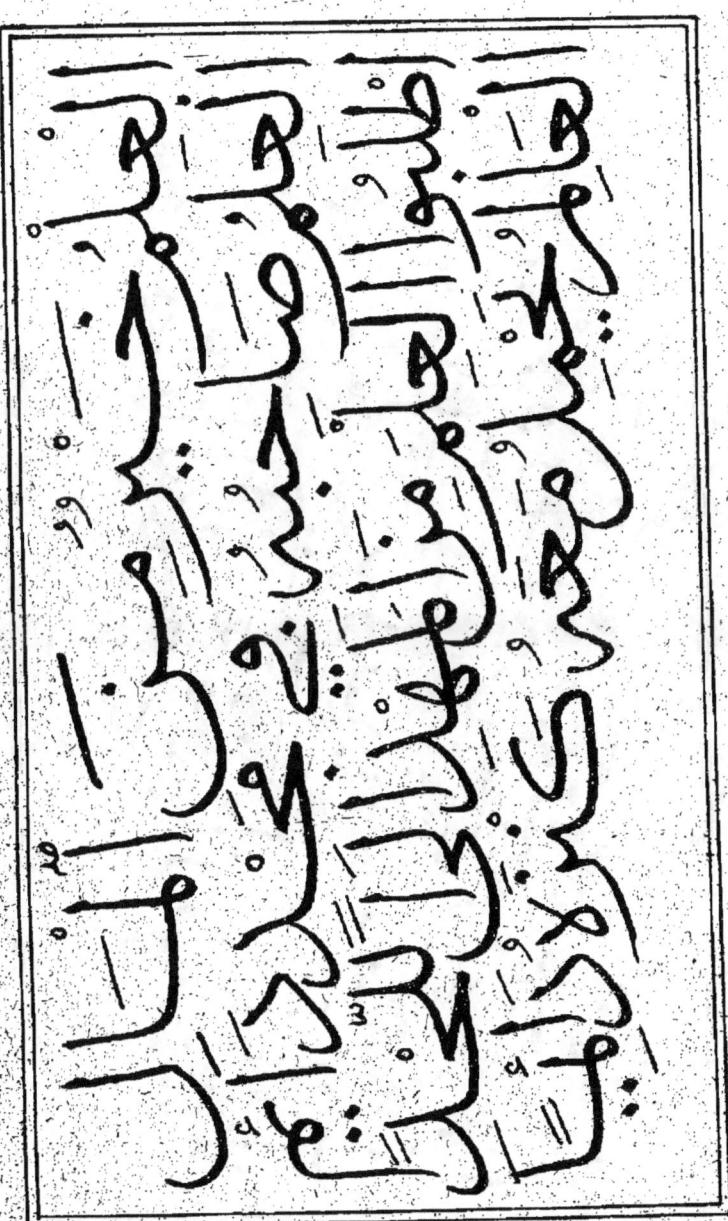

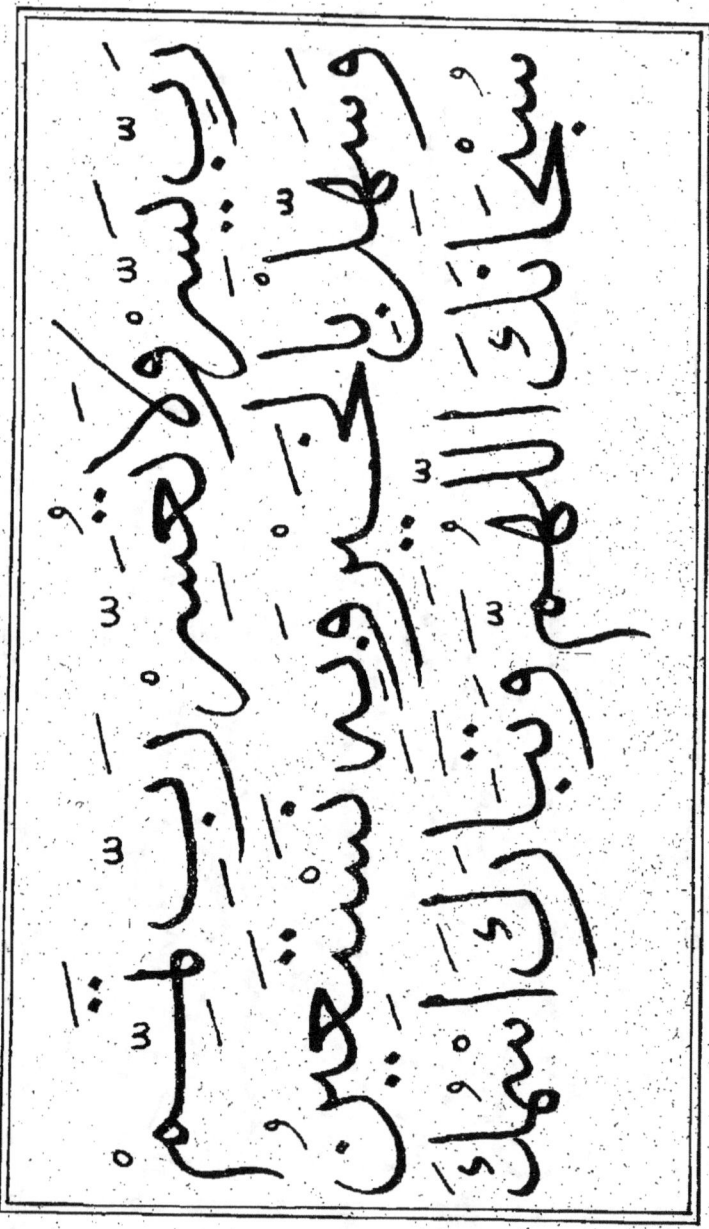

# CONSEILS

Les leçons qui composent la *Méthode* doivent être vues l'une après l'autre et sans hâte : une à chaque séance, cela sera suffisant. Le texte de chacune d'elles sera étudié avec soin jusqu'à ce qu'on ait bien retenu les exemples, les règles qui les suivent et les mots nouveaux, que nous conseillons d'écrire plusieurs fois afin de bien en apprendre l'orthographe. — Faire ensuite la version et le thème et étudier la leçon suivante.

Les versions ont été rédigées dans le dialecte algérien. Lorsqu'un mot ne sera pas en usage dans telle ou telle localité (ce qui est en réalité assez rare), le professeur devra le remplacer par le synonyme employé dans la localité.

Nous recommandons aux professeurs de ne pas trop donner de variantes. C'est à dessein que nous avons souvent négligé de les signaler, afin de ne pas dérouter les débutants et de ne pas charger inutilement leur mémoire.

Revoir fréquemment les exercices et les traduire de vive voix.

# LIVRE SECOND

## ÉLÉMENTS DE GRAMMAIRE

### الدَّرْس الأوَّل — 1re LEÇON

عَنْدِي 'andi, j'ai.

عَنْدَك 'andek, tu as *ou* vous avez (sing.).

(1) كِتَاب keṭâb, livre *ou* un livre.

قَلَم k·elem, plume *ou* une plume.

عَنْدِي كِتَاب j'ai un livre.

عَنْدَك قَلَم tu as une plume.

On peut, en arabe, ne pas exprimer *un, une*.

---

(1) Les substantifs contenus dans les trois premières leçons sont, en arabe, du genre masculin.

عندي شي كتاب ai-je un livre ?

عندك شي قلم as-tu une plume ?

*(1) RÈGLE. — Pour traduire l'*interrogation* on place le mot شي *chî* après.

ما عندي شي كتاب je n'ai pas un livre *ou* je n'ai pas de livre.

ما عندك شي قلم tu n'as pas une plume *ou* tu n'as pas de plume.

* RÈGLE. — Pour traduire la *négation* on place le mot ما *mâ* avant, et le mot شي *chî* après.

REMARQUE. — Dans la négation, le mot شي se prononce plutôt *che* que *chî* : *mâ 'andi che*, je n'ai pas.

و *ou* et.

عندك شي كتاب و قلم as-tu un livre et une plume ?

REMARQUE. — Dans une énumération, on met en arabe la conjonction و après chaque substantif, à partir du second.

---

(1) L'astérisque annonce que la règle ou le mot qu'il accompagne n'est pas du domaine de l'arabe régulier.

نعم سيدي *ne'am sidî,* \
إيه يا سيدي *ih iâ sîdî,* } oui, Monsieur.

لالا يا سيدي *lâ lâ iâ sîdî,* \
لا يا سيدي *lâ iâ sîdî,* } non, Monsieur.

مفتاح *meftáh·*, clef, — جنان *djenân*, jardin, campagne, — كلب *kelb*, chien, — عود *'aoud*, cheval (حصان *h·esâne*, dans l'Est et en Tunisie), — بغل *ber'el*, mulet, — باب *bâb*, porte.

**VERSION I**

عندك شي كلب \* نعم سيدي عندي كلب \* عندك شي جنان \* لالا يا سيدي ما عندي شي جنان \* عندك شي باب \* عندي باب \* عندك شي بغل \* عندي بغل وما عندي شي جنان \* عندك شي عود (حصان) \* عندي

عَنْدُو (حْصَان) وبَغْل وكَلْب ✻ عَنْدَك فَلَم وما عَنْدَكْ شِي كْتَاب ✻ عَنْدِي بَاب وما عَنْدِي شِي مَفْتَاح ✻ عَنْدَك جْنَان وما عَنْدَك شِي كَلْب ✻

#### THÈME 1

Ai-je une clef? — Tu n'as pas une clef. — As-tu un cheval et un mulet? — Je n'ai pas de cheval, j'ai un mulet et un chien. — Ai-je une porte? — Oui, Monsieur, vous avez une porte et une clef. — Je n'ai pas de jardin et j'ai un cheval. — Ai-je une plume? — Oui, Monsieur, vous avez une plume. — Ai-je un livre et une plume? — Tu as un livre et tu n'as pas une plume. — Tu as une porte et tu n'as pas une clef. — J'ai un jardin et je n'ai pas de cheval. — Tu as un chien, un mulet et un cheval.

---

## 2ᵉ LEÇON — الدَّرْسُ الثَّانِي

عَنْدُه  'andho, il a.
عَنْدها  'andhā, elle a.

أَشْ  ach, que…? quoi…?
أَشْ عَنْدُه  qu'a-t-il?

REMARQUE. — Lorsque dans une phrase il y a un mot interrogatif, comme *pourquoi...? où...? que...?* etc., on n'exprime pas le mot شي de l'interrogation.

L'article est اَلْ *el*, invariable : *le, la, les* : اَلْكِتَاب *le livre,* اَلْقَلَم *la plume,* اَلْجِنَان *le jardin.*

فِي *fi,* dans, — عَلَى *'alâ,* sur.

Suivies de l'article, ces prépositions se prononcent *fel, 'alel.*

فِي اَلْكِتَاب *felketâb,* dans le livre, et non *fi elketâb.*

عَلَى اَلْبَغَل *'alelber'el,* sur le mulet, et non *'ala elber'el.*

أَشْ عَنْدَك فِي اَلْجِنَان qu'avez-vous dans le jardin ?

أَشْ عَنْدُه عَلَى اَلْحِصَان qu'a-t-il sur le cheval ?

فَاس *fâs,* pioche, cognée, hâche, — حَطَب *h'et'eb,* bois, — فَحْم *feh'em,* charbon, — حَشِيش *h'echich,* herbe, — جَاب *djâb,* il a apporté, il apporta, il a amené, — جِبْ *djib,* apporte, amène.

## VERSION II

عنده شي كتاب * لالا يا سيدي ما عنده شي كتاب عنده فلم * عنده شي بغل * نعم سيدي عنده بغل وحصان * اش عندها في الجنان * عندها كلب وبغل * أش عندك في الكتاب * عندي فلم * عندها شي الحطب على البغل * لالا يا سيدي عندها البحم والحشيش * عندها شي الحشيش في الجنان * عندها الحشيش والحطب * أش جاب على البغل * جاب البحم * جاب

شي آلْحشيش * ما جاب شي آلْحشيش * جِبْ آلْقلم وآلْكتاب * جِبْ آللحم عَلى آلْحصان *

## THÈME II

Qu'as-tu sur le mulet? — J'ai l'herbe et le charbon. — Qu'a-t-elle sur le cheval? — Elle a la cognée et le bois. — Qu'a-t-il dans le livre? — Il a une plume. — A-t-il apporté la plume? — Il a apporté le livre. — Apporte la hache! — Qu'a-t-elle dans le jardin? — Elle a un chien et un cheval. — A-t-elle le charbon, le bois et l'herbe? — Il a apporté la cognée et le bois. — Qu'a-t-elle sur le mulet? — Qu'as-tu dans le jardin? — J'ai le charbon et le bois. — Qu'as-tu sur le mulet? — J'ai la hache, le bois et le charbon. — Q'a-t-il apporté sur le cheval? — Il a apporté le bois, l'herbe, le charbon et la cognée. — Amène le cheval et le mulet!

---

## 3ᵉ LEÇON — الدّرس الثّالث

| | | |
|---|---|---|
| عِنْدنا | 'andnâ, | nous avons. |
| عِنْدكُم | 'andkoum, | vous avez. |
| عِنْدهُم | 'andhoum, | ils ont. |

موس *moûs,* canif, rasoir, couteau (à Tunis, سكّين *sekkin),* — خُبَّز *khoubz,* pain, — لحْم *leh'am,* viande, — تبن *teben,* paille, — طبل *t'efel,* garçon, — رَجل *radjel,* homme, — ولـد *ouled,* enfant, fils.

RÈGLE. — Lorsque l'article est placé devant un mot commençant par une lettre solaire, le *djezm* disparaît et l'on met un *chadda* sur la première lettre du mot, ou, en d'autres termes, le ل de l'article se contracte avec la lettre solaire; Exemple : الرَّجل *erradjel,* l'homme, et non *elradjel,* — التّبن *etteben,* la paille, et non *elteben.*

أش من *ach men,* quel...? quelle...? quels...? etc. (En Tunisie, on dit أمّا *ou* أيّى).

خذا *khedâ* (régul' أخذ), il a pris;
خُذ *khoud,* prends.

| | |
|---|---|
| اش من كتاب خذا | quel livre a-t-il pris? |
| باب جنان | la porte d'un jardin. |
| باب الجنان | la porte du jardin. |
| مفتاح باب الجنان | la clef de la porte du jardin. |
| أش من قلم عندك | quelle plume as-tu? |
| عندي قلم ولد الرّجل | j'ai la plume de l'enfant de l'homme. |

RÈGLE. — Lorsqu'un substantif a un ou plusieurs compléments joints en français par la préposition *de*, on ne met pas en arabe l'article au premier substantif, et l'on ne traduit pas la préposition *de*. S'il y a plusieurs substantifs, le dernier prend seul l'article, s'il est déterminé.

## VERSION III

عندكم شي كلب ٭ ما عندنا شي جنان ٭ أش من بغل عندكم ٭ عندنا بغل الرجل ٭ ما عندنا شي حصان الطبل ٭ عندهم شي اللحم ٭ أش من حصان خذا ٭ خذا حصان الطبل ٭ خذ باس الولد ٭ ما عندهم شي خبز الرجل ٭ الحصان عنده شي التبن ٭ ما عنده شي التبن عنده

حشيش آلجنان ٭ أش من لحم جاب ٭ كلب آلولد عنده شي آلخبز ٭ نعم سيدي عنده آلخبز وآللحم ٭ أش من حشيش عنده آلحصان ٭ عنده حشيش جنان آلرجل ٭ خذ بغل آلرجل وجب حشيش آلجنان ٭

### THÈME III

Le pain de l'enfant. — Le canif du garçon. — La paille du cheval. — Le bois de l'homme. — La clef de la porte du jardin. — La porte du jardin de l'enfant de l'homme. — Qu'ont-ils ? — Ils ont le pain. — Ont-ils du pain (le pain) (1) ? — Non, Monsieur, ils n'ont pas de pain (le pain). — Avons-nous de la viande (la viande) ? — Nous n'avons pas de viande. — Le mulet et le cheval ont-ils de l'herbe ? — Ils n'ont pas d'herbe. — Ils ont de la paille. — Quelle

---

(1) Les mots placés entre parenthèses indiquent la tournure arabe.

paille ont-ils ? — Ils ont la paille du jardin de l'homme. — Quelle paille a-t-il apportée (il a apporté) ? — Quelle herbe a-t-il prise (il a pris) ? — Prends la paille du cheval. — Qu'a l'homme ? — Il a le canif de l'enfant. — Qu'a l'enfant ? — Il a la clef de la porte. — A-t-il pris la clef ? — Quelle clef a-t-il prise ? — Il a pris la clef de la porte du jardin. — Apporte la clef de la porte du jardin de l'enfant.

## 4ᵉ LEÇON — الدَّرْس الرَّابِع

بَغْلَة *ber'la*, mule, — كَلْبَة *kelba*, chienne.

عُودَة *âouda*, jument, فِرِس *feres* (Tunisie).

RÈGLE. — Le féminin se forme en ajoutant le son *a* au masculin. Le plus souvent le son *a* est représenté par ة. Presque tous les mots terminés par ة sont du genre féminin. Les mots qui sont du genre féminin sans être terminés par un ة, sont peu nombreux.

كَلْبَة الرَّجِل *kelba-t-erradjel*, la chienne de l'homme.
بَغْلَة ولد *ber'la-t-ouled*, la mule d'un enfant.

Lorsqu'un mot terminé par ة en gouverne un autre, le ة se prononce *at* ou *et*.

عَنْدَكْ شِي بَغْلَة وَإِلَّا فرس avez-vous une mule ou une jument?

مَا عَنْدِي لَا بَغْلَة ولا فرس je n'ai ni mule ni jument.

لَا..وَلَا *lâ.. oulâ*, ou ۲..۲ *lâ.. lâ*, ni.. ni.

وَإِلَّا *oua-illá*, ou, ou bien.

REMARQUE. — Lorsqu'il y a deux négations dans la même phrase, on retranche le mot شِي.

مَرَاة *merâ*, femme, — بَنْت *bent* (f.), fille, — أُخْت *oukht* (f.), sœur, — أُمّ *oumm* (f.), يَمَّا *yemmâ*, mère (Algérie).

### PRONOMS DÉMONSTRATIFS

| | | | |
|---|---|---|---|
| هَذَا ou هَاذَا *hâdâ*(1) celui-ci. | | هَذَاكْ *hâdâk*, celui-là. | |
| هَذِه ou هَذِي *hâdi*, celle-ci. | | هَذِيكْ *hâdîk*, celle-là. | |
| هَذُوا *hâdoû*, ceux-ci. | | هَذُوكْ *hâdoûk*, ceux-là. | |

On retranche quelquefois la première syllabe de ces pronoms (هَ), surtout lorsqu'ils sont terminés par le كْ; Exemple: ذَاكْ, ذِيكْ, ذُوكْ.

---

(1) Nous écrivons *hâdâ*, bien que ce ne soit pas la prononciation rigoureuse du mot.

أُش مِن كَلْب عِنْدِك quel chien avez-vous ?

عِنْدِي هَذا وما عِنْدِي شِي هَذاك j'ai celui-ci et je n'ai pas celui-là.

### ADJECTIFS DÉMONSTRATIFS

هَذا اَلْكَلْب *hâd elkelb*, ce chien.

هَذِه اَلْكَلْبة *hâd elkelba*, cette chienne, etc.

Ce sont les mêmes mots que les pronoms démonstratifs, seulement suivis de l'article et prononcés invariablement *hâd*. On dit aussi :

هَذاك اَلْكَلْب *hâdâk elkelb*, ce chien.

هَذِيك اَلْكَلْبة *hâdik elkelba*, cette chienne,
ou ذاك اَلْكَلْب, ذِيك اَلْكَلْبة, etc.

### VERSION IV

هَذِه اَلْمَراة عِنْدها شِي كَلْبة ٭
لالا يا سِيدِي ما عِنْدها لا كَلْب
ولا كَلْبة ٭ عِنْدها هَذِه اَلْبَغْلة
وهَذِه اَلْبَرس ٭ عِنْدهُم شِي طَبَل

وَإِلَّا طَبْلَة * مَا عَنْدْهُمْ لَا طَبَلْ وَلَا طَبْلَة * هَذِهِ الْمَرَاة وَهَذَا الرَّجَلْ أَشْ عَنْدْهُمْ * عَنْدْهُمْ هَذَا الْوَلَدْ وَهَذِهِ الْبَنْتْ * عَنْدْكُمْ شِي التِّبْنْ وَإِلَّا الْحَشِيشْ فِي هَذَا الْجَنَانْ * أَشْ مَنْ كْتَابْ عَنْدَكْ * عَنْدِي هَذَاكْ * أَشْ مَنْ بَغْلَة خَذَا * خَذَا هَذِهِ * جَابْ شِي الْفَرَسْ * جَابْ هَذِيكْ *

### THÈME IV

Ce livre. — Cette clef. — Ce jardin. — Cet enfant. — Cette fille. — Cette jument. — Ce cheval. — Ce garçon. — Cette mule. — Cet homme n'a pas le livre et cette femme n'a pas la plume. — Cette fille et ce garçon ont-ils du pain ? — La mère de cet homme a-t-elle un jardin ? — Oui, Monsieur, elle a ce jardin. — Quel jardin avez-vous ? — Nous avons celui-ci. — Avez-vous celui-là ? — Nous n'avons pas celui-là. — Quelle chienne ont-ils ? — Ils ont celle-ci et n'ont pas celle-là. — Elle n'a ni celle-ci ni celle-là. — La mère de cet enfant n'a pas de fille. — Quelle mule a-t-il amenée ? — Il a amené celle-ci. — A-t-il amené celle-là ? — Quelle plume a-t-il prise ? — Il a pris celle-là. — Prends celle-ci. — Ai-je du bois ou du charbon ? — Vous n'avez ni bois ni charbon. — Quelle mule avez-vous ? — Nous avons la mule de cette femme. — Quelle paille a cette mule ? — Elle a la paille du jardin de cet homme. — Avez-vous ce cheval ? — Nous n'avons pas celui-là. — Votre fils a apporté ce bois.

## الدّرس الخامس — 5ᵉ LEÇON

On a vu que pour traduire le verbe *avoir* au présent de l'indicatif, on ajoute au mot عند *'and,* qui signifie proprement *chez, auprès,* les terminaisons :

| Pour le singulier | Pour le pluriel |
|---|---|
| ي — î, | نا — nâ, |
| ك — ek, | كم — koum, |
| ه — ho, |  |
| ها — hâ. | هم — houm. |

Ces différentes lettres, que l'on peut ajouter aux *noms,* aux *prépositions* et aux *verbes,* constituent ce qu'on appelle les *pronoms affixes.*
Lorsque ces pronoms sont joints à des *noms,* ils doivent être traduits par les adjectifs posses-

sifs *mon, ma, mes,* etc., suivant le genre et le nombre.

**Singulier**

كلبـي kelb **î**, *mon* chien (le chien *de moi*).

كلبـك kelb **ek**, *ton* chien (le chien *de toi*).

كلبـه kelb **ho**, *son* chien (le chien *de lui*).

كلبـها kelb **hâ**, *son* chien (le chien *d'elle*).

**Pluriel**

كلبـنا kelb **nâ**, *notre* chien (le chien *de nous*).

كلبـكم kelb **koum**, *votre* chien (le chien *de vous*).

كلبـهم kelb **houm**, *leur* chien (le chien *d'eux*).

بنتـي *bent* **î**, ma fille ; بنتـك *bent* **ek**, ta fille ; بنتـه *bent* **ho**, sa fille, etc.

علاش *'alâch*, pourquoi....?

علاش ما عنده شي دار و جنان pourquoi n'a-t-il pas une maison dans son jardin ?

حتى شي ⁽¹⁾ *h·attâ chî*, حتى حاجة *h·attâ h·âdja*, rien (jusqu'à une chose).

ما عنده حتى حاجة il n'a rien.

---

(1) Le mot شي, que l'on a déjà vu dans l'interrogation et la négation, signifie proprement *chose*; il se prononce régulièrement *chaï*; il a quelquefois, seul, le sens de *rien*. Ex : *mâ 'andi chaï*, je n'ai rien.

دار *dâr* (f.), maison, — بيت *bît* (fém: dans l'arabe parlé); chambre, tente, — حليب *h·elîb*, lait, — مَاء *mâ* (masc.), eau, — شراب *cherâb*, vin, — فدّام *k·eddâm*, devant.

بـ *be*, avec (suivie des pronoms affixes, cette préposition se prononce بـ *bi*).

بآلفاس *belfâs*, avec la pioche, — بآلشراب *becherâb*, avec du vin.

حَتَّى *h·attâ*, jusqu'à....

REMARQUE. — Le mot حَتَّى, suivi d'un substantif, traduit les expressions françaises *pas même un..., aucun...*

Exemple : ما عندي حَتَّى بغل je n'ai aucun mulet.

## VERSION V

أش عنده ےـ جنانه ¤ عنده شي بيت ےـ دارك ¤ أش عندها ےـ دارها ¤ ما عندها حَتَّى حاجة ¤ عندكُم شي آلمَاء في جنانكُم ¤ نعم سيدي عندنا آلمَاء في

جناننا ٭ علاش حصانك ما عنده شي الحشيش ٭ عندك شي باسي ٭ ما عندي شي باسك ٭ ولدك خذا باسك ٭ علاش ما خذا شي باسه ٭ ما عنده حتّى باس ٭ عندي موسك ٭ هذا الرّجل وهذه المراة عندهم شي دار فدّام جنانهم ٭ لا يا سيدي ما عندهم حتّى دار ٭

### THÈME V

Ils ont mon canif. — Ont-ils leur canif? — Pourquoi n'avez-vous pas votre canif? — Qu'avez-vous dans votre maison? — Nous n'avons rien. — Pourquoi n'avez-vous pas votre livre et votre plume? — Nous n'avons aucun livre. — Qu'avez-vous sur votre mulet? — Nous avons votre charbon et votre bois. — Pourquoi n'avez-vous pas un chien dans ce jardin? — Qu'a votre fils dans son livre? — Il n'a rien. — Cette femme a-t-elle du lait ou du vin? — Qu'a apporté cet enfant? — Il n'a rien apporté. — Pourquoi n'a-t-il pas apporté son pain? — Qu'a-t-elle devant sa maison? — Qu'as-tu devant ta porte? — J'ai mon cheval et mon mulet. — Quelle maison a cette fille? — Elle a celle-ci et celle-là. — Ont-ils un chien dans leur jardin? — Ils n'ont aucun chien. — Apporte ton livre, ta plume et ton canif. — Amène son cheval et son mulet. — Prends la clef dans leur chambre.

## 6ᵉ LEÇON — الدَّرْسُ السَّادِس

Lorsque les pronoms affixes sont joints à un mot terminé par un ة, ce ة devient un ت ordinaire, et la lettre qui précède ne se prononce plus avec la voyelle A ; Exemple :

كلْبتي *kelbeti*, ma chienne ;
بغلتك *ber'eltek*, ta mule.

Le mot مراة *merâ*, suivi des pronoms affixes ou d'un complément, se prononce *mert* ; sa femme, مراته *mertho* ; ta femme, مراتك *mertek* ; leur femme, مراتهم *mertehoum* ; la femme de l'homme, مراة الرجل *mert erradjel*.

Lorsque les pronoms affixes sont joints à un mot terminé par une voyelle ou par une lettre de prolongation (ا, و, ي), on prononce le ي de la 1ʳᵉ personne avec le son *a* (*ia*), et le ه de la 3ᵉ personne du masculin singulier comme s'il portait un *djezm* ; Exemple : خويَ *kh·ouïa*, mon frère, — خوه *kh·ouh*, son frère, — بيَ *bia*, avec moi, — بِه *bih*, avec lui, — (1) فِيَّ *fiia*, dans moi, — فِيه *fih*, dans lui, — (1) عَلَيَّ *'aliia*, sur moi, — عَلَيْه *'alih*, sur lui.

Lorsque les pronoms affixes sont joints à des prépositions, on les traduit par les pronoms personnels *moi, toi, lui*, etc. : عِنْدِي chez moi, — فدّامه devant lui, — فِيه dans lui, — فِيهَا dans elle.

عَلَى خَاطِر *'alâ khâter*, parce que..., car, — بُو *boû*, père (بابا *bâbâ* ne s'emploie pas à Tunis avec le pronom de la 1re personne), — غْدَا *r'edâ*, فْطُور *fet'oûr*, déjeuner, — عْشَا *'echâ*, dîner; — كَاس *kâs*, verre, — فِنْجَال *fendjâl*, tasse, — مَغْرفة *mer'erfa*, cuiller, — سُكَّر *soukker*, sucre, — قَهْوَة *k'ahoua*, café, — وْرَا *oûrâ*, derrière, — مَعَ *ma'a*, avec.

REMARQUE. — La préposition مَعَ signifie *avec, en compagnie de...*, et s'emploie en général pour les personnes ; — la préposition بِ indique

---

(1) Ici on met un *chadda* sur le ي final, parce qu'on contracte le ي du pronom avec celui du mot. Il est à remarquer que la préposition عَلَى, suivie des pronoms affixes, se prononce *'ali*.

l'instrument avec lequel on fait quelque chose, ou le mélange, et s'emploie le plus souvent pour les choses.

### VERSION VI

عنْدها شي مغربية ٭ أشْ من مغربية عنْدها ٭ عنْدهُمْ مغربيْتي ٭ عنْدكُمْ شي مغربيْتـم ٭ عنْدنا مغربيْة باباه ٭ عنْدهُمْ شي كاس بابا ٭ علاشْ ما عنْدكُمْ شي كاس ٭ علاشْ ما عنْدكُمْ شي بغلتكُمْ ٭ على خاطر عنْدنا هذا الْحصان ٭ عنْدكْ شي غداكْ وعشاكْ ٭ لالا ما عنْدي شي غدايَ وعنْدي عشايَ ٭ هذا الرَّجل ما عنْده شي عشاه ٭ أشْ عنْدكْ في هذا الْكـاس ٭ اشْ عنْده وراه ٭ أشْ عنْدي وراي ٭ عنْده كلْب وراه ٭ هذه المراة عنْدها وطورها وعشاها ٭ يا رَجل خُذْ وطوركْ وعشاكْ ٭

## THÈME VI

Qu'as-tu dans ta tasse? — As-tu du café ou du lait? — Je n'ai ni café ni lait, j'ai de l'eau avec du sucre. — Qu'avez-vous dans votre verre? — Nous avons du vin avec de l'eau. — Avez-vous une cuiller? — Oui, Monsieur, nous avons une cuiller. — Quelle cuiller avez-vous? — Nous avons la cuiller de son père. — A-t-elle du sucre dans son café? — Je n'ai pas de sucre dans mon café. — Ont-ils du pain dans leur café? — Son père a-t-il du lait dans sa tasse? — Sa mère n'a ni sucre ni café dans son verre. — Qu'a votre sœur dans sa tasse? — Qu'avez-vous dans votre cuiller? — Nous n'avons rien. — Qu'a-t-il devant lui? — Il n'a rien. — Qu'a-t-il derrière lui? — Il a son chien derrière lui. — Qu'a cette femme devant elle? — Elle a une tasse de café. — Qu'a leur sœur devant elle? — Elle a un verre de lait. — Qu'a ce cheval devant lui? — Il a de la paille et de l'herbe. — Qu'ont-ils devant eux? — Ils ont du pain et de la viande. — Pourquoi n'as-tu pas un cheval dans ta maison? — Parce que je n'ai ni paille ni herbe. — Pourquoi cette femme n'a-t-elle pas d'herbe? — Parce qu'elle n'a pas de jardin (un jardin).

## 7º LEÇON — الدَّرْسُ السَّابِعُ

Lorsque les pronoms affixes sont joints à des verbes, ils doivent être traduits par les pronoms personnels *me, te, le, la,* etc. A la 1ʳᵉ personne du singulier on ajoute un ن avant le ي (نِي).

(1) **Singulier**

شابني cháfni, il *me* vit ou il m'a vu (il vit *moi*).

شابك cháfek, il *te* vit ou il t'a vu (il vit *toi*).

شابه cháfho, il *le* vit ou il l'a vu (il vit *lui*).

شابها cháfhâ, il *la* vit ou il l'a vue (il vit *elle*).

**Pluriel**

شابنا cháfnâ, il *nous* vit ou il nous a vus (il vit *nous*).

شابكم cháfkoum, il *vous* vit ou il vous a vus (il vit *vous*).

شابهم cháfhoum, il *les* vit ou il les a vus (il vit *eux*).

(Il faut bien remarquer que le verbe n'est pas conjugué et que les pronoms seuls varient).

شابني شي m'a-t-il vu ?

ما شابني شي il ne m'a pas vu.

أشكون achkoûn, qui....?

حتّى واحد h·attâ ouâh·ad, personne (jusqu'à un seul), aucun.

---

(1) En Tunisie on emploie aussi très souvent le verbe de l'arabe régulier : رَأى râ, *il a vu*; راني *il m'a vu*, etc.

ما شاب حتّى مراة. il n'a vu aucune femme.

أشكون شابنا. qui nous a vus?

حتّى واحد ما شابنا. personne ne nous a vus.

ضرب *d:ereb*, il a frappé, — رفد *refed* (هزّ à Tunis), il a porté, il a ramassé, — فتل *k'etel*, il a tué.

## THÈME VII

Cet homme m'a vu. — Quel homme t'a vu? — Mon père t'a vu. — Son frère l'a vu. — Leur frère les a vus. — Notre père nous a vus. — Votre enfant vous a vus. — Qu'a-t-il vu? — Il ne nous a pas vus. — Mon père m'a vu. — Il ne t'a pas vu. — Qui l'a vu? — Personne ne l'a vu. — Qui vous a vus? — Quel enfant vous a vus? — Personne ne nous a vus. — T'a-t-il frappé? — Oui, Monsieur, il m'a frappé. — Pourquoi t'a-t-il frappé? — Parce qu'il m'a vu dans son jardin. — Pourquoi les a-t-il frappés? — Parce qu'il les a vus chez cet homme. — Il l'a pris. — Pourquoi l'a-t-il pris? — Personne ne les a pris. — Qui les a pris? — Avez-vous votre cuiller? — Non, Monsieur, nous n'avons pas notre cuiller. — Qui l'a prise? — Cet enfant l'a prise. — Il l'a tué. — Qui l'a tué? — Pourquoi les a-t-il tués? — Il les a tués parce qu'il les a vus dans la chambre de cette femme. — Qui t'a porté? — Pourquoi les a-t-il portés? — Prends-le. — Apporte-les. — Apporte-la. — Prends-moi. — Il a ramassé le couteau. — Il a ramassé la clef.

## 8ᵉ LEÇON — اَلدَّرْسُ اَلثَّامِنْ

بَلَدْ belad [1], مدينة medina, ville, — زَنْقَة zenk·a, شارع charâ (Tunis), rue, — عُصَا 'açâ (f.) [2], مطرف met·rek·, bâton, — سِيفْ sif, sabre, بِالسِّيفْ bessif, de force (avec le sabre), — مَكْحَلَة mekah·la, fusil (مَقْرُون megroûn, fusil à deux coups, à Tunis), — كَابُوس kâboûs, pistolet (فَرْدْ ferd à Tunis), — خَنْجَرْ kh'endjer, poignard, — يَدْ [3] ied, main, poignée, — رِجَلْ redjel, pied.

(Les mots qui indiquent une partie double du corps sont du féminin.)

### VERSION VII

شَاوِنِي فِي هَذِهِ البَلَدْ ٭ شَاوِنَا فِي هَذِهِ الزَّنْقَةْ ٭ أَشْكُون ضَرْبُهُمْ فِي هَذِهِ الزَّنْقَة

---

(1) Le mot بَلَد belad est régulièrement du masculin. Dans l'arabe parlé, il est toujours du genre féminin.

(2) Ce mot, suivi des pronoms affixes, se prononce souvent comme s'il était terminé par un ة : عصاتي mon bâton.

(3) Ce mot se prononce iedd ; — il en est de même de دم sang, فم bouche, que l'on prononce demm, foumm, bien que la dernière lettre n'ait pas un chadda.

* ضربناه بعصاه * علاش ردهُمْ فِي هذه * الزّنفة * فتله بهذا السّيب * فتلهُمْ * بهذا الكابوس * فتلها بهذه المَكْحَلَة * ضربنا بهذا الخنجر * ضربني برجله * ضربنا فِي يدنا * علاش ضربكُمْ عَلى رجلكُمْ * خذاني بالسّيب * خذاهُمْ بالسّيب * علاش خذاكُمْ بالسّيب * فتلها شي بعصاه وإلّا بمكحلته * ما ضربني لا بعصاه ولا بمكحلته ضربني بخنجره * فتلهُمْ شي بمكحلته وإلّا بكابوسه * فتلهُمْ بعاسه * فتلهُمْ فِي هذه الزّنفة * ضربها برجله * ضربكُمْ شي بيده * ضربني على فُمّى * علاش ضربها فدامكُمْ على فُمها * خذا شي هَذا اللّباس فِي بينك وإلّا فِي جنانك

※ خُذَا اللّباس في الجنان والمكحلة والكابوس والسبب خذاهُمْ في البيت ※ خُذه بالسبب ※ جِبهُمْ في يدك ※ خُذ مكحلتك في يدك ※

## 9ᵉ LEÇON — الدَّرْسُ التَّاسِع

| | | |
|---|---|---|
| (كيـفـاش) كيـفـاش | *kifâch,* | comment...? |
| (وقت اش) وفـتـاش | *ouèk·tâch,* | quand...? |
| (في اش) فـاش | *fâch,* | dans quoi...? |
| (بـ اش) بـاش | *bâch,* | avec quoi...? |
| مَـنْ | *men,* | qui, quiconque. |
| مَـعَ مَـنْ (1) | *ma'a men,* | avec qui...? |
| عِـنْـد مَـنْ | *'and men,* | chez qui...? |

---

(1) On emploie aussi le mot اشْكون après une préposition, surtout en Tunisie : مَعَ اشْكون *avec qui...?* — قدّام اشْكون *devant qui...?*

قدّام مَن *k'eddâm men*, devant qui…?

فاش مَن *fâch men*, dans quel, quelle, quels..?

باش مَن *bâch men*, avec quel, par quel…? etc.

(في اين) واين, *ouaïn*, أَين *aïn*, *faïn*, où…?

واين شافكم où vous a-t-il vus?

عند مَن شافهم chez qui les a-t-il vus?

مِن *men*, de (ne doit jamais être employé pour traduire cette préposition placée entre deux substantifs).

من اين جاب هذا الكتاب — *men aïn*, d'où, — d'où a-t-il apporté ce livre? — جابه من البلد il l'a apporté de la ville, — فاش جابه dans quoi l'a-t-il apporté? — جابه في شكارة il l'a apporté dans un sac, — فاش من شكارة جابه dans quel sac l'a-t-il apporté?

## VERSION VIII

أش جاب هذا الرجل ٭ جاب اللحم والحطب ٭ من أَين جاب هذا اللحم ٭

جابه من آلجنان ✻ وفتاش جاب هذا آلموس وهذا آلخنجر ✻ عند مَنْ خدا هذا آلكابوس ✻ خداه عند أُخْتك ✻ أشكون ضرب ولدي ✻ هذا آلرجل ضرب ولدك ✻ كيفاش ضربه ✻ باش ضربه ✻ عند مَنْ ضربه ✻ وأين ضربه ✻ فدّام مَنْ ضربك ✻ باش مَنْ جنان شاف بنتي ✻

### THÈME VIII

Cet homme a tué cette femme. — Comment l'a-t-il tuée ? — Avec quoi l'a-t-il tuée ? — Quand l'a-t-il tuée ? — Où l'a-t-il tuée ? — Chez qui les a-t-il tués ? — Ce garçon vous a vus. — Où nous a-t-il vus ? — Quand vous a-t-il vus ? — Chez qui m'a-t-il vu ? — Avec qui les a-t-il vus ? — Comment t'a-t-il vu ? — Ce cheval m'a frappé. — Où t'a-t-il frappé ? — Quand t'a-t-il frappé ? — Avec quoi t'a-t-il frappé ? — Ce mulet a porté cette paille et cette herbe. — Comment les a-t-il portés ? — Quand les a-t-il portés ? — Chez qui les a-t-il portés ? — Dans quoi les a-t-il apportés ? — Dans quel sac a-t-il apporté ce pain ? — Il l'a apporté dans le sac de cet homme. — Où l'a-t-il porté ? — D'où l'a-t-il apporté ?

## 10ᵉ LEÇON — الدَّرْس العَاشِر

Pour exprimer le verbe *être* au présent de l'indicatif, on se sert, dans l'arabe parlé, du mot را ⁽¹⁾ que l'on fait suivre des pronoms affixes. A la 3ᵉ personne du féminin singulier, on dit راهي, rarement راها. — En parlant à une femme, on dit راكِ à la 2ᵉ personne du singulier.

### Singulier

| | | |
|---|---|---|
| راني | *râni,* | je suis. |
| راك | *râk,* | tu es. |
| راكِ | *râki,* | tu es (f.). |
| راه | *râh,* | il est. |
| (rare) راها ou راهي | *râhi,* | elle est. |

---

(1) On a vu (page 65, en note) que le mot راى avait, à proprement parler, le sens de *voir*. راني peut donc être traduit littéralement par *vois-moi* ou *me voici*; راني في البيت *vois-moi dans la chambre*, *me voici dans la chambre*, JE SUIS *dans la chambre*.

Pluriel

رانا *rânâ,* nous sommes.

راكم *râkoum,* vous êtes.

راهم *râhoum,* ils sont.

كبير *kebir,* grand, âgé, — صغير *s·er·ir,* petit, jeune, — طويل *t·ouil,* long, grand, — قصير *k·es·ir,* court, petit, — مريض *merid·,* malade, — صحيح *s·eh·ih·,* solide, — ضعيف *d·e'if,* faible, — مليح *melih·,* bon, beau.

Le pluriel de ces adjectifs se forme en remplaçant le ـي par un ا : كبار grands, — صغار petits.

هذه المراة راهي شي كبيرة *cette femme est-elle grande ?*

هذا الولد وهذا الرجل راهم شي ملاح *cet enfant et cet homme sont-ils bons ?*

REMARQUES. — 1° On retranche souvent le mot را du verbe *être,* lorsqu'il est accompagné de la négation : هذا الشراب ماه شي مليح *ce vin n'est pas bon,* — ما ني شي مريض *je ne suis pas malade ;* — 2° on retranche quelquefois même le pronom (surtout aux troisièmes personnes) :

هذه آلحاجة ما شي ما يحت cette chose n'est pas bonne ; — 3° on supprime souvent le verbe être : هذا آلرّجل مريض cet homme est malade, — هذه آلفرس مليحة cette jument est bonne.

بالزّاف * iâser ياسر * bezzâf, بـرشة * en Tunisie), beaucoup, bien, très.

هذه آلمراة راهي مريضة بالزّاف cette femme est très malade.

VERSION IX

راك صغير * راني شي مريض * ما راهي شي مليحة * ماه شي طويل * راهي قصيرة * أشكون راه مريض * رانا ضعاف وهذوا راهم صحاح * هذه آلمراة راهي ضعيفة بالزّاف وهذا آلطّفل راه مريض * أشكون في آلدّار * حتّى واحد ما راه في آلدّار * أشكون راه في جنانك * بنتي راهي في جناني * مَعَ مَن راكُم في هذا آلجنان * وأين راهي مكحلتك * راهي في بيتي * هذا آلتّبن ما شي مليح * هذه آلمكحلة طويلة * هذه آلبغلة صغيرة *

## THÈME IX

Votre plume est-elle bonne ? — Cette plume n'est pas bonne. — Ce livre est-il bon ? — Oui, Monsieur, il est très bon. — Est-elle grande ou petite ? — Elle n'est ni grande ni petite. — Comment est-elle ? — Elle est longue. — Où est ton pistolet ? — Il est dans la chambre de mon frère. — Ton frère est-il malade ? — Il est très malade. — Où est-il ? — Il est dans sa chambre. — Où est votre sœur ? — Elle est avec ma mère dans le jardin. — Votre garçon et votre fille sont-ils dans ce jardin ? — Non, Monsieur, ils ne sont pas dans ce jardin. — Où sont-ils ? — Ils sont dans la rue. — Où est cette rue ? — Elle est devant le jardin. — Où est le café ? — Il est dans cette tasse. — Comment est ce café ? — Il est très bon. — Il n'est pas bon. — Où êtes-vous ? — Nous sommes dans la rue. — Pourquoi êtes-vous dans la rue ? — Parce que nous ne sommes pas malades.

## 11ᵉ LEÇON — الدَّرْسُ الْأَحْداشْ

شْوِيَّة *chouiia*, un peu (une petite chose).

راني شْوِيَّة مَريضْ *je suis un peu malade*.

جِيعَانْ *dji'âne*, affamé, — عَطْشَانْ *'at'châne*, altéré, — نَعْسَانْ *na'sâne*, qui a sommeil, — عَيَّانْ *'aiâne*, fatigué, — عَرْيَانْ *'eriâne*, nu, — فَرْحَانْ *ferh'âne*, content.

Le pluriel de ces adjectifs se forme en ajoutant ين *îne* au singulier : فرحانين contents, عطشانين altérés.

راني جيعان *j'ai faim (je suis affamé).*

راك شي عطشان *as-tu soif? (es-tu altéré?)*

ما راهم شي نعسانين *ils n'ont pas sommeil (même tournure).*

حطّاب *h·ett·âb*, bûcheron, — بغّال *ber··r·âl* [1], muletier, — خبّاز *kh·ebbâz*, boulanger, — بوّاب *bouwâb*, portier.

Le pluriel de ces mots se forme également en ajoutant ين au singulier : بوّابين *portiers*.

هذه المرأة راهي جيعانة *cette femme a faim.*

هذا الرّجل وهذا الولد راهم جيعانين *cet homme et cet enfant ont faim.*

باباه وخوه راهم خبّازين *son père et son frère sont boulangers.*

كتاب مليح — مكحلة مليحة *un bon livre, — un bon fusil.*

---

(1) En Tunisie, on dit plutôt حمّار *h·emmâr*, proprement ânier, conducteur d'ânes.

اَلْكِتَابُ الْمَلِيحُ    *le beau livre* (le livre le beau).

مُكَحْلَتِي الْمَلِيحَة    *mon bon fusil* (mon fusil le bon).

هٰذِهِ الْمُكَحْلَةُ الْمَلِيحَة    *ce bon fusil* (ce fusil le bon).

هٰذُوا الْبَغَّالِين الْمُلَاح    *ces bons muletiers* (ces muletiers les bons) [1].

RÈGLES. — 1° L'adjectif s'accorde en genre et en nombre avec le mot auquel il se rapporte ; — 2° il se place toujours *après* le substantif ; — 3° il prend l'article lorsqu'il se rapporte à un substantif *déterminé*.

Un substantif est *déterminé*, — lorsqu'il est accompagné de l'article, — lorsqu'il a un pronom affixe, — lorsqu'il a un complément.

### VERSION X

هٰذَا الرَّجُل رَاهُ جِيعَان ٭ الرَّجُل الْجِيعَان رَاه فِي دَارَك ٭ هٰذِهِ الْمَرَاة رَاهِي فَرْحَانَة ٭ الْمَرَاة الْفَرْحَانَة رَاهِي فِي الزَّنْقَة

---

[1] Si l'on négligeait de mettre l'article à l'adjectif, on modifierait le sens. Ainsi, dans les quatre exemples précédents, si l'adjectif n'était pas accompagné de l'article, le sens serait : le livre *est* beau ; — mon fusil *est* bon ; — ce fusil *est* bon ; — ces muletiers *sont* bons.

* علاش راك فرحان * راني فرحان على خاطر خوي ما راه شي مريض * أش من باس عندك * عندي ألباس الكبير * أش من مكحلة عندهم * عندهم المكحلة المليحة والكابوس الصغير وسيبك الطويل * واين راه ولدي الصغير * واين راهي فهوتي المليحة * راهي في كاسك الكبير * راه في هذا الجنان المليح *

## THÈME X

Une petite maison. — La petite maison. — Cette petite maison. — Votre petite maison. — Sa petite maison est dans cette grande rue. — Nous sommes contents. — Pourquoi êtes-vous contents ? — Parce que vous n'êtes pas malades. — As-tu faim ? — Je n'ai pas faim. — Mon petit frère a faim. — As-tu soif ? — Il a soif. — Avez-vous sommeil ? — Nous avons sommeil. — Êtes-vous fatigués ? — Nous sommes un peu fatigués. — Sont-ils nus ? — Ils ne sont pas nus. — Pourquoi êtes-vous nus ? — Parce que nous ne sommes pas malades. — Pourquoi êtes-vous fatigués ? — Parce que nous sommes très malades. — Pourquoi ne sont-ils pas contents ? — Parce qu'ils sont très fatigués. — Pourquoi ce bûcheron n'est-il pas content ? — Parce qu'il n'a ni pain ni viande. — A-t-il faim ? — Il a bien faim. — A-t-il soif ? — Il a un peu soif. — Il n'a ni faim ni soif, il est très fatigué. — Pourquoi est-il fatigué ? — Parce qu'il a apporté du bois et du charbon chez nous.

## 12ᵉ LEÇON — الدَّرْس الثَّنَاش

| | |
|---|---|
| عَنْدَك شِي اَلْكِتَاب | as-tu le livre ? |
| مَا عَنْدِي شِي اَلْكِتَاب | je ne L'ai pas. |
| مَا رَاه شِي عَنْدِي | |
| عَنْدَك شِي اَلْمَغْرُوفَة | as-tu la cuiller ? |
| مَا عَنْدِي شِي اَلْمَغْرُوفَة | je ne L'ai pas. |
| مَا رَاهِي شِي عَنْدِي | |
| عَنْدَك شِي قَلَمِي وَمُوسِي | as-tu ma plume et mon canif ? |
| مَا رَاهُمْ شِي عَنْدِي | je ne LES ai pas. |

Pour traduire les pronoms *le, la, les,* accompagnant le verbe *avoir,* on est obligé de répéter le nom ou de tourner par le verbe *être.* (*As-tu mon livre ? — Il n'est pas chez moi.*)

---

| | |
|---|---|
| رَاهِي شِي مَرِيضَة | est-elle malade ? |
| مَا رَاهِي شِي مَرِيضَة | elle ne L'est pas. |

Pour traduire le pronom *le* accompagnant le verbe *être,* on répète l'adjectif.

عَنده شي كتابي وإلّا كتابك   *a-t-il mon livre ou* LE TIEN ?

عَنده كتابه   *il a* LE SIEN.

Pour traduire les pronoms *le mien, le tien, la mienne, la tienne*, etc., on répète le substantif. — Il en est de même pour traduire les pronoms *celui, celle, ceux* ; Exemple :

عَندك شي كتابي وإلّا كتاب خويَ   *as-tu mon livre ou* CELUI *de mon frère* ?

عَندكُم شي مغرِفتهُم وإلّا مغرِفة أُختهُم   *avez-vous leur cuiller ou* CELLE *de leur sœur* ?

## THÈME XI

A-t-il la tasse ? — Il ne l'a pas. — A-t-elle la cuiller ? — Elle ne l'a pas. — Avons-nous le café ? — Nous ne l'avons pas. — Avons-nous son pistolet ? — Nous ne l'avons pas. — Nous avons son fusil. — Ont-ils son poignard ? — Ils ne l'ont pas. — Ont-ils son bâton et son rasoir ? — Ils ne les ont pas. — A-t-il ton cheval ou le sien ? — Il a le mien. — Sa sœur a-t-elle sa mule ou la vôtre ? — Elle a la nôtre ou celle de sa fille. — Quelle mule a-t-elle ? — Elle a la sienne ou la leur. — Ces boulangers ont-ils leur sac ou celui des muletiers ? — Ils ont celui de notre père. — Ils n'ont pas le leur. — Est-il content ? — Il ne l'est pas. — Est-elle fatiguée ? — Elle l'est. — Ils n'ont ni faim ni soif ; ils ont sommeil, car ils sont très fatigués et un peu malades. — Sont-ils malades ? — Ils le sont. — Vous n'êtes pas malades, vous êtes un peu fatigués.

## 13º LEÇON — الدَّرْس الثَّلْثَاش

### DIVERS EMPLOIS DU MOT متاع

Le mot متاع META' signifie littéralement *outil, ustensile, objet*. On l'emploie dans l'arabe parlé :

1º Pour traduire la préposition *de*, placée entre deux substantifs ; Exemple :

ٱلْفَاس متاع ٱلْحَطَّاب (1) *la cognée du bûcheron.*

ٱلشْكَارَة متاع خُويَ *le sac de mon frère.*

ٱلْمَكْحَلَة متاع هذا ٱلرَّجل *le fusil de cet homme.*

ٱلْكْتَاب ٱلْكْبِير متاع خُوك (2) *le grand livre de ton frère.*

REMARQUE. — En employant le mot متاع on doit mettre l'article aux deux substantifs, s'ils sont déterminés en français.

---

(1) Mot à mot, si l'on veut ; *la cognée, ustensile du bûcheron.*

(2) En employant cette tournure on évite l'amphibologie qui existerait si l'on disait كْتَاب خُوك ٱلْكْبِير, l'adjectif كْبِير pouvant alors se rapporter aux deux substantifs.

Lorsqu'un substantif sert de complément déterminatif à deux ou plusieurs noms, on construit la phrase arabe comme la phrase française, et l'on traduit la préposition *de* par متاع ; Exemple :

*La jument et la mule de cet homme,*

البرس والبغلة متاع هذا الرجل

On peut dire aussi :

برس هذا الرجل وبغلته

(mot à mot : *la jument de cet homme et sa mule*).

2° Avec les pronoms affixes, pour indiquer la *propriété* ; il traduit alors les pronoms *le mien, le tien, la mienne, la tienne, les miens,* etc. ; Exemple :

هذا الحمار متاعي (1) *cet âne est le mien, cet âne m'appartient.*

عنده شي الكتاب متاعي ولّا متاعه *a-t-il mon livre ou le sien ?*

REMARQUE. — On se sert aussi dans le même sens, surtout à Alger, du mot ديال *diâl*, qui ne s'emploie qu'avec les pronoms affixes.

---

(1) En Tunisie, le mot *âne* se dit plutôt بهيم ; dans la province de Constantine, on emploie دابّ.

3° Pour indiquer la matière dont un objet est fait; Exemple:

| | |
|---|---|
| فاس متاع حديد | une hache de fer. |
| موس متاع ذكير | un canif d'acier. |
| كاس متاع فضّة | un verre d'argent. |
| مفتاح متاع ذهب | une clef d'or. |
| قلم متاع نحاس | une plume de cuivre. |
| مغرفة متاع رصاص | une cuiller de plomb. |
| كُرة متاع عاج | une boule d'ivoire. |

REMARQUE. — On peut aussi employer من à la place de متاع; Exemple: فاس من حديد, etc.

متاع اشكون ou متاع مَن (Tunis), à qui est...? à qui appartient...?

NOTA. — Le mot متاع est souvent altéré dans le langage: on le prononce أنتاع, نتاع, etc.

## VERSION XI

واين راه الموس متاع هذا الولد * متاع من هذا الموس وهذه المغرفة * هذا الموس متاعي وهذه المغرفة متاعه * الكتاب والقلم ذيالَه راهُم في هذه البيت * واين زاهي

البغــلة متاعــها ۞ راهي ڢي هذا الجنان مَعَ الحـمار ذيالـه ۞ هذه العَصَا ذيـالي وهــذا السّيــب ذيـالـكَ ۞ عَنده شي السّيــب متاعَكَ وإلّا متاعي ۞ ما عَنده لا متاعي لا متاعَكَ ۞ عَنده السّيـب متاع هذا البغَال ۞ مكحلتي راهي ڢي بيتي ومتاعَك راهي ڢي بيت هذا الرّجل ۞ الشكارة متاع الخبّاز راهي عَلى العود ۞ عندي موس متاع الذّكير مليح بالزّاوب ۞ هذا السّيــب ماهُ شي متاع الذّكير ۞ الكابوس متاع هذا البغَال راه عَلى بغلتــه ۞ مكحلتي صغيــرة و متاعــم كبيرة ۞ عنده مكحلة متاع الحَديد وسيـب متاع الذّكبير و مغـرڢة متاع النّحـاس وكاس متاع الذّهب وكُرة متاع الرّصاص ۞ هذه البنْــت راهي ڢرحانة على خاطر عِنْدها مغـرڢـة من الذّهب وكاس من الڢِضّة ۞ هذا المڢتاح متاع مَنْ ۞ هذا مڢتاح (1) باب الجنان متاع رَجل البَلـد ۞ هذه المغرڢة متاع مَنْ ۞ هذِه مغرڢة المراة متاع هذه الدّار ۞ هذه الدّار متاع مَنْ ۞ هذِه دار المراة متاع هذا الرّجل المريض ۞ هذه المكحلة ما شي متاعي ما شي متاعــم متاع خوي ۞

---

(1) Mot à mot: *celle-là la clef,* pour dire *c'est la clef de....*

# 14ᵉ LEÇON — الدَّرْس آلْأَرْبَعْتَاش

## PRONOMS PERSONNELS (sujets)

(Ces pronoms ne doivent jamais être employés comme *compléments* d'une préposition. Lorsque les pronoms *moi, toi, lui*, etc., sont compléments, il faut les traduire par les pronoms affixes.)

### Singulier

1ʳᵉ personne أَنَا *anâ* ou أَنَايَا *anâiâ*, je *ou* moi.

2ᵉ personne
- masc. أَنْتَ *enta* ou أَنْتَيَا *entaiâ*, tu *ou* toi. (1)
- fém. أَنْتِ *enti* ou أَنْتِنَا *entinâ*, tu *ou* toi.

3ᵉ personne
- masc. هُوَ *houa*, il *ou* lui.
- fém. هِيَ *hia*, elle.

### Pluriel

1ʳᵉ personne أَحْنَا *ah'nâ*, rég‧ نَحْنُ *nah'nou*, nous.

2ᵉ personne أَنْتُم *entoum* ou أَنْتُمَا *entoumâ*, vous.

3ᵉ personne هُم *houm* ou هُمَا *houmâ*, ils, elles, eux.

---

(1) La forme أَنْتِ est souvent employée pour le masculin dans certaines régions, et particulièrement dans la province de Constantine et à Tunis.

أنَا مَرِيض *je suis malade (moi malade).*

هِيَ كبيرة وأنا صغيرة *elle est grande et je suis petite.*

On peut, avec les pronoms personnels, ne pas exprimer le verbe *être*.

―――

حتَّى هُوَ *jusqu'à lui, lui aussi, même lui.*

أنا وإيَّاه رانا في هذه الدَّار *nous sommes lui et moi dans cette maison.*

Lorsqu'on doit exprimer deux pronoms sujets, on traduit le premier par les pronoms ci-dessus, et le second par les pronoms affixes précédés du mot إيَّا *yïa*. (Les Arabes expriment les pronoms dans l'ordre naturel, c'est-à-dire, celui de la 1re personne, le premier; celui de la 2e, le deuxième, etc.)

―――

عَندي واحدَّ الحمار وواحد البغلة *j'ai un âne et une mule.*

عَندكُمْ شي واحد الكَبْش *avez-vous un mouton ?*

واحد الرَّجل مريض *un homme malade.*

On peut traduire *un, une*, devant un substantif, par le mot واحد *ouâh·ad*, suivi de l'article.

عندي واحد    *j'en ai un.*

عندي واحدة    *j'en ai une.*

راني وحدي في هذه الدار    *je suis seul dans cette maison.*

ما راهي شي وحدها    *elle n'est pas seule.*

راهم شي وحدهم في هذه البيت    *sont-ils seuls dans cette chambre ?*

Le substantif وحْد *ouah'd* (unité), suivi des pronoms affixes, traduit l'adjectif *seul*.

(Ne pas confondre le mot وحْد *unité* avec واحد).

---

لاكن *lâken* ou ولاكن *oulâken*, mais.

عندي واحد المكحلة ولاكن ماهي شي مليحة    *j'ai un fusil, mais il n'est pas bon.*

## THÈME XII

Qui est dans votre jardin ? — Elle. — Qui a frappé votre fille ? — Lui. — Toi, es-tu malade ? — Moi, Monsieur, je ne suis pas malade. — Nous, nous sommes malades. — Eux, sont-ils malades ? — Ils le sont. — Nous sommes, lui et moi, très fatigués. — Vous êtes, vous et lui, très contents. — Nous sommes, eux et nous, très altérés. — Lui, qu'a-t-il dans son jardin ? — Il a un mouton et un âne. — A-t-il un grand jardin ? — Il a un grand jardin et une petite maison dans ce jardin. — Est-il seul dans cette maison ? — Il est seul. — Je suis seul. — Je ne suis pas seul. — Es-tu seul ? — Pourquoi es-tu seul ? — Ta mère est-elle seule ? — Elle n'est pas seule. — Mon père n'est pas seul. — Avec qui est cet homme ? — Il est seul. — Nous sommes seuls. — Êtes-vous seuls ? — Ils ne sont pas seuls. — Où est votre père ? — Il est dans sa chambre, mais il n'est pas seul.

## 15ᵉ LEÇON — الدَّرْسُ ٱلْخَمْسْتَاشْ

عَنْدُه شِي كِتَابَكْ وِلَّا كِتَابْ خُوكْ   *a-t-il votre livre ou celui de votre frère ?*

مَا عَنْدُه لَا هَذَا لَا هَذَاكْ   *il n'a ni l'un ni l'autre.*

عَنْدْهَا شِي مَغْرِفْتِكْ وِلَّا مَغْرِفَة هَذِه ٱلْمَرْاة   *a-t-elle votre cuiller ou celle de cette femme ?*

مَا عَنْدْهَا لَا هَذِه وَلَا هَذِيكْ   *elle n'a ni l'une ni l'autre.*

Les expressions *ni l'un ni l'autre, ni l'une ni l'autre, ni les uns ni les autres*, se rendent par *ni celui-ci ni celui-là, ni celle-ci ni celle-là, ni ceux-ci ni ceux-là*.

آلّي elli, celui qui…, celle qui…, ceux qui…, qui…, lequel…, laquelle…, lesquels.

وَايْن الرَّجلْ آلّي هُوَ مريض   où est l'homme qui est malade ?

المراة آلّي مريضة ما عندها شي آلمآء في بيتها   la femme qui est malade n'a pas d'eau dans sa chambre.

آلّي هُمَا مراض ما هُمْ شي فرْحانين   ceux qui sont malades ne sont pas contents.

———

هذا هُوَ الرَّجلْ آلّي (1)   voici l'homme qui…

هذه هِيَ المْراة آلّي   voici la femme qui…

هذوا هُمَا البْغالين آلّي   voici les muletiers qui…

هذا هُوَ ou هاهُوَ (2)   le voici.

هذِه هِيَ ou هاهِي (2)   la voici.

هذوا هُمَا ou هاهُمْ   les voici.

أشْكون هُوَ ou أمّا هُوَ   quel est… ?

أشْكون هِيَ ou أمّا هِي   quelle est… ?

أشْكون هُمَا ou أمّا هُمْ   quels ou quelles sont… ?

———

(1) Mot à mot : celui-là lui, celle-là elle, ceux-là eux.
(2) Prononcez hâhou, hâhi.

REMARQUE. — La première de ces deux expressions s'emploie, en général, pour les personnes, et la seconde pour les choses. — Le mot أَمَّا seul traduit aussi l'adjectif *quel...? quelle...?* etc.

أَمَّا كتاب جاب *quel livre a-t-il apporté?*

فى أَمَّا كتاب *dans quel livre?*

---

آخَر *akh'er*, fém. أُخْرَى *oukh'râ*, autre, pl. أُخْرِين *oukh'rîne*, autres : رجل آخَر *un autre homme*; مراة أُخْرَى *une autre femme*; واحد آخَر *un autre*, واحدة أُخْرَى *une autre*; الرَّجل الآخَر *l'autre homme*, etc. — (1) هنا *henâ*, ici, ثَمّ *tsemma*, là, — هناك *henâk* ou (2) الهِيه *elhîh*, là-bas, — (3) خارج *kh'âredj* ou (4) بَرَّا *barrâ*, dehors, — (3) داخل *dakh'el*, dedans, dans l'intérieur, — فى قلب *fi k'elb*, dans le cœur, dans l'intérieur.

---

(1) A Tunis on prononce هُنِي.

(2) Ce mot ne s'emploie pas à Tunis. On se sert de غادي.

(3) S'emploient avec un complément : خارج الدَّار *hors de la maison*, داخل الدَّار *dans l'intérieur de la maison*. Adverbialement, ces deux mots prennent l'article.

(4) Ce mot signifie aussi à Tunis : *attention! prends garde!*

## VERSION XII

اشكون ثمَّ * هُوَ * راه شي هنا * راه هنا * اشكون بَرَّا * هِيَ * وايِن راكُمْ * أَنا سيدي راني داخل الدَّار وهُوَ راه بَرَّا * انا وايَّاه رانا بَرَّا * راهي شي وَحْدها * ما راهي شي وَحْدها * راك شي وَحْدك * ما راني شي وَحْدي * وايِن راه البَغَال اللّي هُوَ مريض * راه داخل الدَّار * وايِن راهُمْ الخبَّازين اللّي هُما مراض * راهُمْ هناك * هَذِه هِيَ يا سيدي المراة اللّي راهي مريضة * هَذوا هُمَا البَغالين اللّي راهُمْ عيَّانين * وايِن الطفلة اللّي راهي عطشانة * هاهي * أنا هوَ الكتاب متاع خوك * هاهُـو *

### THÈME XIII

La fille qui est dans le jardin est-elle seule? — Elle n'est pas seule, elle est avec une autre fille. — Le muletier qui est dans la rue est-il seul? — Non, Monsieur, il n'est pas seul, il est avec d'autres muletiers. — Personne n'est avec lui. — Sont-ils avec mon frère ou (1) mon enfant? — Ils ne sont ni avec l'un ni avec l'autre, ils sont avec votre mère. — Voici le boulanger qui a apporté le pain. — Voici

---

(1) Répéter la préposition مَعَ.

l'homme qui a tué votre mouton. — Où est le muletier qui a apporté le bois et le charbon ? — Le voici. — Il est là. — Il est là-bas. — Il n'est pas ici. — Il est dehors. — Il est dans l'intérieur du jardin. — Quelle est la femme qui est avec lui ? — Il est avec votre sœur. — Où est mon autre sœur ? — La voici. — Avez-vous ici le couteau et la hache ? — Je n'ai ni l'un ni l'autre. — Êtes-vous avec les muletiers ou avec les boulangers ? — Nous ne sommes ni avec les uns ni avec les autres.

## الدّرْس السّتّاش — 16ᵉ LEÇON

### SUR LES NOMBRES

Il y a en arabe trois nombres : le *singulier*, le *duel* et le *pluriel :*

On emploie le *singulier* lorsqu'on ne veut désigner qu'une seule personne ou une seule chose.

On emploie le *duel* lorsqu'on veut désigner deux personnes ou deux choses.

On emploie le *pluriel* lorsqu'on veut parler de plusieurs personnes ou de plusieurs choses.

**DUEL**

Le *duel* se forme en ajoutant ين INE ou plutôt AÏNE au singulier. Il n'est employé dans l'arabe parlé que pour les parties doubles du corps et dans quelques expressions d'un usage fréquent,

telles que *deux jours, deux nuits, deux fois,*
etc. ; Exemples :

| رجـل | pied, | رجْليــن | deux pieds. |
| عيْــن | œil, | عينيــن | deux yeux. |
| يــوم | jour, | يوميــن | deux jours. |
| ساعة | heure, | ساعـتين | deux heures. |
| شهــر | mois, | شهْــرين | deux mois. |
| ليْلة | nuit, | ليلـتين | deux nuits. |
| مرّة | fois, | مرّتين | deux fois. |
| دفيـفة | minute, | دفيفتين | deux minutes. |
| عــام | an, | عاميــن | deux ans. |
| والـد | père, | والـدين | parents [1]. |

RÈGLE. — Lorsqu'un mot au duel doit être accompagné des pronoms affixes, le ن final disparaît : والديه *ses parents,* — رجْليه *ses pieds,* — والديّ *mes parents,* et non رجـلـينه, والـدينـه, والديـني.

---

(1) Le mot والد est un participe présent et signifie proprement *enfantant* (père), au féminin والدة (mère), au duel والدين *les deux enfantant, les parents,* mais le père et la mère seulement.

## PLURIELS

Les pluriels se divisent en deux catégories : les pluriels dits *réguliers* et les pluriels dits *irréguliers*.

### PLURIELS RÉGULIERS

Ces pluriels sont caractérisés par la désinence ـين... *ine,* ajoutée au singulier pour le masculin, et la désinence ـات... *âte* pour le féminin.

Les mots qui prennent la désinence ـين... sont : 1° tous les participes ; — 2° les mots de la même forme que حطّاب, خبّاز, بغّال (noms de métiers) (1) ; — 3° les adjectifs de la même forme que عطشان, برحان ; — 4° beaucoup d'adjectifs terminés au singulier par ي, comme جزيري *algérien,* plur. جزيريّين *algériens ;* — 5° quelques autres adjectifs et quelques rares substantifs.

Les mots qui prennent la désinence ـات... sont : 1° beaucoup de mots terminés au singulier par ة : جزيريّة *algérienne,* جزيريّات *algériennes,* — كلبة *chienne,* كلبات *chiennes,* — كرة *boule,* كرات *boules,* — ساعة *heure,* ساعات *heures ;* — 2° quelques noms masculins d'une origine étrangère à la langue arabe, comme : باشا *pacha,* pl. باشوات, — اغا *âga,* pl. اغوات.

---

(1) Souvent le pluriel des noms de métiers se forme par la simple addition d'un ة : حطّابة *des bûcherons.*

## VERSION XIII

راني مريض من عَيْنَيّ * (1) * راهي مريضة من عَيْنيها *
رانا مراض من رجْلينا * ما راهُمْ شي مراض من يديهِمْ *
راكْ شي مريض من عَيْنيكْ * ما راني شي مريض من
رجلَيَّ * يجي (2) * يجي وي يومين * يجي وي شهْرين * فعدْ (3)
عامَيْن في هذه البلد * فعدْ ساعتين عنّدنا * جاء مرّتين
في العام * فعدْ عنْد الجزيرتّين يومين وليلتين * فعد عند
والديَّ شهْرين * الجزيرتّات اللّي راهُمْ عنْد والديكْ
راهم عيّانين *

## THÈME XIV

Mes parents ont mal aux yeux. — J'ai mal aux pieds. — A-t-elle mal aux yeux ? — Viens avec moi chez les parents de notre boulanger. — Les parents de votre boulanger sont-ils malades ? — Ils ont mal aux mains. — Il est resté deux jours et deux nuits dans cette chambre. — Il est resté deux heures avec mes parents. — Il est resté deux ans dans cette petite ville. — Il est venu deux

---

(1) Mot à mot : *Je suis malade de mes yeux (j'ai mal aux yeux).*

(2) جَاءَ *il est venu,* يجي *il viendra,* أجِ *viens !* (cet impératif se prononce *idja* à Tunis).

(3) فعد *il est resté.*

fois chez moi et est resté deux heures avec moi. — Viens avec moi chez les Algériens. — Il est resté deux heures et deux minutes dans le jardin. — Il viendra dans deux mois. — Il ne viendra pas dans deux jours.

## 17ᵉ LEÇON — اَلدَّرْسْ اَلسَّبْعْتَاشْ

### PLURIELS DITS IRRÉGULIERS

On peut diviser les pluriels dits *irréguliers* en deux classes : la première comprend les pluriels qu'on forme d'une façon à peu près régulière ; la deuxième, ceux qui ne sont soumis à aucune règle précise.

#### 1ʳᵉ CLASSE DE PLURIELS IRRÉGULIERS
#### OU PLURIELS PAR ا

Ce sont ceux qui ont un ا après la deuxième lettre, et au moins deux lettres après cet ا. Ils peuvent être représentés de cette façon :

$$\text{(1)} \quad x\ x\ ا\ x\ x$$

---

(1) Dans l'arabe régulier, la syllabe qui suit l'*alif* a la voyelle i ; c'est pour cela que, dans les pluriels qui sont terminés par un ي, la lettre qui précède a toujours la voyelle i, même lorsqu'au singulier le ي est précédé du son **a**; Exemple : مَرْسَى *port*, pl. مَرَاسِي *merâci*.

Cette formation de pluriels s'applique aux mots qui ont 4 ou 5 lettres au singulier; Exemples :

| Singulier | | Pluriel |
|---|---|---|
| خنجر | poignard, | خناجر |
| مطرف | bâton, | مطارف |
| مسجد | mosquée, | مساجد |
| عسكر | soldat, | عساكر |

REMARQUES. — 1° S'il y a un ة au singulier, il disparaît au pluriel; Exemples :

| Singulier | | Pluriel |
|---|---|---|
| مغرفة | cuiller, | مغارف |
| مكحلة | fusil, | مكاحل |
| دقيقة | minute, | دفايق |
| قنطرة | pont, | فناطر |

2° Si la dernière lettre du singulier est précédée d'une lettre de prolongation, celle-ci doit être représentée au pluriel par un ي, qu'on néglige habituellement de prononcer dans le langage [1];

---

[1] Il est souvent important de prononcer ce ي pour distinguer les mots ayant un singulier différent; Exemples : مربوط *lieu où l'on attache un animal*, pl. مرابط, — مربوط *prisonnier* (attaché), pl. مرابيط; — مكتب *école*, pl. مكاتب, — مكتوب *un écrit, une lettre*, pl. مكاتيب.

Exemples :

| Singulier | | Pluriel | |
|---|---|---|---|
| مِفْتاح | clef, | مفاتيح | prononcez *mefâteh*. |
| سُلْطان | roi, sultan, | سلاطين | — *selât'ene*. |
| فِنْجال | tasse, | فناجيل | — *fenâdjel*. |
| مِعْجاز | paresseux,[1] | معاجيز | |

3° Si la 2ᵉ lettre du singulier est un ا, on la change au pluriel en و ; Exemples :

| Singulier | | Pluriel | |
|---|---|---|---|
| كابوس | pistolet, | كوابيس | prononcez *kewâbes*. |
| حانوت | boutique, | حوانيت | — *h'ewânet*. |
| خاتم | bague, | خواتم | |
| زايلة | bête de somme, | زوايل | |

4° Si la 2ᵉ lettre du singulier porte un chadda, on la dédouble pour former le pluriel ; Exemples :

| Singulier | | Pluriel | |
|---|---|---|---|
| سكّين | sabre, couteau,[2] | سكاكين | prononcez *sekâken*. |
| كرّاس | cahier, | كراريس | — *kerâres*. |
| سلّوم | échelle, | سلاليم | — *selâlem*. |
| سبّالة | fontaine, | سبابيل | |

---

(1) *Paresseux* se dit à Tunis بخيل pl. بخلاء.
(2) سكّين est mis pour سكّيين.

5° Si la 3ᵉ lettre du singulier est un و ou un ا, on la change au pluriel en ي ; Exemples :

| Singulier | | Pluriel |
|---|---|---|
| فلوكة | barque, | فلايك |
| شكارة | sac, | شكاير |
| جنان | jardin, | جناين |
| شجوزة | vieille, | عجايز |

(Phrase à retenir pour se rappeler les cinq remarques :

جاب خناجر و مكاحل و كوابس و سكاكين في شكاير

Il a apporté des poignards, des fusils, des pistolets et des sabres dans des sacs).

Autres exemples de ces pluriels :

| Singulier | | Pluriel |
|---|---|---|
| ساعة (1) | heure, montre, horloge, | سوايع (Alger). |
| فهوة | café, | فهاوي |
| ليل (2) | nuit, | ليالي |
| يد | main, | ايادي |

___

(1) pl. ساعات.

(2) Il y a une différence entre les mots ليل et ليلة : le premier désigne la *nuit* (comme obscurité), opposé au *jour* نهار ; le second indique le *temps*, la *durée*, et est opposé à يوم. — جاء في الليل signifie *il est venu pendant la nuit*, جاء هذه الليلة *il est venu cette nuit même* ; جاء في النهار signifie *il est venu pendant le jour*, et جاء اليوم *il est venu aujourd'hui*.

# EXERCICES SUR LA 17ᵉ LEÇON (1)

### 1° MOTS A METTRE AU PLURIEL

*Application de la règle générale*

| عقرب | scorpion. | مبرد | lime. |
| أرنب (f.) | lièvre. | ثعلب | renard. |
| خندق | égout. | دفتر | registre. |
| مكتب | école. | مدفع | canon. |
| برنس | burnous. | جلجل | grelot. |
| مطرح | matelas. | مرسى | port (2). |
| مضرب | lieu, endroit. | مرعى | pâturage. |

*Application de la 1ʳᵉ remarque*

| بردعة | bât. | فرملة | veste d'homme. |
| محرمة | mouchoir. | مصالحة | intérêt. |
| طنجرة | marmite en cuivre. | محبرة | encrier. |
| مدرسة | collège. | تجربة | épreuve. |
| صومعة | minaret. | تركينة | coin. |

---

(1) Ces exercices doivent être faits surtout de vive voix.
(2) Pluriel مراسي *merâci*.

— 101 —

تَسْبْكِرَة (1) billet, reçu.   بِنْدفة fusil.

سَلْسَلة chaîne.   مَحْكَمة tribunal.

*Application de la 2ᵉ remarque*

غُرْبال tamis.   بَرْميل baril.

سُرْدوك coq.   صَنْدوق caisse.

مَحْبوس prisonnier.   فَرْجومة gorge.

صَهْريج bassin.   زَرْبوط toupie.

مَخْطاف ancre.   هَنْشير ferme, terre de culture (Tun.)

خَنْجال montre, pendule (Tunisie).   مَنْفالة anneau de pied en argent.

عَسْلوج tige.   عَتْروس bouc.

مَصْباح lampe.   عَنْفود grappe.

*Application de la 3ᵉ remarque*

سافية rigole.   شارب lèvre.

قادوم hache.   نافوس cloche.

شارع rue (Tunis).   طابع cachet.

---

(1) Ce mot devrait s'écrire régulièrement تَذْكِرة.

| | | | |
|---|---|---|---|
| فـايـدة | bénéfice. | شـافـور | hache. |
| شاشيـة | calotte. | قـالـب | moule. |
| جـامـع | mosquée. | حاشيـة | bord. |
| سـانيـة | maison de campagne (Tunis). | حاجب | sourcil. |
| صـاري | mât. | داليـة | vigne. |
| حـاذق | piquet de tente. | رايحـة | odeur. |

*Application de la 4ᵉ remarque*

| | | | |
|---|---|---|---|
| سلّـوم | échelle. | جبّـانـة | cimetière. |
| دبّـوزة | bouteille (Tunis). | فرّوج | coq (Oran). |
| كتّـاب | école (Tunis). | فـزّولـة | massue. |
| ذبّـانـة | mouche. | زرّوف | diadème de femme. |
| حلّـوب | porc. | فنّـوط | bobine. |
| عقّـون | muet. | علّـوش | agneau (Tunisie et Constantine). |
| فطّـوس | chat (Tunis). | دكّان | banc en pierre. |
| عطّـوش | palanquin. | شبّـاك | fenêtre grillée. |
| سقّـود | broche. | رمّـانـة | grenade. |

*Application de la 5ᵉ remarque*

شَرِيعَة loi.     جَرِيدَة liste.

حَصِيرَة natte.     أَمَانَة dépôt.

طَبِيعَة caractère.     خَزَانَة armoire.

سَفِينَة vaisseau.     بِطَاقَة lettre.

بَهِيم âne (Tunis).     عَرُوسَة nouvelle mariée.

بَزْبُوز robinet.     سَبُولَة épi.

خُصُومَة procès.     ضَمَانَة caution.

جَرِيمَة crime.     صَفِيحَة fer à cheval.

## APPLICATION GÉNÉRALE

حَلْقُوم gosier.     مَسْكِين pauvre.

جَوْهَر pierre précieuse.     خَاتَم bague.

فَرْطَاس cartouche.     جَدْوَل colonne de comptes.

خَرْشُف cardon.     بَهْلُول niais.

عَرْزُوب mamelon.     مَعْصَرَة presse.

تَابُوت cercueil.     مَحْبَس vase.

| | | | |
|---|---|---|---|
| عُصْبور | oiseau. | خنزير | sanglier. |
| شيطان | démon. | مخلب | griffe. |
| مخزن | écurie. | جابية | bassin. |
| فُرْداش | carde. | رقّاص | courrier. |
| خابية | cuve. | شطرب | fouet. |
| رسالة | missive. | درهم | *derhem* (pièce de monnaie) |
| سمسار | courtier. | دمّالة | abcès. |
| زربية | tapis. | داموس | souterrain. |
| مركز | lieu de réunion, poste. | مَرْوع | étagère. |
| بطانة | peau de mouton. | عفريت | génie, démon. |
| غليلة | veste. | خرّوبة | caroubier. |
| مصران | intestin. | حفيفة | réalité. |
| حاسي | puits (Sud). | حاشية | bord, ruban. |
| ناعورة | roue hydraulique. | مرفق | coude. |
| بزّولة | mamelle. | تلّيس | *tellis* (sorte de grand sac). |

— 105 —

| | | | |
|---|---|---|---|
| سالب | boucle de cheveux. | حابر | sabot d'animal. |
| بڤراج | cafetière. | صنّارة | hameçon. |
| جرانة | grenouille. | درْبوز | balcon. |
| زليج | carreau de faïence. | صبّاط | soulier. |
| مقصورة | cabinet. | حريقة | incendie. |
| طاجين | casserole. | بافية | auget. |
| مسمار | clou. | دقيقة | minute. |

---

**2° DONNER LE SINGULIER DES MOTS SUIVANTS (1) :**

مبارد * برامل * غرابل * سوافي * جبابن * شرايع * حلاقم * خنازر * عفارب * براذع * برامل * شوارب * سلالم * جرابد * مساكين * عصابر * مراعي * سلاسل * مصابح * روايح * رمامن * جرايم * توابت * صنانو * دفايق * مضارب * محاكم * عنافد * حوادف * سبابد * صبايح * محابس * بفارج * مسامر * ارانب * محارم *

---

(1) Exercice à faire oralement. Le singulier se trouve dans les listes précédentes.

— 106 —

صنادق ۞ نوافس ۞ دبابز ۞ امايـن ۞ خواتم ۞ شياطيـن ۞ زلايج ۞ ثعالب ۞ مصالح ۞ سرادك ۞ فوادم ۞ برارج ۞ حصاير ۞ جواهر ۞ مخالب ۞ ضبابط ۞

---

مراسي ۞ محابيـس ۞ شـوارع ۞ فـزازل ۞ طبايع ۞ قراطس ۞ جوابي ۞ درابـز ۞ سوالب ۞ طواجـيـن ۞ حوافر ۞ بوافي ۞ جوابي ۞ مخازن ۞ حرايف ۞ كتانب ۞ مفاصر ۞ مطارح ۞ فراجم ۞ طوابع ۞ صواري ۞ ذبابن ۞ دوالي ۞ زرارب ۞ خزاين ۞ جداول ۞ طبايع ۞ دواجب ۞ خراشب ۞ سواني ۞ بهـالل ۞ شبابك ۞ معاعر ۞ عطاطش ۞ عرائب ۞ جلاجل ۞ محابر ۞ صهاريج ۞ برانس ۞ زرابط ۞ تساكر ۞ مدافع ۞ بنادق ۞ مكانب ۞ فرادش ۞ بـزازل ۞ رفافص ۞ نواعر ۞

---

خنادق ۞ طناجر ۞ هناشر ۞ دبانز ۞ مخاطب ۞ تجارب ۞ خصايم ۞ حواشي ۞ ضماين ۞ جوامع ۞ مدارس ۞ خلاخل ۞ صوامع ۞ تراكن ۞ مناقل ۞ خوابي ۞ دراهم ۞ تـلاليس ۞

٭ عتارس ٭ حلالب ٭ فوايد ٭ سبايَن ٭ شوافر ٭ فنانط ٭ حفايف ٭ رسايل ٭ ضارن ٭ سماسر ٭ دوامس ٭ خرارب ٭ زرابي ٭ شواشي ٭ علالش ٭ عرايس ٭ بزايم ٭ فوالب ٭ مراكز ٭ بهايم ٭ عفافن ٭ مرافع ٭ دكاكن ٭ عبارت ٭ فطاطس ٭ بطايَن ٭

## 18ᵉ LEÇON — الدّرس الثمانتاش

### 2ᵉ CLASSE DE PLURIELS

1° Les adjectifs ayant un ـيـ après la 2ᵉ lettre forment ordinairement leur pluriel en remplaçant le ـيـ par un ا ; Exemples :

كبار *grand*, pl. كبير

ظراف *poli, joli*, ظريف

2° Beaucoup de mots, ayant au singulier 3 lettres, prennent au pluriel un ا après la seconde :

| Singulier | Pluriel | Singulier | Pluriel |
|---|---|---|---|
| كلْب chien, | كلاب | دار maison, | ديار |
| بغل mulet, | بغال | كبْش mouton, | كباش |
| رَجل homme, | رجال | سيد sieur, maître, | سياد |
| بنْت fille, | بنات | جبل montagne, | جبال |

3° D'autres ont à la fois au pluriel un ا après la 2ᵉ lettre et un ا au commencement (ce dernier se prononce très faiblement) :

| Singulier | Pluriel | Singulier | Pluriel |
|---|---|---|---|
| ولد enfant, | اولاد | موس couteau, rasoir, | أمواس |
| طفل garçon, | اطفال | فلـم plume, | أفلام |
| عام année, | أعْوام (1) | يوم jour, | ايام |
| حال état, | أحْوال | شيْ chose, | أشياء |

4° Un grand nombre de substantifs prennent au pluriel un و après la 2ᵉ lettre :

| Singulier | Pluriel | Singulier | Pluriel |
|---|---|---|---|
| قلب cœur, | قلوب | بيْت tente, | بيوت |
| شهر mois, | شهور | سيف sabre, | سيوف |
| فلـم plume, | فلومة | عين œil, source, | عيون |
| دَرْس leçon, | دروس | طير oiseau, | طيور |

---

(1) On emploie aussi سنين, tiré de سنة *année*.

5° Quelques noms prennent un ◌ِي après la 2ᵉ lettre :

| Singulier | Pluriel | Singulier | Pluriel |
|---|---|---|---|
| عَبْد esclave, nègre, | عبيد | حمار âne, | حمير |

6° La plupart des mots de 3 lettres, dont la seconde est un ا, prennent au pluriel un ـي après la 1ʳᵉ, avec la terminaison ان :

| Singulier | Pluriel | Singulier | Pluriel |
|---|---|---|---|
| باب porte, | بيبان | فاس pioche, | فيسان |
| كاس verre, | كيسان | غار trou, caverne, | غيران |
| واد rivière, | ويدان | راس tête, | ريسان |
| جار voisin, | جيران | فار souris, rat, | فيران |

7° Quelques substantifs n'ont au pluriel que 3 lettres :

| Singulier | Pluriel | Singulier | Pluriel |
|---|---|---|---|
| كتاب livre, | كتُب | زنفة rue, | زنف |
| مدينة ville, | مدن | حصان cheval, | حصن |

8° Certains pluriels ont une forme tout à fait irrégulière ou sont tirés d'une racine différente :

| Singulier | Pluriel | Singulier | Pluriel |
|---|---|---|---|
| بَلَد ville, | بُلْدان | أُخْت sœur, et خوانات اخَوات |
| مريض malade, | مَرْضَى | أُمّ mère, | أُمَّهات |
| فُم bouche, | أَفْوام, أَفْواه | بو père, | أَبَاء |
| طالب étudiant, professeur, | طَلَبة | خو frère, (1) et اخْوة اخْوان |
| عود cheval, | خَيل | مَراة femme, | نِساء |

9° Enfin, il y a certains mots qui n'ont pas de pluriel, parce qu'ils sont considérés comme exprimant une collection d'êtres ou d'objets de même espèce; tels sont : تبن *paille*, حشيش *herbe*, حطب *bois*, خوخ *pêches*, تفاح *pommes*, نحل *abeilles*, نمل *fourmis*. Si l'on voulait désigner *une seule pêche, une seule abeille, un brin de paille, un morceau de bois*, etc., on ajouterait un ة au singulier; on forme ainsi ce qu'on appelle le *nom d'unité* :

| | | | |
|---|---|---|---|
| تفاحة une pomme. | | تبنة un brin de paille. |
| نحلة une abeille. | | حشيشة un brin d'herbe. |
| نملة une fourmi. | | حطبة une bûche. |
| خبزة un pain. | | خوخة une pêche. |

---

(1) Avec les pronoms affixes, on prononce خوتي *khoutî*, mes frères; خوتُه *khoutho*, ses frères, etc. Le pluriel اخْوان s'emploie le plus souvent dans le sens de *frères d'une même confrérie, d'une même société*, etc.

On peut former le pluriel de ces derniers mots en ajoutant au singulier la terminaison ات; mais ces pluriels n'indiquent qu'un nombre restreint. *Il a des pommes dans la main* se traduirait par : عنده تفّاحات في يده ; *il a des pommes dans son jardin* se traduirait par : عنده التفّاح في جنانه.

الدَّرْسُ التِّسْعَتَاش

# RÉCAPITULATION DES

**Genres.** — Il y a deux genres : le *masculin* et le *féminin*. Sont du genre féminin : 1° les mots qui indiquent un être naturellement de ce sexe ; 2° presque tous les mots terminés par ة ; 3° les mots indiquant une partie double du corps ; 4° la plupart des noms de localités ; 5° quelques mots terminés par ا... et ى... ; 6° quelques rares substantifs non terminés par ة... Les autres noms sont du genre masculin.

**Nombres.** — Il y a trois nombres : le *singulier* a des formes variées ; le *duel* est terminé par ين... ajouté au singulier ; le *pluriel* est *régulier* lorsqu'il peut se former en ajoutant au singulier ين... pour le masculin et ات... pour le féminin. Lorsqu'il se forme autrement, il est dit *irrégulier*.

**Articles.** — L'article *déterminé* est اَلْ invariable. Le ل se contracte, dans la prononciation, avec les lettres solaires. L'article *indéterminé* UN, UNE, ne se traduit pas ou se rend pas اَلْ واحد.

**Règle d'annexion.** — Lorsqu'un nom est déterminé par un autre nom, il ne prend pas l'article, et la préposition *de* ne se traduit pas. On peut cependant, dans le langage, traduire cette préposition par متاع, en mettant alors l'article au premier substantif, s'il est déterminé.

**Pronoms démonstratifs.** — M. هٰذا ou هٰذاي ; F. هٰذه ou هٰذيك ; PL. هٰذو ou هٰذوك. La syllabe هـ peut disparaître.

**Adjectifs démonstratifs.** — Ils se rendent par les pronoms démonstratifs, mais le substantif doit être précédé de l'article.

# 19ᵉ LEÇON
## LEÇONS DE 1 A 18

### Pronoms affixes

| | | |
|---|---|---|
| Singulier | 1ʳᵉ pers. | ي |
| | 2ᵉ pers. | ك |
| | 3ᵉ pers. | M. ه S. |
| | | F. ها |
| Pluriel | 1ʳᵉ pers. | نا |
| | 2ᵉ pers. | كُم |
| | 3ᵉ pers. | هُم |

1° Avec les substantifs, ils correspondent à nos *adjectifs possessifs* ;
2° Avec les prépositions, ils correspondent à nos *pron. pers.* (compl. ind.) ;
3° Avec les verbes, ils correspondent à nos *pronoms person.* (compl. direct) ;
4° Avec les mots terminés par ة, on prononce et on écrit ce ة comme un ت ;
5° Avec les mots terminés par une voyelle ou ا, ي, و, on prononce à la 1ʳᵉ personne *ia* et à la 3ᵉ (sing. masc.) *h* ;
6° Avec les verbes, on dit à la 1ʳᵉ personne du singulier ني.

**Verbe AVOIR.** — Au présent de l'indicatif, il se rend par عند suivi des pronoms affixes.

**Verbe ÊTRE.** — Au présent de l'indicatif, il se rend par لي et des pronoms affixes.

**Pronoms possessifs.** — Pour les rendre, on répète le substantif ou l'on se sert de متاع avec les pronoms affixes.

### Pronoms personnels (sujets)

| | | SINGULIER | PLURIEL |
|---|---|---|---|
| 1ʳᵉ pers. | | أنَا | أحْنَا |
| 2ᵉ pers. | M. | أنْتَ | أنتُمْ |
| | F. | أنْتِ | |
| 3ᵉ pers. | M. | هُوَ | — |
| | F. | هِيَ | |

أنَا وإيَّاكْ *toi et moi*.

**Interrogation.** — Elle s'exprime en plaçant le mot شي *chi* APRÈS le verbe, à moins qu'il n'y ait déjà un mot interrogatif.

**Négation.** — Elle s'exprime en plaçant le mot ما *ma* DEVANT le verbe. S'il n'y a pas d'autre mot négatif dans la phrase, on place, en outre, le mot شي *chi* APRÈS le verbe.

## 20ᵉ LEÇON — الدَّرْسُ العِشْرِين

### PRÉTÉRIT OU PASSÉ

ضرب *d'ereb,* il frappa, il a frappé.

ضربت *d'ereb* **et,** elle frappa, elle a frappé.

ضربوا *d'ereb* **oû,** ils frappèrent, ils ont frappé.

REMARQUE. — L'*alif* ajouté à la terminaison وا oû du pluriel ne doit pas être prononcé; il disparaît lorsque le verbe est accompagné d'un pronom affixe : ضربوه *ils l'ont frappé.*

عرف il a su, il a connu, il a reconnu, — خدم il a travaillé, — فتل il a tué, — رفد il a porté, — رقد il a dormi.

خدمت شي هذه المراة عند أُختنا cette femme a-t-elle travaillé chez notre sœur ?

RÈGLE. — Le sujet se place ordinairement après le verbe, ce qui est obligatoire lorsque la phrase commence par un mot interrogatif.

| | |
|---|---|
| اَلْيَوْم | aujourd'hui. |
| اَلْبَارِح — أَمْس | hier, la veille. |
| أَوَّل اَلْبَارِح — أَوَّل أَمْس | avant-hier. |
| مَلِيح * — سَوَا سَوَا * — بِالطَّبْع * | bien. |
| عَلَى هَذَا — عَلَى هَذَا الشِّي | c'est pour cela que... (pour cette chose...) |
| خدموا مليح اولادك اَلْيَوْم وَاَلْبَارِح وَأَوَّل اَلْبَارِح | vos enfants ont bien travaillé aujourd'hui, hier et avant-hier. |
| عَلَى هَذَا الشِّي رَانِي فَرْحَان | c'est pour cela que je suis content. |

| | | | | | |
|---|---|---|---|---|---|
| ٤ | أَرْبَعَة | quatre, 4. | ١ | وَاحِد | un, 1. |
| ٥ | خَمْسَة (2) | cinq, 5. | ٢ | اِثْنِين — زَوْج | deux, 2. |
| ٦ | سِتَّة | six, 6. | ٣ | ثَلَاثَة (1) | trois, 3. |

---

(1) Le ة qui, dans les noms de nombre, caractérise le masculin, disparait souvent dans la prononciation; ainsi l'on dit : ثلث رجال *tselts redjâl*, et non ثلاثة رجال *tselâtsa redjâl*. Nous suivrons l'orthographe que nécessitera la prononciation.

(2) On évite souvent d'employer le mot خَمْسَة, surtout lorsqu'il n'est pas suivi d'un substantif. On emploie alors l'expression عَدَّة يَدِي *le nombre de ta main* (les cinq doigts).

quelle heure est-il? (combien est l'heure?) — فدّاش راهي السّاعة؟ — أش من ساعة راهي

il est six heures (elle est six). راهي السّتّة (1)
On met l'article au nom de nombre indiquant l'heure.

j'ai trois livres. عندي ثلث كتب

## VERSION XIV

هذا الرّجل ضرب اولاده فدّامي ٭ هذه المراة فتلت كلبنا أوّل البارح ٭ هذه الطّبيلة رقدت اليوم خوها على راسها على هذا الشّي راهي عيّانة ٭ البارح خدموا بياتك عندي ثلث ساعات ٭ وفتّاش خدموا هذوا الرّجال عندك ٭ خدموا هذوا الاولاد ستّ ساعات عندي البارح ٭ هذوا هما النّسآء الّى ضربوا اولادنا بالمكاحل ٭ علاش ضربوهم هذوا الرّجال أوّل البارح ٭ هذه الطّبيلة راهي معجازة بالزّاو على هذا الشّي ضربها باباها ٭ خدموا هذوا العبيد يومين عند والدّي وشهرين عندك وعامين عندي ٭ رقدوا في بيوتها هذوا الايّام ٭ اش عرفوا ٭ ما عرفوا حتّى حاجة ٭

---

(1) A Tunis on se sert, pour exprimer l'heure, d'une tournure particulière qu'on verra plus loin (*leçon des participes présents*).

## THÈME XV

Qui a travaillé chez vous avant-hier dans la nuit ? — Cette fille est paresseuse et n'a pas travaillé ; c'est pour cela que ses parents l'ont frappée hier et avant-hier. — Ces hommes ont porté sur leur tête de la paille dans des sacs. — Où sont les enfants qui ont frappé notre fille ? — Les voici. — Voici les esclaves qui m'ont frappé. — Ces mulets ont porté hier de l'herbe dans de grands sacs. — Chez qui les voisins ont-ils porté le bois et le charbon ? — Ils ont porté du bois chez nos sœurs. — Quelle heure est-il ? — Il est deux heures. — Quatre heures ont sonné (الأربعة ضربَتْ). — Cinq heures ont sonné. — Il est trois heures. — Deux heures ont sonné. — Ils ont dormi cinq heures. — Il a dormi seul dans cette boutique.

## 21ᵉ LEÇON — الدَّرْس الواحد وعشرين

شربْت *chereb* te, tu bus, tu as bu.

شربْتِ *chereb* ti, tu bus, tu as bu (fém.).

شربْتوا *chereb* toũ, vous bûtes, vous avez bu (pl.).

شربْت *chéreb* te, je bus, j'ai bu.

شربْنا *chereb* nâ, nous bûmes, nous avons bu.

فهم il a compris, — كتب il a écrit, — خرج il est sorti, — دخل il est entré.

لـ le... lî... à (préposition).

REMARQUE. — Avec cette préposition, le ا de l'article disparaît : *à la ville,* لْلْبَلَد et non لآلْبَلَد.

لِي à moi, me (complément indirect), — لَك à toi, te, — لـه lui, à lui, — لـها lui, à elle, — لنا à nous, nous, — لكُم à vous, vous, — لهُم à eux, à elles, leur.

لـعنـد chez.

كـتـب لي il m'a écrit (il a écrit à moi).

كـتـبوا لـهُم ils leur ont écrit (ils ont écrit à eux).

كـتـبها لك il te l'a écrite.

براة et * بريّة pl. براوات, — جواب pl. جوابات lettre.

كتبْت شي بريّة لهذه المراة as-tu écrit une lettre à cette femme ?

كتبْت لها بريّة طويلة je lui ai écrit une longue lettre.

لمن كتبْت هذا الجواب à qui as-tu écrit cette lettre ?

كـتـبـتـه لخـوي je l'ai écrite à mon frère.

| | | | |
|---|---|---|---|
| 9. neuf, تسعة ٩ | | 7. sept, سبعة ٧ |
| 10. dix, عشرة ١٠ | | 8. huit, ثمانية ٨ |

combien d'hommes sont entrés chez vous ? فدّاش من رجل دخلوا عندكم

REMARQUE. — Après les mots فدّاش من, il est préférable de mettre le substantif au singulier.

## VERSION XV

أشّ شربوا في هذو الكيسان * شربنا الحليب والفهوة * شربتوا شي فهوة مليحة عنده * فهمت شي هذا الدّرس * لا يا سيدي ما فهمته شي * علاش ما فهمتوا شي درسكم * على خاطر ما كتبناهُ شي سوا سوا * علاش ما كتبتوه شي بالطّبع * على خاطر افلامنا ما هم شي ملاح * اليوم حتّى واحد ما دخل في جنايننا * دخلنا اليوم عنده مع خوتنا وكتبنا براوات طوال لخواتاتنا وخرجنا * علاش شربت الماء في السّبّالة * العساكر شربوا الماء في السّبابيل على خاطر راهم عطشانين * دخلنا مع هذو العجايز في مساجد البلد *

## THÈME XVI

Cés enfants n'ont pas compris cette leçon. — Pourquoi ne l'ont-ils pas comprise ? — Les uns ne l'ont pas comprise parce qu'ils ne l'ont pas bien écrite, les autres parce qu'ils n'ont pas beaucoup travaillé. — Mes enfants, pourquoi n'avez-vous pas bien travaillé ? — C'est pour cela que vous n'avez pas compris votre leçon. — A qui avez-vous écrit ces lettres ? — Nous les avons écrites à nos voisins. — Pourquoi les leur avez-vous écrites ? — Pourquoi êtes-vous entrés dans ces chambres ? — Vos sœurs sont entrées avec moi dans vos chambres. — Combien de fois es-tu entrée chez eux ? — Je suis entrée chez ces femmes sept fois aujourd'hui. — Je n'ai pas compris ce que (اش) vous avez écrit. — Quelle heure est-il ? — Il est dix heures. — Neuf heures ont sonné. — Nous sommes entrés aujourd'hui chez nos parents, et nous sommes sortis de chez eux avec ces esclaves. — Pourquoi les soldats sont-ils entrés dans les mosquées ? — Les étudiants ont écrit sur leurs cahiers. — Avez-vous compris ce que j'ai écrit sur vos cahiers ?

## 22ᵉ LEÇON — الدَّرْسُ الاثْنَيْن وعِشْرِين

### AORISTE OU FUTUR

يَفْدَر ie k·der, il pourra *ou* il peut.

تَفْدَر te k·der, elle pourra *ou* elle peut.

يَفْدَروا ie k·der oû, ils pourront *ou* ils peuvent.

عمل il a fait, — (من) طلب il a demandé (à), — سرق il a volé, — سمع il a entendu, écouté, — غدوة (à Alger ✻ غدًا) demain, — بعد غدوة et غير غدوة (à Alger ✻ غير غدًا) après-demain, — هذا الصّباح ce matin, — هذه العشيّة ce soir, cette après-midi, — إن شاء الله s'il plaît à Dieu (si Dieu veut).

## PRONOMS RELATIFS [1]

### 1° SUJETS

الّي يسمع *celui qui* entend...

الرّجل الّي دخل l'homme *qui* est entré...

المرأة الّي عملت هذا la femme *qui* a fait cela...

الرّجال الّي طلبوا les hommes *qui* ont demandé...

Le pronom الّي doit toujours suivre le mot auquel il se rapporte, c'est-à-dire son *antécédent.*

Quand le pronom est *sujet,* la construction arabe est semblable à la construction française.

---

(1) L'application de ces règles offre assez de difficultés aux étudiants. Nous recommandons aux maîtres de faire faire de nombreux exercices oraux sur chacune de ces règles. Faire remarquer l'analogie qui existe entre l'accord du participe passé en français avec le pronom complément direct qui précède et l'emploi en arabe du pronom après le verbe : *la pomme qu'il a prise* التفّاحة الّي خذاها.

## 2° COMPLÉMENTS DIRECTS

ٱلرَّجل ٱلَّي ضرَبْتُه l'homme *que* j'ai frappé...
(Tournez : *lequel* j'ai frappé *lui*...)

ٱلْمَراة ٱلَّي سمعْتُها la femme *que* j'ai entendue...
(Tournez : *laquelle* j'ai entendu *elle*...)

ٱلْكتُب ٱلَّي يسرفْهُمْ les livres qu'il volera...
(Tournez : *lesquels* il volera *eux*...)

Pour traduire le pronom *que*, complément direct, on ajoute après le verbe un pronom affixe du même genre et du même nombre que l'antécédent de ٱلَّي.

## 3° COMPLÉMENTS D'UNE PRÉPOSITION

ٱلرَّجل ٱلَّي خرجْنا مَعَه l'homme avec *lequel* nous sommes sortis... (Tournez : l'homme *lequel* nous sommes sortis *avec lui*...)

ٱلْحوانيت ٱلَّي دخلوا بيهُمْ les boutiques dans *lesquelles* ils sont entrés... (Tournez : les boutiques *lesquelles* ils sont entrés *dans elles*...)

ٱلْقَلُومَة ٱلَّي كَتَّبْنَا بِهُم les plumes avec *lesquelles* nous avons écrit... (Tournez : les plumes *lesquelles* nous avons écrit *avec elles*...)

ٱلْمَراة ٱلَّي كَتَبْتْ لْها la femme à *laquelle* tu as écrit... (Tournez : la femme *laquelle* tu as écrit *à elle*...)

ٱلْجنان ٱلَّي خرجَتْ منهُ هذه ٱلْمَراة [1] le jardin *duquel* cette femme est sortie...

Pour traduire les pronoms relatifs *compléments d'une préposition,* on place en arabe la préposition après le verbe, et on la fait suivre d'un pronom se rapportant à l'antécédent de ٱلَّي.

#### 4° COMPLÉMENTS D'UN NOM

ٱلرَّجل ٱلَّي ضرَبْت ولدُه l'homme *dont* tu as frappé l'enfant... (Tournez : l'homme *lequel* tu as frappé *son enfant*...)

ٱلْجنان ٱلَّي بابُه قدّام باب دارنا le jardin *dont* la porte est devant celle de notre maison... (Tournez : le jardin *lequel sa porte* est...)

---

(1) Dans ces sortes de phrases le sujet doit toujours se placer après le verbe, et même après la préposition.

Pour traduire le pronom *dont,* on place après le substantif qui a ce pronom pour complément un pronom affixe du même nombre que *l'antécédent.*

5° COMPLÉMENTS SE RAPPORTANT A UN MOT INDÉTERMINÉ

عـنده دار بيوتــها كبار il a une maison *dont* les chambres sont grandes... (Tournez : il a une maison *ses chambres* grandes...)

كتب واحد البريّة ما فهمتــها شي il a écrit une lettre *que* je n'ai pas comprise... (Tournez : une lettre je ne *l'*ai pas comprise...)

Le mot اَلّي, devant toujours se rapporter à un mot déterminé, ne s'exprime pas en arabe si *l'antécédent* est *indéterminé.*

### VERSION XVI

أَش تَعْمَل أَخْتكُم غَدْوة ٭ غَدْوة تَكْتب دَرْسها وتَخْرج مَعي إنْ شَاء الله ٭ اَلّي يكتبوا درسهُم بالطبع يَهبوه مليح ٭ اَلاَولاد اَلّي يَسمعوا يَهبوهم ٭ اَلرَّجل اَلّي خرجْت من داره دخل في هذا الجنان ٭ اَلمَراة اَلّي سرقْت لها كتابها

ما راهي شي فرحانة * البغّالين اللي ضربت بغالهم راهم عند باباك * البنت اللي يكتبوا لها بريّة غير غدوة ما راهي شي في هذا البلد * هذا العبيد طلب من باباك واحد السّيف يدّه متاع الفضّة * الزّوايل اللي جابوا عليهم السّلاليم راهم في الزّنفة *

### THÈME XVII

Celui qui écrit bien sa leçon la comprend bien. — Ceux qui travaillent bien comprennent bien. — Qu'as-tu demandé à cet homme ? — Je ne lui ai rien demandé. — Le café que j'ai bu hier... — L'eau que vous avez bue chez moi... — Les trous qu'ont faits les souris sont grands. — Les pêches que vous avez volées... — Les femmes que nous avons entendues... — Les enfants qu'il connaît... — Les lettres que j'ai écrites... — Les voisins avec lesquels elle est sortie... — Vos sœurs chez lesquelles ces esclaves sont entrés... — Les chevaux sur lesquels ils sortirent... — Mes parents auxquels ces femmes écrivirent... — Vos enfants devant lesquels travailla cet esclave... — Le jardin dans lequel ils entreront est grand. — Les enfants auxquels vous avez écrit cette lettre ne sont pas ici. — La ville de laquelle vous êtes sortis est petite. — La tasse dans laquelle ils boiront leur café est petite. — La cuiller avec laquelle elle boira le lait n'est pas grande. — Après-demain, vos sœurs entreront dans le jardin dont la porte est devant celle de votre maison. — Ces muletiers ont volé des sabres dont la poignée est d'or. — Les Algériens qui travaillent aujourd'hui chez vous ont travaillé hier chez moi, travailleront demain, s'il plaît à Dieu, chez nos voisins, et ne feront rien après-demain.

## 23ᵉ LEÇON    الدَّرْس الثَّلاثة وعشْرين

تَرْبَحْ **te**rbah·,    tu gagneras *ou* tu gagnes.

تَرْبَحِي **te**rbeh·i,    tu gagneras *ou* tu gagnes (fém.).

تَرْبَحُوا **te**rbeh·oû,    vous gagnerez *ou* v⁵ gagnez (pl.).

نَرْبَحْ **ne**rbah·,    je gagnerai *ou* je gagne.

نَرْبَحُوا **ne**rbeh·oû, n⁵ gagnerons *ou* n⁵ gagnons.

كُلّ — اَلْكُلّ tout, chaque, — le tout.

بَالْكُلّ en entier, complètement; pas du tout.

كُلّ واحد — كُلّ واحدة chacun, — chacune.

كُلّ يوم chaque jour, tous les jours.

بَكْرِي de bonne heure.

قعد il s'est assis, il est resté, — لعب il a joué,
شباب (1) — ضحك il a ri, — شعل il a allumé, —

---

(1) Au féminin on dit شابّة. — شابّ au masc. signifie *jeune*. En parlant des choses, on se sert habituellement de l'adjectif مليح.

(1) ami, حَبيب pl. أَحْباب, — joli, beau, — de l'argent, آلدّراهم (2) feu, عافِية ou نيران pl. نار (fém.), — chaise. كُرْسي pl. كَراسي et كَراسي

تَعْرِف شي تَخْدم savez-vous travailler?

ما نَعْرفوا شي نَكْتبوا nous ne savons pas écrire.

أَش تَعْرف تَعْمل que sais-tu faire?

ما نَعْرف نَعمل حَتّى حاجة je ne sais rien faire.

سْمَعْتُه يَضْحك je l'ai entendu rire.

شافني نَلْعب il m'a vu jouer.

RÈGLE. — Pour traduire l'*infinitif*, qui n'existe pas en arabe, on se sert de l'aoriste, que l'on emploie à la personne voulue : *savez-vous vous travaillez, — nous ne savons pas nous écrivons, — je ne sais je ne fais rien, — je l'ai entendu il rit, — il m'a vu je joue.*

---

(1) A Tunis on se sert du mot فلوس pour désigner de l'argent monnayé.

(2) عافِية signifie proprement *paix, tranquillité*; les Algériens, en parlant à quelqu'un, emploient ce mot de préférence au substantif نار, qui éveille l'idée du feu de l'enfer.

## VERSION XVII

يَقْعد عَلَى هَذَا ٱلْكُرْسِي * عَلَاش قعدُوا عَلَى ٱلْكَرَاسِي متاعْنا * حَتَّى واحد ما قعد عَلَى هَذُوا الكَراسِي * ما يَقْدر شِي يَقْعد عَلَى هَذَا ٱلْكُرْسِي عَلَى خَاطَرُه مريض * ما نَقْدرشِي نَقْعد هنا عَلَى خَاطَر رَانِي عيّان بالزّاف * تَعْرف شِي تلْعب * ما نعرفوا شِي نلْعبوا * نَخْرجوا غَدْوة بكْري إنْ شَاءَ ٱلله و نخدموا سِتّ سوايع فِي جنانك * ما خدمْت شِي بِالْكُل اليوم * يا بْناتي كُلّ واحدة منْكُمْ تَخْدم ثلث سوايع هَذا الصَّباح و تلْعب ساعْتين هَذه العشيّة * عَلاش ما تشعلي شِي ٱلنّار * عَلاش تضْحكوا قدّام هَذَا ٱلرَّجل *

## THÈME XVIII

Ils s'assiéront sur ces chaises. — Personne ne s'assiéra sur ma chaise. — Je frapperai celui qui s'assiéra sur votre chaise. — Il sait travailler. — Sait-elle écrire ? — Savent-ils jouer ? — Ils ne savent rien faire. — Je puis sortir. — Peux-tu entrer ? — Les hommes ne peuvent pas entrer dans les maisons des Algériens. — Je puis faire cela (هَذا). — Ils ne peuvent pas faire cela. — Je l'ai entenduc rire. — Je vous ai entendus rire. — Nous les avons entendus voler de l'argent. — Il t'a vu jouer avec ces paresseux. — Il a vu ces soldats entrer dans les mosquées. — Mon père a vu les rois sortir de la ville. — Il a vu les barques dans lesquelles vous vous êtes assis. — Où puis-je m'asseoir ? — Vous ne pouvez pas vous asseoir ici. — Je sortirai demain matin, s'il plaît à Dieu, de bonne heure. — Chaque matin, nous sortons de bonne heure. — Monsieur, je n'ai pas pu allumer le feu parce que je n'ai pas de bois. — Je joue tous les jours avec votre ami. — Pourquoi joues-tu avec lui ? — Je ne peux pas jouer car je n'ai pas d'argent. — Ma fille, tu ne peux pas sortir ce matin parce que ta mère est malade. — Tu pourras sortir ce soir. — Il est neuf heures : vous ne pouvez pas sortir aujourd'hui.

---

## 24ᵉ LEÇON — الدّرس الأربعة وعشرين

أَشْ بِكْ * ⁽¹⁾ qu'as-tu ? (mot à mot : quelle chose avec toi ?)

أَشْ بِهْ qu'a-t-il ? — أَشْ بِكُمْ qu'avez-vous ?

دَايِم *dáim* ou *dáimane* دَايْمًا ⁽²⁾ toujours, — continuellement.

أَشْ بِكْ تَضْحَكْ دَايْمًا qu'as-tu à rire toujours ?

---

(1) Ne s'emploie jamais comme أَشْ عَنْدَكْ pour indiquer la possession.

(2) On prononce souvent, à Tunis, *dima*.

\* ما ذا بِيَ je voudrais bien... (m. à m. : combien cela avec moi... de désir, de plaisir...).

ما ذا بِكُمْ — ما ذا بِها vous voudriez bien, — elle voudrait bien.

ما ذا بِيَ نَخْرُج اليَوم je voudrais bien sortir aujourd'hui.

ما ذا بِهُمْ يَعرِفوا يَكْتِبوا ils voudraient bien savoir écrire.

| | | | | | | |
|---|---|---|---|---|---|---|
| ١١ | أحداش (1) | onze, | 11. | ١٦ | سِتّاش | seize, 16. |
| ١٢ | أثْناش | douze, | 12. | ١٧ | سَبْعتاش | dix-sept, 17. |
| ١٣ | ثَلْطاش | treize, | 13. | ١٨ | ثَمَنْتاش | dix-huit, 18. |
| ١٤ | أَربَعتاش | quatorze, 14. | | ١٩ | تِسْعتاش | dix-neuf, 19. |
| ١٥ | خَمْسْتاش | quinze, | 15. | ٢٠ | عِشْرين | vingt, 20. |

Pour former les noms de nombre de 11 à 19, on ajoute اش (qui est proprement la contraction de عشر *dix*) aux noms des unités. — Ces noms de nombre, suivis d'un substantif, doivent être

_____

(1) Faites à peine sentir l'alif initial : *h'edâch*.

prononcés comme s'ils étaient terminés par un ن ; Exemples :

أربعتاش رجل *arb'atachen radjel*, quatorze hommes.

خمستاش شهر *kh·amstachen cheher*, quinze mois.

ثمنتاش مرّة *tsementachen merra*, dix-huit fois.

RÈGLE. — De 11 à 100 et au-dessus, les Arabes mettent le substantif qui suit le nom de nombre au singulier.

| | | | | | |
|---|---|---|---|---|---|
| ٢٠ | عشرين | vingt, 20. | ٦٠ | ستّين | soixante, 60. |
| ٣٠ | ثلاثين | trente, 30. | ٧٠ | سبعين | soixante-dix, 70. |
| ٤٠ | أربعين | quarante, 40. | ٨٠ | ثمانين | quatre-vingts, 80. |
| ٥٠ | خمسين | cinquante, 50. | ٩٠ | تسعين | quatre-vingt-dix, 90. |

Pour former les noms de dizaines, on remplace le ة des noms des unités par ين .

| | | | | |
|---|---|---|---|---|
| ٢١ | واحد وعشرين | 21. | ٧٦ | ستّة وسبعين 76. |
| ٢٢ | اثنين وعشرين | 22. | ٨٧ | سبعة وثمانين 87. |
| ٤٣ | ثلاثة وأربعين | 43. | ٩٨ | ثمانية وتسعين 98. |
| ٥٤ | أربعة وخمسين | 54. | ٩٩ | تسعة وتسعين 99. |
| ٦٥ | خمسة وستّين | 65. | ١٠٠ | ميّة ou مايّة 100. |

REMARQUES. — Les Arabes, contrairement aux Français, expriment les unités avant les dizaines; ainsi ils disent *un et vingt, deux et trente, trois et quarante*, etc. On n'emploie le mot زوج, qui signifie à la lettre *couple, paire*, que pour traduire le nombre 2 employé seul, c'est-à-dire sans autre nom de nombre; dans tous les autres cas on se sert de اثنين.

| | | | | |
|---|---|---|---|---|
| 400. | اربعمية | 200. | ميتين | ٢٠٠ |
| 500. | خمسمية | 300. | ثلثمية | ٣٠٠ |

| | | |
|---|---|---|
| 999. | تسعمية و تسعة و تسعين | ٩٩٩ |
| 1.000. | الف | ١٠٠٠ |
| 2.000. | ألفين | ٢٠٠٠ |
| 3.000. | ثلث آلاف | ٣٠٠٠ |
| 100.000. | مية الف | ١٠٠٠٠٠ |
| 1.000.000. | الف الف (1) | ١٠٠٠٠٠٠ |

## VERSION XVIII

ما ذا بي نشرب شوية حليب ٭ ما ذا به يخرج اليوم معي

---

(1) Les Arabes de l'Algérie emploient très souvent le mot *milioun* (million), مليون pl. ملاين.

ما ذا بها تـقْـدر تخْدم ٭ ما ذا بك تـرْبـح الدراهم بالتراب ٭ الاولاد اللّي خدموا عنْدك هذا الصباح ما ذا بِهم يلعبوا شويّة ٭ ما ذا بِنا نـفعدوا شويّة هنا ٭ ما ذا بكم تلعبوا دايمًا ٭ أشْ بكْ ما تكْـتـب شي درسك ٭ أشْ بـه ما يلْعب شي معكمْ ٭ أشْ بكْ يا بنْتي ما تقْدري شي تشعْلي التّار ٭ أشْ بكمْ تدخلوا و تخْرجوا هَكذا (1) ٭ عنْده اثنين و ثمانين كبْش ٭ ثلاثة و ستّين رجل دخلوا عنْدي اليوم ٭ جيراننا عنْدهم ثمانية و عشرين بغل ٭

## THÈME XIX

Je voudrais bien travailler ce matin et jouer cette après-midi. — Il voudrait bien demander ce livre à son ami, mais il n'est pas ici. — Elle voudrait bien pouvoir allumer du feu dans sa chambre. — Ils voudraient bien entrer avec nous dans ce jardin, mais ils ne le (2) peuvent pas. — Qu'a votre ami à ne pas rire? — Qu'avez-vous à ne pas jouer avec vos amis? — Qu'ont-ils à ne pas travailler? — Combien avez-vous porté de sacs, aujourd'hui? — Moi, j'ai porté seul 34 sacs; nos amis ont porté 56 sacs; nos voisins ont porté 67 sacs. — Qu'a la femme chez laquelle vous êtes entrés? — Cet homme a 98 moutons dans son jardin. — A qui appartiennent ces ânes? — 15 d'entre eux (d'eux) m'appartiennent, 7 appartiennent à notre voisin, et les autres appartiennent à nos amis.

---

(1) هَكَذا ainsi, de cette sorte.
(2) Les mots soulignés ne doivent pas être traduits.

# 25ᵉ LEÇON — الدَّرْس الخَمْسة وعشْرين

## IMPÉRATIF

اَكْتُبْ   e *kteb*,      écris.

اَكْتُبِي   e *kteb* i,    écris (fém.).

اَكْتُبُوا   e *kteb* oû,   écrivez.

RÈGLE. — L'*impératif* se forme de la 2ᵉ personne de chaque nombre de l'aoriste, en retranchant la 1ʳᵉ lettre. — Il arrive, dans beaucoup de verbes, qu'après ce retranchement la lettre qui suit porte un djezm ; on est alors obligé d'ajouter au commencement un alif surmonté d'un oues'la (اَ).

ما   ce que..., quelque chose que...

نَكْتُب ما نَقْدر   j'écrirai ce que je pourrai.

يَفْهَم كُلّ ما يَسْمَع   il comprend tout ce qu'il entend.

عَندك شي ما تَكْتُب   avez-vous à écrire ? (m. à m. : *avez-vous ce que vous écrivez ?*)

ما عَندي ما نكْتب je n'ai pas à écrire, — je n'ai rien à écrire.

ما عَنده ما يطْلب il n'a rien à demander.

لوكان... إذا (1) si...

لوكان يدْخل عَندي نضرْبه s'il entre chez moi, je le frapperai.

يكْتب لوكان يسْمع il écrira s'il entend.

و السّاعة *fissâ'*, vite, promptement (dans l'heure).

ذا الْوقت *darouek* (2), maintenant, à l'instant (dans ce moment), — à Tunis, توّ *tewoua*.

امّالا *emmalâ*, donc, en conséquence, alors.

ما نكْتب شي n'écris pas ! *ou* n'écris-tu pas ?

ما تدْخل شي n'entre pas ! *ou* n'entres-tu pas ?

ما تخْرجوا شي ne sortez pas ! *ou* ne sortez-vous pas ?

---

(1) La conjonction إذا se met en général devant le prétérit, qui doit alors être traduit par le futur. — Elle signifie régulièrement *lorsque*. — Elle est souvent dénaturée dans le langage et prononcée *ilâ* (لا).

(2) C'est ainsi que prononcent les Algériens, au lieu de *dâlouek·t*.

يَا اللّٰه *iâllah* (m. à m. : ô Dieu !)

يَا اللّٰه نَخْرجوا sortons !

يَا اللّٰه نَلْعبوا jouons !

REMARQUES. — Pour traduire l'impératif accompagné de la négation, on se sert de l'aoriste ; ainsi ما تَكْتب شي signifie, suivant l'inflexion de la voix, *tu n'écriras pas, — tu n'écris pas, — n'écris-tu pas ? — n'écris pas !* — On emploie aussi, surtout dans les proverbes et les sentences, la particule de l'arabe régulier لا, suivie de l'aoriste. Exemple : لا تَفْرح بهذا الشّي *ne te réjouis pas de cela*. — L'expression يَا اللّٰه est employée devant la première personne du pluriel de l'aoriste, pour traduire l'impératif à la première personne du pluriel. On peut mettre aussi devant l'aoriste le mot إيّا, ou mieux هيّا.

## VERSION XIX

اَكْتب على كرّاسك ۞ اَكْتبوا على كراريسكم ۞ اَشْرب من السّبّالة ۞ ما شربوا شي من السّبابيل ۞ اَخْدم والاّ اَخْرج من عنْدي ۞ اَضْربوا هذوا الاولاد على خاطر ضربوا اَحْبابنا ۞ اَخْدمي مليح هذا الصّباح و تخرجي هذه العشيّة ۞ ما عنْدي ما نعمل ۞ اَكْتب درْسك لوكان بهمّته ۞

ما يڡدروا شي يخدموا ذا الوقت على خاطر راهم عيّانين وجيعانين ٭ ما تلعبوا شي مَعَ جيرانكُمْ على خاطر دايمًا يربحوا ٭ يا اَلله نروِدوا هذا اَلحطب ٭ يا اَلله نخدموا ٭ يا اَلله نكتبوا درسنا على خاطر إذا ما خدمنا شي شويّة هذا اَلصباح ما نڡدروا شي نخرجوا ڢ اَللّيل ٭ مرّة أخرى ما تلعب شي مع هذا اَلولد ٭ اڡعدوا ڢ هذوا البلايك واَلعبوا بِيهم ٭ خُذْ هذوا اَلخواتم واَلعب بِهم ٭

### THÈME XX

Frappe-la. — Frappe-le. — Porte-les. — Dors. — Ne dors pas. — Dormez dans ces boutiques. — Écris-lui une lettre. — Demande-lui de l'argent. — Fais cela. — Ne faites pas cela. — Si tu ne peux pas travailler, sors d'ici. — Ma fille, bois ce lait, parce que tu es malade. — Mes amis, buvez cette tasse de café. — Nous n'avons rien à boire. — Alors, buvez de l'eau. — Bois vite et travaille. — Je ne peux pas boire maintenant, car je n'ai pas soif. — O femme, allume le feu dans cette chambre. — Ne restez pas dehors. — Ne jouez pas avec ces paresseux. — Jouez avec vos amis dans le grand jardin, mais ne vous asseyez pas devant cette petite porte. — Entre dans cette chambre; assois-toi sur la petite chaise; joue avec notre fils, mais ne travaille pas, car tu es aujourd'hui faible et fatigué. — Travaillons ce matin, et nous sortirons ce soir. — Ne joue pas toujours, travaille un peu. — Ma sœur, as-tu à écrire ce matin? — Non, mon frère, je n'ai rien à écrire. — Ne ris pas, car si notre père nous entend, il nous frappera. — Ne riez pas devant le roi. — O rois, entrez dans les mosquées de Dieu.

# 26ᵉ LEÇON — الدَّرْسُ السِّتَّةُ وَعِشْرِينَ

## RÉCAPITULATION

### TABLEAU DE LA CONJUGAISON

| PERSONNES | | PRÉTÉRIT | AORISTE | IMPÉRATIF |
|---|---|---|---|---|
| | | Singulier | Singulier | Singulier |
| 1ʳᵉ personne | | ــْتُ | أَــْ | |
| 2ᵉ pers. | masc. | ــْتَ | تَــْ | اــْ (1) |
| | fém. | ــْتِ | تَــِي | اــِي |
| 3ᵉ pers. | masc. | ــَ | يَــْ | |
| | fém. | ــَتْ | تَــْ | |
| | | Pluriel | Pluriel | Pluriel |
| 1ʳᵉ personne | | ــْنَا | نَــْ | |
| 2ᵉ personne | | ــْتُوا | تَــُوا | اــُوا |
| 3ᵉ personne | | ــُوا | يَــُوا | |

(1) On n'ajoute cet alif que lorsque la 1ʳᵉ lettre porte un djezm.

REMARQUES. — On voit que les lettres qui caractérisent le prétérit sont placées *après* le radical, que nous avons représenté par un trait; celles qui caractérisent l'aoriste sont placées avant le radical. — Ces lettres restent les mêmes dans tous les verbes, quels qu'ils soient; s'il y a quelque irrégularité dans la conjugaison d'un verbe, c'est toujours le radical qui la subit. — La 3ᵉ personne du masculin singulier du prétérit est la seule où il n'y a rien d'ajouté, ce qui revient à dire que le radical du verbe est lui-même cette personne. — On énonce un verbe en employant cette 3ᵉ personne (n'oublions pas que l'infinitif n'existe point). — On forme le pluriel en ajoutant le son **ou** aux personnes correspondantes du singulier, à l'exception de la 1ʳᵉ personne du prétérit, qui est terminée par ن. — Remarquez le djezm qui précède la terminaison des deux premières personnes de chaque nombre du prétérit. Remarquez aussi le djezm qui termine l'impératif à la 2ᵉ personne du masculin singulier. — A l'aoriste, nous avons mis un djezm après la lettre caractéristique de chaque personne de ce temps; ce djezm ne se trouve pas dans tous les verbes. Ainsi le verbe شرب, que l'on prononce *chereb*, fait à l'aoriste تشرب *techreb*, تشربي *techrebî*, تشربوا *techreboû*, d'où l'impératif أشرب *echreb*, أشربي *echrebî*, أشربوا *echreboû*; mais le verbe شرّب, que l'on prononce *cherreb*, fait à l'aoriste تشرّب *techerreb,* تشرّبي *techerrebi,* تشرّبوا *techerreboû,* d'où l'impératif شرّب *cherreb,* شرّبي *cherrebi,* شرّبوا *cherreboû,* en retranchant simplement le ت.

### Quelques notions indispensables avant d'aborder la conjugaison des verbes irréguliers

Un verbe arabe peut être *primitif* ou *dérivé*. Il est *primitif* lorsqu'il ne renferme que les lettres de la *racine*.

On appelle *racine* les lettres fondamentales d'un mot (nom ou verbe). Ces lettres sont au nombre de trois. Il y a des racines de quatre lettres. La première lettre d'une racine s'appelle 1re radicale, la deuxième lettre d'une racine 2e radicale, etc.

Un verbe est *dérivé* lorsque, outre les lettres de la racine, il renferme un chadda ou bien une ou plusieurs des lettres suivantes, appelées *serviles* ou *formatives* [1] :

ي و ن م س ت ا

Ainsi, la racine

فتل *il a tué,* a donné naissance aux verbes dérivés :

فاتل *il a combattu,* — par l'addition d'un ا après la 1re radicale;

تفاتل *il s'est battu avec,* par l'addition d'un تَ et d'un ا ;

انفتل *il a été tué,* par l'addition de اَنْ devant la racine.

---

(1) Elles sont renfermées dans les deux mots : أَنْتَ موسَى *toi, tu es Mouça.*

Un verbe peut être *régulier* ou *irrégulier*.

Il est *irrégulier* : 1° lorsque les deux dernières radicales sont semblables ; 2° lorsque l'une des radicales est une lettre faible, و ou ي [1].

## DES VERBES IRRÉGULIERS EN GÉNÉRAL

Les verbes irréguliers sont :

1° Les verbes *sourds* (verbes dont les deux dernières radicales sont semblables, comme سبّ *il a insulté*);

2° Les verbes *assimilés* (verbes dont la 1ʳᵉ radicale est une *lettre faible*, و ou ي, comme وصل *il est arrivé*, يبس *il a séché*);

3° Les verbes *concaves* (verbes dont la 2ᵉ radicale est une *lettre faible*, و ou ي, comme يقول *il dira*, يصير *il deviendra*);

4° Les verbes *défectueux* (verbes dont la 3ᵉ radicale est une *lettre faible*, comme يمشي *il ira*).

Pour conjuguer ces verbes, il faut tenir compte des règles suivantes [2] :

1° Lorsque deux lettres semblables se rencontrent, on les contracte, à moins que l'une d'elles ne doive déjà porter un chadda, ou qu'elles ne soient séparées par une lettre de

---

[1] C'est à dessein que nous négligeons de parler ici des verbes *hamzés*.

[2] Ces différentes règles ne doivent être apprises que lorsqu'on étudiera la leçon où elles sont appliquées.

prolongation. Ainsi on aura سَبّ *il a insulté,* pour سبّ ; خفّ *il a été léger,* pour خفف ; mais on aura خفّب *il a allégé,* خفيف *léger,* خفاف *légers.* (Cette règle ne s'applique qu'aux verbes sourds.)

2° Les lettres faibles و et ي se changent souvent en ا. Le و se change aussi quelquefois en ي.

3° Une lettre de prolongation disparaît lorsqu'elle doit être suivie d'une lettre djezmée. Ainsi on écrira قُلْ *dis,* pour قول ; صِرْ *deviens,* pour صير ; مشَتْ *elle est allée,* pour مشات. (Cette règle est appliquée dans la conjugaison des verbes concaves et à la 3ᵉ personne du féminin singulier du prétérit des verbes défectueux.)

4° Une lettre faible finale se retranche lorsqu'elle doit porter un djezm. Ainsi on écrira امشِ *va,* et non امشي. (Cette règle ne s'applique qu'à l'impératif masculin des verbes défectueux.)

5° Lorsque deux lettres de prolongation se rencontrent, on en supprime une, qui est toujours celle du radical. Ainsi on écrira يمشوا *ils iront,* et non يمشيوا ; مشوا *ils sont allés,* et non مشاوا.

6° Les lettres و et ي ne subissent aucun changement lorsqu'elles doivent être surmontées ou suivies d'un chadda, ou accompagnées d'une lettre de prolongation. Ainsi on dira طوّل *il a allongé,* طويل *long.*

## 27° LEÇON — الدَّرْس السَّبْعة وعَشْرِين

### VERBES SOURDS

Leur conjugaison n'offre aucune difficulté à l'aoriste, ni par conséquent à l'impératif.

| Aoriste | Impératif |
|---|---|
| نسبّ j'insulterai. *nesebb.* | |
| تسبّ tu insulteras. *tesebb.* | سبّ insulte. *sebb.* |
| تسبّي tu insulteras (fém.) *tesebbi.* | سبّي insulte (fém.). *sebbi.* |
| يسبّ il insultera. *isebb.* | |
| تسبّ elle insultera. *tesebb.* | |
| نسبّوا nous insulterons. *nesebboû.* | |
| تسبّوا vous insulterez. *tesebboû.* | سبّوا insultez. *sebboû.* |
| يسبّوا ils insulteront. *isebboû.* | |

REMARQUE. — L'impératif des verbes sourds primitifs ne prend pas d'alif au commencement.

حَبّ il a aimé *ou* voulu, — حَلّ il a ouvert, — رَدّ il a rendu, il a fermé, — شَدّ il a tenu, — كَبّ il a versé, — حَطّ il a placé, il a mis.

---

عُمْرنا ما نسبّوا النّاس    nous n'insultons jamais les gens.

عُمْره ما يحبّ يدخل عندي    il ne veut jamais entrer chez moi.

عُمّرك ما تكبّ لي نشرب    jamais vous ne me versez à boire (je bois).

L'adverbe *jamais* se rend, en arabe, à l'aide du mot عُمْر *'omr*, qui signifie *existence, vie, âge,* suivi des pronoms affixes employés à la personne voulue. Le mot *jamais* peut être traduit aussi par أَبَدًا *abadane*.

---

Au prétérit, la seule particularité que présentent les verbes sourds consiste à intercaler un ـِـ avant la terminaison des deux premières personnes de chaque nombre :

    سبّيت    *sebbît,*     j'ai *ou* tu as insulté.

    سبّيتِ    *sebbîti,*    tu as insulté (fém.).

    سبّينا    *sebbîna,*    nous avons insulté.

    سبّيتوا    *sebbîtoû,*    vous avez insulté.

Les autres personnes se conjuguent régulièrement : سبّوا *sebboû*, ils ont insulté ; سبّت *sebbet*, elle a insulté.

غلق (1) il a fermé, — طافة (2) pl. طوافي fenêtre, — زيت huile. — فرعة pl. فرعات b<sup>o</sup>uteille, —

## VERSION XX

ما نحبّ شى نحلّ هذه الطّافة * علاش ما تحبّ شى تحلّها * علاش ما حلّيتوا شى هذه الطّافة * ما حلّيناها شى على خاطر رانا مراض * ما نقدروا شى نحلّوها * حلّوا الباب و اغلقوا الطّوافي * ردّيت شى كتبه لهذا الرّجل * ما ردّيتهمْ له شى * ما ذا بيَ نحلّ هذا الباب * ما حبّوا شى يحلّوا الطّوافي متاع بيتهم * أشْ تشدّ في يدكْ * شدّ العصا هكذا * هذوا الاولاد عمرهم ما شدّوا مكحلة في يدهم * كبّيت لي شى نشرب * ما تكبّ لى شى

---

(1) A Tunis on emploie le verbe سكّر, à Oran بلّع.

(2) A Tunis شبّاك pl. شبابيك.

(3) Ce mot signifie proprement *courge*. A Tunis, une bouteille se dit دبّوزة pl. دبابيز.

نشرب على خاطر ما راني شي عطشان ۞ فدّاش في عُمْرك ۞ فدّاش في عمرڭُمْ ۞ أختُه فداش في عُمرها ۞

### THÈME XXI

Je veux dormir. — Veux-tu boire ? — Elle ne veut pas travailler. — Pourquoi ne veux-tu pas sortir ? — Que veux-tu faire ? — Vous n'avez pas voulu jouer avec nous, hier. — Ma fille, n'ouvre pas la porte. — Mes enfants, avez-vous ouvert la fenêtre ? — Non, Monsieur, nous ne l'avons pas ouverte. — Ma fille, ouvre cette fenêtre et ferme la porte. — Jamais je n'ouvre les fenêtres de ma chambre, la nuit (dans la nuit). — Nous n'ouvrons jamais notre porte, la nuit. — Pourquoi n'avez-vous pas rendu à cette femme ses cuillers et ses tasses ? — Nous ne les lui avons pas rendues parce qu'elle ne nous les a pas demandées. — Quand les lui rendrez-vous ? — Nous les lui rendrons demain ou après-demain, s'il plaît à Dieu. — Rendez-les-lui de suite. — Tenez le livre à ( و ) la main. — Ne me versez pas du vin dans mon verre. — Pourquoi ? — Parce que je ne veux pas boire de vin. — Alors, que voulez-vous boire ? — Je voudrais bien boire du café. — Ne versez pas du café à mon frère. — Où avez-vous posé la cuiller ? — Je l'ai posée sur la fenêtre. — Versez l'huile dans cette bouteille et le lait dans celle-ci. — Mes enfants, pourquoi avez-vous mis cette grande bouteille sur cette fenêtre ? — Que veux-tu mettre là ? — Quel âge a-t-il ? — Quel âge ont-ils ? — Quel âge ont ces hommes ? — Quel âge a cette fille ?

# 28ᵉ LEÇON — الدَّرْس الثَّمانية وعَشْرين

## VERBES ASSIMILÉS

Ils ne présentent aucune difficulté dans l'arabe parlé.

وصَل آليوم بكْري. il est arrivé aujourd'hui de bonne heure.

باش مَنْ ساعة وصَلْتوا. à quelle heure êtes-vous arrivés ?

وصَلْنا هذا الصَّباح على السّتّة فدّ فدّ ou ★ على السّتّة سوا سوا nous sommes arrivés ce matin, à six heures précises (*égalité, égalité*).

يوصلوا على آلاربعة ونُصّ (1). ils arriveront à quatre heures et demie.

توصلوا غَدْوة فبْلهُم. vs arriverez demain avant eux.

على فدّاش نوصلوا. à quelle heure arriverons-nous ?

توصل على الثّمانية غير عشْرين دقيقة ou على الثّمانية غير ثلث — غير ربع. elle arrivera à huit heures moins vingt (*à huit heures moins un tiers*), moins un quart.

رُبع ساعة. un quart d'heure.

---

(1) نُصّ *moitié*, prononcez *noss*, pl. أنْصاف.

راني غير كوصلْت * ou راني كيف وصلْت je viens d'arriver (je suis si ce n'est comme je suis arrivé) (1).

فدّاش وهي وصلْت ou من فدّاش وصلْت depuis quand est-elle arrivée? (Combien et elle est arrivée?)

وقف (2) il s'est arrêté, il s'est tenu debout, il s'est levé, — سكن il a demeuré, habité, — غير excepté, si ce n'est, moins, — مسيد (3) pl. مسايد école, — سوف pl. أسواف marché, rue marchande, — ثقيل lourd, — خفيف léger, — قبل avant, — بعد après.

### JOURS DE LA SEMAINE

نهار الأحد dimanche (jour un).

نهار الاثنين lundi (jour deux).

نهار الثلاثاء mardi (jour trois).

نهار الأربعاء mercredi (jour quatre).

---

(1) A Tunis on dirait تَوّا وصلْت, maintenant, à l'instant je suis arrivé.

(2) A Tunis on prononce souvent à l'aoriste *iak'ef* et à l'impératif *ak'ef*, lève-toi.

(3) Régulièrement مكتب pl. مكاتب. A Tunis on dit كتاب pl. كناتب.

نهار اَلْخَميس jeudi (jour cinq).

نهار اَلْجُمْعة vendredi (jour de la réunion).

نهار اَلسَّبْت samedi (jour du repos, du sabbat).

REMARQUE. — On emploie aussi le mot يوم à la place du mot نهار ; il arrive souvent que l'on supprime l'un et l'autre de ces mots : اَلْأَحَد elh·ad, اَلْاثْنَين ettsenin, etc.

## VERSION XXI

واين تسْكنوا * نسْكنوا في مدينة الجزيرتَين * عَلى فدّاش توصلوا في هذه اَلْمدينة * نوصلوا غَدْوة عَلى السِّتّة متاع الصَّباح * فدّاش وانتُما وصلْتوا * وصلْنا البارح عَلى الزّوج ونُصْف * رانا غير كو وصلْنا * ما نَفدروا شي نوصلوا عَلى الخَمْسة متاع الصَّباح على خاطر بغالنا راهُم عيّانين * اتَال جاش من ساعة توصلوا * ندخلوا كلّ يوم في المسيد على الثمانية متاع الصّباح و نَخرجوا على العشرة غير خَمْس دَفايق * ما وصلْتِ شي بكري على خاطر السّاعة متاعي وفــقَتْ (رفدَتْ) *

## THÈME XXII

Nous arriverons demain à la ville, à dix heures moins vingt. — Sortez de bonne heure de la ville, et vous arriverez au marché avant nous. — A quelle heure arriverons-nous au marché ? — Vous arriverez au marché à sept heures un quart. — Votre sœur vient d'arriver au marché. — Où demeurent vos amis ? — Ils demeurent dans la maison qui est devant l'école de nos voisins. — Sont-ils arrivés à l'école de bonne heure ? — Ils viennent d'arriver. — Quelle heure est-il maintenant ? — Il est neuf heures et demie. — Il est dix heures moins un quart. — Cette montre (ساعة) avance un peu (est un peu légère). — Non, Monsieur, elle n'avance pas du tout. — Votre montre retarde-t-elle (est-elle lourde) ou avance-t-elle ? — Ma montre s'est arrêtée. — Pourquoi votre montre s'est-elle arrêtée ? — Il est resté un quart d'heure dans ce jardin, mercredi. — Jeudi, je resterai une demi-heure au marché. — Le vendredi, les enfants entrent en classe à deux heures précises. — Le samedi, ils entrent à deux heures moins un quart et sortent à cinq heures et demie. — Que ferez-vous dimanche ? — Dimanche, nous travaillerons le matin et nous jouerons l'après-midi. — Avez-vous une montre ? — Savez-vous quelle heure il est ? — Il est midi et dix minutes. — Votre montre avance. — Non, Monsieur, elle n'avance pas. — Il est dix heures et vingt minutes. — Ta montre retarde. — Il est sept heures précises ; l'horloge de la ville avance un peu.

## 29ᵉ LEÇON — الدَّرْس آلتِّسْعَة وعِشْرين

### VERBES CONCAVES

Ils n'offrent aucune difficulté à l'aoriste; les uns ont un و pour 2ᵉ radicale, les autres un ‑ي‑, quelques-uns un ا. On ne peut connaître la 2ᵉ radicale d'un verbe concave que par l'usage. *(Pour l'impératif, voir 3ᵉ règle, p. 142.)*

| Aoriste | | Impératif | |
|---|---|---|---|
| نـفـول | je dirai. | | |
| تـفـول | du diras. | فُلْ | dis. |
| تـفـولي | tu diras (fém.) | فـولي | dis (fém.). |
| يـفـول | il dira. | | |
| تـفـول | elle dira. | | |
| نـفـولوا | nous dirons. | | |
| تـفـولوا | vous direz. | فـولوا | dites. |
| يـفـولوا | ils diront. | | |

| Aoriste | Impératif |
|---|---|
| نبيع je vendrai. | |
| تبيع tu vendras. | بِعْ vends. |
| تبيعي tu vendras (fém.). | بيعي vends (fém.). |
| نبيعوا nous vendrons. | |
| تبيعوا vous vendrez. | بيعوا vendez. |
| تبات tu passeras la nuit. | بَتْ passe la nuit. |
| تباتي tu passeras la nuit (f.) | باتي passe la nuit (f.) |
| تباتوا vous passerez la nuit. | باتوا passez la nuit. |

يشوف il verra, — يصيب il trouvera, — يجيب il apportera, — يكون il sera, — يروح il partira, il ira, — طلع il est monté, — هبط il est descendu.

REMARQUE. — Le verbe concave يكون sert à traduire le verbe *être* au futur, au passé et à l'impératif. — كُنْ sois, — كوني sois (fém.), — كونوا soyez. — Ce verbe sert également à former les temps dérivés.

## VERSION XXII

عندي ما نـفـول لـكَ اَدْخَلْ ۞ قُلْ لخوك يهْبـط عندي ما نـفـول لـه ۞ يا بـنْـتي فولي ليمّاكْ تجيب لِيَ ٱلْمَاء والسّكر على خاطر راني عطْشان بالزّاف و نحبّ نشرب ۞ فولوا لِي باش من زنفة يسْكـنـوا هذوا الـرّجال ۞ عندي واحد العود مريض ما ذا بيَ لوكانْ نـنْجم نبـيعه ۞ وايـن راه هذا العود ۞ راه في جناني اذْخَلْ مَعَيَ تشوفه ۞ فتّاش و هو مريض ۞ أش تجيبـوا لى من السّوف ۞ نجيبـوا لكَ كُلّ ما تحبّ ۞ يجيـبـوا لكم كُلّ ما يصيبـوا ۞ وايـن تبانوا نهار السّبْـت ۞ نباتوا عند حبيبنا و نروحوا من عنده نهار الثلاثاء مع الصّباح ۞ وايـن تكون غير غذوة ۞ غير غدوة نكون في السّوق على خاطر نحبّ نبـيع بغالي ۞

## THÈME XXIII

Mes enfants, dites à vos amis d'entrer en classe, car il est neuf heures moins vingt. — Montez dans la chambre de cette femme, et dites-lui de m'apporter (elle apporte à moi) mes livres. — Elle ne veut pas vous les apporter. — Apporte-moi de la viande du marché. — Que vous apportera-t-il aujourd'hui du marché? — Il m'apportera tout ce qu'il pourra trouver. — Voulez-vous me vendre votre chienne? — Je serai très content si vous voulez me la vendre. — Ma fille, entre dans cette maison, monte dans ma chambre, et apporte-moi le livre que tu trouveras sur la fenêtre. — Si tu ne trouves pas le livre, tu m'apporteras la plume. — Apporte, dimanche, des pommes et des pêches de ton jardin. — Je serai demain chez toi à neuf heures moins vingt. — Lorsque (كيمّ) tu verras ton père, seras-tu content ? — Oui, Monsieur, je serai très content lorsque je le verrai, car je l'aime beaucoup. — Vos frères seront contents lorsqu'ils vous verront, car ils vous aiment beaucoup. — Nous irons les voir après-demain, à deux heures et demie, et nous passerons la nuit chez eux. — Si vous passez la nuit chez eux, ils seront contents. — Apporte-moi une tasse de café. — Dites à cet homme de m'apporter du lait dans un verre. — Dites à votre frère de descendre vite, car je veux le voir de suite. — Partons, car si nous ne partons pas de suite, nous n'arriverons pas de bonne heure.

## الدّرْسُ الثَّلَاثِين — 30ᵉ LEÇON

### VERBES CONCAVES (prétérit)

La lettre faible, dans tous les verbes concaves, est représentée aux troisièmes personnes du prétérit par un ا. (Voir la 2ᵉ règle, p. 142.)

| | | | |
|---|---|---|---|
| فال | il a dit. | باع | il a vendu. |
| فالت | elle a dit. | باعَتْ | elle a vendu. |
| فالوا | ils ont dit. | باعوا | ils ont vendu. |
| كان | il a été. | راح | il est parti, il est allé. |
| صاب | il a trouvé. | شاف | il a vu, etc. |

La conjugaison de ces verbes aux deux premières personnes de chaque nombre présente quelque difficulté; voici en quoi elle consiste : prenons comme exemple le premier de ces verbes ; la racine étant قول, on prononce قوَلْتُ, قوَلْتِ, قوَلْنا, قوَلْتوا ; mais, en vertu de la 3ᵉ règle, ce و doit disparaître dans l'écriture, et, pour indiquer qu'il existait à la racine, on met le son ou (ُ) sur la première lettre; on a alors :

    فُلْتُ *k·oult,*    j'ai *ou* tu as dit.

    فُلْتِ *k·oulti,*    tu as dit (fém.).

    فُلْنا *k·oulnâ,*    nous avons dit.

    فُلْتوا *k·oultoû,*    vous avez dit.

Dans le second verbe la racine étant بيع, on prononce بيَعْتُ ; mais, en vertu de la même règle, on écrit :

    بِعْتُ *bi't* [1];    j'ai *ou* tu as vendu.

    بِعْتِ *bi'ti,*    tu as vendu (fém.).

    بِعْنا *bi'nâ,*    nous avons vendu.

    بِعْتوا *bi'toû,*    vous avez vendu.

---

[1] Faites à peine sentir l'*i*, prononcez presque *e*.

كان il y a.

كان سبعة ايّام في آلجمعة il y a sept jours dans la semaine.

زاد (fut. يزيد, impér. زدّ) *il a ajouté, continué, augmenté*; — بركة *assez* (m. à m. : *bénédiction*) : بركاك *tu en as assez*, — بركاني *j'en ai assez*, — بركانا *nous en avons assez*, — فيه آلبركة *il y en a assez, cela suffit* (dans cela la bénédiction).

## VERSION XXIII

أش فال ٭ اش فلت ٭ اش فالت لك ٭ اش فالوا له ٭ اش فلنا لكم ٭ فلت له شي يطلع ٭ فلت شي ليماك نهبط ٭ أشكون فال لكم بآلي(1) كنت في آلجنان ٭ حتّى واحد ما فال لنا بآلي كنت هنا ٭ شفتيها شي ٭ شافتني ٭ ما شفناهم شي ٭ شفتيهم شي ٭ ما شابوكم شي ٭ باعت لي هذه الفرعة ٭ بعتِ له شي هذه الفرعة متاع الزيت ٭ ما شي انا آلي بعتها له ٭ أشكون باعها

---

(1) بآلي. — La conjonction *que*, non suivie du subjonctif, se traduit par بآلي, ou آلي en Tunisie.

لك ٭ أنْتَ اللّي بغّنها لي ٭ رُحْت شي للمسيد البارح ٭ رُحْنا عنده نهار الجمعة ٭ ما راحوا شي للسّوق نهار الخميس ٭

## THÈME XXIV

Il m'a dit de monter. — Qui t'a dit de descendre ? — Lui as-tu dit d'aller en classe ? — Pourquoi ne lui as-tu pas dit d'entrer chez moi ? — Où es-tu allé, hier ? — Es-tu allé voir tes amis ? — Nous ne sommes pas allés chez eux. — Qu'as-tu apporté dans ce sac ? — Qu'ont-ils apporté sur leurs chevaux ? — Avez-vous apporté vos livres ? — Pourquoi ne les avez-vous pas apportés ? — Qu'as-tu trouvé ? — Je n'ai rien trouvé. — Apporte-moi les clefs que tu as trouvées. — Ce n'est pas moi (ما شي أنا اللّي) qui les ai trouvées. — Ce n'est pas lui qui les a apportées. — C'est toi (أنْتَ اللّي) qui les as apportées. — C'est lui qui les a trouvées. — Ils m'ont dit que vous aviez trouvé sur le marché une clé de montre en or. — Ce n'est pas elle qui l'a trouvée. — C'est nous qui l'avons trouvée. — Il m'a dit que tu lui as vendu deux de tes moutons. — Ils nous ont dit que vous étiez avec eux lorsqu'ils sont allés au marché. — Y a-t-il de l'eau dans cette bouteille ? — Y a-t-il quelqu'un (أحَد)(1) dans la chambre ? — Y a-t-il quelqu'un avec lui ? — Il n'y a personne (ما كان أحَد) avec lui.

---

(1) Prononcez h'ad.

## 31ᵉ LEÇON — الدَّرْس الواحد وثِلاثين

### DIVERSES MANIÈRES DE TRADUIRE
### LE MOT **ENCORE**

تحبّ شي تزيد تشرب بنجال فهوة voulez-vous boire encore une tasse de café ? (m. à m. : *veux-tu tu ajoutes tu bois...*)

لا يا سيدي بركاني non, Monsieur, j'en ai assez.

يا ولد زِدّ جِبْ لي هذا الكتاب enfant, apporte-moi encore ce livre.

Pour traduire le mot *encore* dans le sens de *en outre, de plus, de nouveau,* on se sert du verbe زاد, que l'on emploie au même temps, au même nombre et à la même personne que le verbe arabe qui précède.

زال il a cessé.

ما زال ما خرج شي il n'est pas encore sorti (m. à m. : *il n'a pas cessé il n'est pas sorti*).

ما زالت ما شافتها شي elle ne l'a pas encore vue.

ما زلت ما كتبت شي je n'ai pas encore écrit.

ما زالوا ما شافوهم شي ils ne les ont pas encore vus.

Pour traduire l'expression *ne... pas encore*, on se sert du verbe زَال. — Ce verbe traduit aussi l'adverbe *encore* lorsqu'il indique la durée ; Exemples :

ما زال يَكْتب    il écrit encore *ou* il n'a pas cessé d'écrire.

ما زال مريض    il est encore malade (*il n'a pas cessé malade*).

ما زال لي واحد    j'en ai encore un.

ما زالوا له ثلاثة    il en a encore trois.

---

Le mot *encore* signifiant *aussi, également*, se rend par ثاني ٭, فانة ٭, أَيْضًا, زادا.

بركة ما تسبّ هذا الرّجل    cesse d'insulter cet homme !

بركاوا ما تلعبوا    cessez vos jeux ! ne jouez plus !

L'expression arabe بركت ما correspond à notre verbe *cesser de...* — Par une bizarrerie particulière au langage, on peut dire au pluriel بركاوا ما *cessez de...*, comme si le mot était un verbe [1].

بركاه ما يشرب    il a assez bu, — il ne boit plus.

بركانا ما نخدموا    nous avons assez travaillé.

---

(1) Il en est de même de l'expression فِي السَّاعَة, qu'on prononce, en s'adressant à une femme, *fissé'i*, et à plusieurs personnes, *fissé'ou*.

## VERSION XXIV

يا بنتي أش فُلْتِ لخوك * فُلْتُ له يطلع ڢ الساعة عندك * فولي له ثاني يجيب معه كتابه * وأين رُحْتوا البارح * رُحْنا عند جارنا وما صُبْناه شي * وڢناش تروح للمسيد * أش بغيت له * ما بغنا له شي عودنا * زِدْ بِعْ لي هذا الحمار * ما زالوا ما باعوا شي خيلهم * ما زِلْنا ما بغناهم شي * بيعوا لي ثاني هذه الحمارة الصغيرة * زِدْ جِبْ لي بنجال ڢهوة * جابَتْ لك شي ڢهوتك * ما زالَتْ ما جابَتْها لي شي * فولي لها تزيد تجيب لي مغروبة صغيرة * تحبّ شي نزيد لك كاس حليب * لالا يا سيدي بركاني ما نشرب * بركاك ما تكتب راك عيّان *

## THÈME XXV

Avez-vous dit à votre frère de monter chez moi ? — Je ne lui ai pas encore dit de monter chez vous. — Je ne l'ai pas encore vu. — Qu'avez-vous dit à cette femme ? — Je lui ai dit de monter chez son frère qui est malade. — Nous ne leur avons pas dit de s'asseoir ici. — Mes enfants, pourquoi n'avez-vous pas dit à vos amis de jouer dans le jardin ? — J'ai vu cette femme avant-hier : elle est encore malade. — Avez-vous vu votre sœur qui est arrivée ce

matin ? — Nous ne leur avons pas encore dit de monter.
— Nous ne sommes pas encore allés chez notre sœur. —
Je ne lui ai pas encore vendu mon cheval. — As-tu trouvé
la maison dans laquelle demeure cet homme ? — Je ne
l'ai pas encore trouvée. — Vois encore dans cette rue. —
Avez-vous vendu vos moutons ? — Nous ne les avons pas
encore vendus. — A-t-elle apporté la lettre qu'elle a
écrite ? — Elle ne l'a pas encore apportée. — Ma fille,
bois encore cette tasse de café. — J'en ai assez bu. — Tu
as assez travaillé aujourd'hui ; va jouer un peu dans le
jardin. — Travaille encore un peu ce matin, et tu iras
jouer cette après-midi. — Je ne peux pas sortir maintenant, parce que je n'ai pas encore écrit ma leçon. —
Cessez de rire et de jouer. — Cesse d'écrire. — Cesse de
jouer : travaille un peu.

---

## 32ᵉ LEÇON — الدّرس الآثنين و ثلاثين

### VERBES DÉFECTUEUX

Dans l'arabe parlé, la lettre faible des verbes
défectueux est toujours un ي ⁽¹⁾. Aux 3ᵉˢ personnes du prétérit, l'avant-dernière radicale se
prononce avec le son a. A l'aoriste, elle se prononce avec le son i dans la plupart des verbes,
et avec le son a dans quelques-uns, ce qu'on ne
peut apprendre que par l'usage. Au prétérit,

---

(1) Il n'y a guère que le verbe حبا *marcher à quatre
pattes*, qui, dans le langage, ait conservé le و à l'aoriste :
يحبو.

tous les verbes défectueux se conjuguent sur le modèle suivant :

### Singulier

مشيت *mechît,* je suis *ou* tu es allé.

مشيت *mechîti,* tu es allée.

مشى *mechâ,* il est allé.

مشت *mechat,* elle est allée *(3ᵉ règle)*.

### Pluriel

مشينا *mechinâ,* nous sommes allés.

مشيتوا *mechîtoû,* vous êtes allés.

مشوا *mechaoû,* ils sont allés *(5ᵉ règle)*.

## VERBES DÉFECTUEUX AYANT LE SON î À L'AORISTE

| Aoriste | Impératif |
|---|---|
| نمشى j'irai. | |
| تمشى tu iras. | امش va *(4ᵉ règle)*. |
| تمشي tu iras (fém.). | امشى va (fém.). |
| يمشى il ira. | |
| تمشى elle ira. | |
| نمشوا ⁽¹⁾ nous irons. | |
| تمشوا vous irez. | امشوا allez. |
| يمشوا ils iront. | |

(1) Prononcez : *nemchioû, temchioû, iemchioû.*

## VERBES DÉFECTUEUX AYANT LE SON a

| Aoriste | Impératif |
|---|---|
| نَبْقَى je resterai. | |
| تَبْقَى tu resteras. | اَبْقَ reste (4ᵉ règle). |
| تَبْقِي tu resteras (f.), 5ᵉ règle. | اَبْقِي reste (fém.). |
| يَبْقَى il restera. | |
| تَبْقَى elle restera. | |
| نَبْقَوْا (1) nous resterons. | |
| تَبْقَوْا vous resterez. | اَبْقَوْا restez. |
| يَبْقَوْا ils resteront. | |

شَرَى *fut.* يَشْرِي il a acheté, — جَرَى *fut.* يَجْرِي il a couru, — بَكَى *fut.* يَبْكِي il a pleuré, — لْفَى *fut.* يَلْفَى il a rencontré, il a trouvé.

REMARQUE. — Le ي des verbes défectueux, lorsqu'il ne donne pas le son de ا à la lettre qui précède, se change en ا s'il doit être suivi d'un pronom affixe ; Exemples : شْراه il l'a acheté, — يَلْفَاهُمْ il les rencontrera.

---

(1) Prononcez : *nebk·aoû, tebk·aoû, iebk·aoû.*

يَمْكن il se peut, — il est possible, — peut-être.

تَمْشِي شِي عَنْد حبيبك غَدْوة irez-vous chez votre ami, demain ?

يَمْكن ما نَمْشِي شِي عَنْده peut-être n'irai-je pas chez lui.

## VERSION XXV

أشْ شريتوا في السُّوق * ما زلْنا ما شرينا حتى شي * أشْ من خيل تحبّوا تشْروا * يحبّوا يشْروا خيل كبار وصحاح * أمْش عند الرَّجل وقُل له باألى حبيبه ما زال ما وصل شي * تَمْشي ثاني عند البَغّال وتقول له بابا باع بغالك * أشْكون شرى هَذوا البَغال * جارنا شراهم * عند من تشْروا الزيت * جريت عنده وما لفيتم شي * لفى شي خوي * ما لفاه شي * ما زلْنا ما لفينا شي خونا * بركة ما تجْري ما تقْدر شي تلْفاه *

## THÈME XXVI

Cet homme m'a acheté (a acheté moi). — Mon père m'a acheté un livre (a acheté à moi). — Il m'a acheté la maison dans laquelle il habite (il a acheté de moi). — Qu'a-t-il acheté au marché ? — Il n'a encore rien acheté. — Et vous, qu'avez-vous acheté ? — J'ai acheté du pain et de la viande. — Ma sœur, as-tu acheté le café ? — Je ne l'ai pas encore acheté. — Achète-le et va à la maison. — L'homme que vous avez rencontré hier est-il parti ce matin ? — Où est-il allé ? — Elle est peut-être allée au marché. — Mon enfant, pourquoi pleures-tu ? — Cesse de pleurer. — Ce n'est pas elle qui pleure. — Vos enfants pleurent encore parce que vous les avez frappés. — Cessez de pleurer. — Les enfants qui pleurent dans la rue *sont* ceux (eux) que vous avez frappés. — La fille qui pleure dans la rue est celle dont vous avez frappé le frère. — La femme qui a pleuré devant vous est celle (elle celle qui...) dont le muletier a tué le père. — Ils ont pleuré parce qu'ils sont restés seuls à la maison. — Lorsque je suis allé chez lui, ce matin, je l'ai trouvé à pleurer (il pleure). — Courez chez lui, peut-être le rencontrerez-vous. — Restez ici, peut-être montera-t-il vous voir. — N'achetez pas ce cheval, peut-être n'est-il pas bon. — Jouez avec ces enfants, peut-être gagnerez-vous. — Cet enfant rit aujourd'hui, peut-être pleurera-t-il demain.

## 33ᵉ LEÇON — الدَّرْس الثَّلاثَة وثلاثين

### VERBES HAMZÉS

On appelle verbes *hamzés* ceux qui ont un hamza à la racine. Les verbes qui ont un hamza pour 1ʳᵉ radicale se conjuguent régulièrement ; ceux qui ont un hamza pour 2ᵉ radicale se conjuguent comme les verbes concaves, mais conservent l'alif à toutes les personnes ; ceux qui ont un hamza pour 3ᵉ radicale se conjuguent comme les verbes défectueux ; seulement, à la 3ᵉ personne du fém. singulier et à la 3ᵉ personne du pluriel, l'alîf, qui devrait porter un hamza, subsiste ; il en est de même à l'aoriste et à l'impératif ; Exemples : بدا *il a commencé,* — بدات *elle a commencé,* — بداوا *ils ont commencé,* — بديت *j'ai commencé,* — يبدا *il commencera,* — يبداوا *ils commenceront,* — ابدا *commence,* — ابداوا *commencez ;* — قرا *il a lu, il a étudié,* — قرات *elle a lu,* — يقرا *il lira,* etc.

CONJUGAISON DU VERBE جاء fut. يجي *il est venu.*

### PRÉTÉRIT

| Singulier | Pluriel |
|---|---|
| جيت *je suis venu.* djit. | جينا *nˢ sommes venus.* djinâ. |
| جيت *tu es venu.* djit. | جيتوا *vous êtes venus.* djitoû. |
| جيتي *tu es venue.* djiti. | |
| ⁽¹⁾ جاء *il est venu.* djâ. | جاوا *ils sont venus.* djâoû. |
| جات *elle est venue.* djât. | |

(1) Ce verbe, construit avec la préposition بـ, a donné naissance au verbe de l'arabe parlé جاب *fut.* يجيب.

## AORISTE

| Singulier | Pluriel |
|---|---|
| نجي je viendrai. *nedjt.* | نجيوا nous viendrons. *nedjtoú.* |
| نجي tu viendras. *tedjt.* | نجيوا vous viendrez. *tedjtoú.* |
| يجي il viendra. *idjt.* | يجيوا ils viendront. *idjtoú.* |
| نجي elle viendra. *tedji.* | |

## IMPÉRATIF

| Singulier | Pluriel |
|---|---|
| (1) أجي viens. *adji.* | أجيوا venez. *adjtoú.* |
| أجي viens (fém.). *adjt.* | |

## DIFFÉRENTES MANIÈRES DE TRADUIRE LE MOT EN

عندي الخبز *ou* عندك شي الخبز avez-vous du pain ? — J'en ai.

عندي مغرفة ٭ عندك شي مغرفة avez-vous une cuiller ? — J'en ai une.

---

(1) Nous avons déjà dit qu'on prononçait à Tunis : *idja.*

avez-vous des عندك شي آلخيل ٭ ما عندي شي
chevaux? — Je n'en ai pas.

فداش سرقت من هذوا التفاح ٭ سرقت منهم سبعة
combien avez-vous volé de ces pommes? 
— J'en ai volé sept.

عندك شي كتب ٭ نعم سيدي فداش تحب منهم
avez-vous des livres? — Oui, Monsieur,
combien en voulez-vous?

وفتاش خرج من هذه البلد ٭ خرج منها البارح quand
est-il sorti de cette ville? — Il en est sorti
hier.

راك شي فرحان بهذا الولد ٭ ما رانى شي فرحان به
êtes-vous content de cet enfant? — Je n'en
suis pas content.

عندك شي الخبز avez-vous du pain?

﴿ ما عندي غير شويّة
je n'en ai qu'un peu.
﴿ ما عندي إلّا شويّة

ما عندي شي بالزاف je n'en ai pas beaucoup.

ما عندي شي بالكلّ je n'en ai pas du tout.

— 169 —

وَايْن يَسْكُن حَبِيبَك      où demeure votre ami ? —

فِي البَلَد      En ville.

On voit par ces exemples : 1° que le mot *en* ne se rend pas, en arabe, lorsqu'il se rapporte à un nom indéterminé (ou bien on répète le substantif) ; — 2° que lorsque le mot *en* peut se tourner par une préposition et un pronom, on se sert, pour l'exprimer, de la préposition qui convient et d'un pronom affixe ; — 3° que lorsqu'il est préposition, il se traduit par فِي [1].

## VERSION XXVI

بَدِيت شِي تَخْدِم * مَا زِلْت مَا بَدِيت شِي * بَدِيت شِي تَكْتِبِي دَرْسِك * خُوك بَدَا شِي يَخْدِم * مَا زَال مَا بَدَا شِي * قُل لُه يَبْدَا يَخْدِم ذَا الوَقْت * مَا حَبُّوا شِي يَبْدَاوا يَقْراوا * أَبْدَا وِ السَّاعَة تَكْتَب * أَبْدَاوا تَقْراوا * جِيت شِي تْشُوفُوني البَارح * جِيت البَارح وَلَاكِن مَا صِبْتَك شِي * جِيتَك فِي اللّيل * جِيتَك الصّبَاح * أَجِي غَدْوَة

---

(1) On verra dans la suite comment on rend plusieurs idiotismes dans lesquels entre le mot *en*.

بكري و نروحوا أنا و اياك في جنان جارنا ۞ عندك شي جنان أنت ۞ ما عندي شي ۞ راك شي فرْحان بالعود اللي شريته في السّوق ۞ راني فرْحان به ۞

### THÈME XXVII

Avez-vous commencé à écrire ? — Non, Monsieur, je n'ai pas encore commencé à écrire. — Où est votre livre ? — Je n'en ai pas. — Pourquoi n'en avez-vous pas acheté un ? — Parce que je n'en ai pas trouvé. — En voulez-vous un ? — Non, Monsieur, je n'en veux pas. — Pourquoi n'en voulez-vous pas ? — Parce que je n'ai pas d'argent. — Et votre père, n'en a-t-il pas ? — Non, Monsieur, il n'en a pas. — Lisez sur le livre de votre voisin. — Mes enfants, lisez vite. — Nous ne savons pas encore bien lire. — Avez-vous lu votre leçon ? — Nous ne l'avons pas encore lue. — Lisez-la devant moi. — Combien de livres ont-ils lus ? — Ils n'en ont encore lu qu'un (excepté un). — Ma fille, quel livre veux-tu lire ? — Lis celui-ci, car tu ne l'as pas encore lu. — Êtes-vous content de mon petit frère ? — Je n'en suis pas content. — Nous n'en sommes pas contents, parce qu'il ne sait pas encore lire et qu'il ne veut pas commencer à écrire. — Dites-lui de commencer à écrire. — Depuis quand va-t-il à l'école ? — Dites-lui de continuer d'aller à l'école, car il ne sait pas encore bien lire. — Nous entrons en classe à une heure et nous en sortons à quatre. — Nous irons au marché demain matin et nous en reviendrons (رجع) le soir. — Je suis venu hier et je ne vous ai pas trouvé. — Venez le samedi : vous me trouverez toujours chez moi.

## 34ᵉ LEÇON — الدّرس الاربعة و ثلاثين

### CONJUGAISON DU VERBE *ÊTRE*

*Présent*. — راني je suis, — راك tu es, etc.

*Imparfait et passé*. — كُنْت j'étais *ou* j'ai été *ou* je fus, — كُنْت tu étais, — كُنْت tu étais (fém.), — كان il était, — كانَت elle était, — كُنّا nous étions, — كُنْتوا vous étiez, — كانوا ils étaient.

*Futur*. — نكون je serai, — نكون tu seras, etc.

*Impératif*. — كُنْ sois, — كوني sois (fém.), — كونوا soyez.

*Infinitif*. — Se rend par l'aoriste : نحبّ نكون je veux être.

### CONJUGAISON DU VERBE *AVOIR*

*Présent*. — عندي j'ai, — عندك tu as, etc.

*Imparfait*. — كان عندي j'avais *(était à moi)*, — كان عنده il avait, — كان عندك tu avais, — 

*Futur*. — يكون عندي j'aurai *(sera à moi)*, — يكون عنده il aura, — يكون عندك tu auras, etc.

REMARQUE. — Si le sujet du verbe est du féminin, on dit : كانَتْ عَنْدِي j'avais, — تكون عَنْدِي j'aurai ; si le sujet est du pluriel, on dit : كانوا ils avaient, — يكونوا عَنْدَهُم ils auront. — عَنْدَهُم
On peut aussi laisser le verbe invariable.

---

دَغْدَغ    il a chatouillé.

زَعْزَع    il a remué.

تَرْجَم    il a traduit.

Les verbes qui ont, comme les trois qui précèdent, quatre lettres à la racine, sont appelés verbes *quadrilitères*. Ils se conjuguent comme les verbes réguliers. Ils ne prennent pas d'alif à l'impératif.

علاش دَغْدَغْتْ خوكْ    pourquoi as-tu chatouillé ton frère ?

ما تدَغْدَغْني شي    ne me chatouille pas.

قُلْ لهُ ما يزَعْزَع شي آلطّابلة (1)    dis-lui de ne pas remuer la table.

تَرْجَمْ لي هذا آلجواب    traduis-moi cette lettre.

---

(1) En Tunisie, طاولة.

# DIFFÉRENTES MANIÈRES DE TRADUIRE LE MOT Y

1° **Y** *signifiant « en cet endroit (sans mouvement) »*

راه شي عنده * راه عنده    est-il chez lui ? — Il *y* est.

راه شي في بيته * راه في بيته    est-il dans sa chambre ? — Il *y* est.

يسكن شي في هذا الدّار    demeure-t-il dans cette maison ?

يسكن فيها    il *y* demeure.

2° **Y** *signifiant « en cet endroit (avec mouvement) »*

تمشي شي عنده نهار الأحد    allez-vous chez lui, le dimanche ?

نمشي عنده نهار الاحد    j'*y* vais le dimanche.

تمشي شي للبلد غدوة    allez-vous à la ville, demain ?

نمشي للبلد غدوة    j'*y* vais demain.

3° **Y** *souvent explétif;*
*d'autres fois rendu par une tournure particulière*

ردّ بالك من هذا الشّي    prends-*y* garde (m. à m.: rends ton attention de cette chose).

هَذَا ٱلْكِتَاب مَا مِنُّه شِي    ce livre est mauvais.

هَذِه ٱلْمَراة مَا مِنْها شِي    cette femme est mauvaise.

هَذُوا ٱلرِّجَال مَا مِنْهُم شِي    ces hommes sont mauvais.

L'expression مَا مِنُّه شِي ۞ مَا مِنْها شِي ۞ مَا مِنْهُم شِي (m. à m. : *non de lui une chose*) traduit notre adjectif *mauvais*. Elle correspond aussi, dans certains cas, au verbe *valoir* ; Exemple : *Cela ne vaut rien*, هَذِه ٱلْحَاجَة مَا مِنْها شِي. — L'adjectif *mauvais* se traduit aussi par دُونِي pl. دُونِيِّين et خَبِيث pl. خُبَاث ; دْوَانِي.

## VERSION XXVII

وَايِنْ تْكُون غَدْوَة ۞ نْكُون فِي ٱلسُّوف مَعْ حْبِيبِي ۞ اشْ كَان عَنْدَك فِي هَذَا الجْنَان ۞ مَاكَان عَنْدِي فِيه حَتَّى حَاجَة ۞ يْكُون عَنْده غَدْوَة كْتَاب مْلِيح ۞ الفَلَم اَلِّي كَان عَنْدَك البَارِح مَا مِنُّه شِي ۞ المَكْحَلَة اَلِّي كَانَتْ فِي يَدَّك البَارِح مَا مِنْها شِي ۞ اَلِّي يْكُون عَنْده مَكْحَلَة يْجِي مَعْنَا فِي جْنَانَّا ۞ اَلِّي يْكُون عَنْدُهُم الدَّرَاهِم يَقْدْرُوا يَلْعَبُوا مَعْنَا ۞ مَا تَدْفَدْغ شِي خُوك ۞ هَذِه البَنْت رَاهِي مْرِيضَة عَلَى خَاطِر

— 175 —

أُخْتُها دَغْدَغْتُها ٭ هَذِه البِنْت تَضْحَك عَلَى خاطِر خوها يدغْدغْها ٭ بركْتَ ما تدغْدغْني ٭ أَشْكون يقْدر يترْجم لي هَذا آلكْتاب ٭ لوكان تحبّ انا نترْجمه لك ٭ ما ذا بِـيَ ٭

## THÈME XXVIII

Je ne veux pas être avec lui. — Il ne veut pas être avec moi. — Ma fille, avec qui veux-tu être ? — Je veux être avec mon frère. — Cette fille était petite, aujourd'hui elle est grande. — Cette femme est mauvaise, et celle-ci est bonne. — J'avais de l'argent, et aujourd'hui je n'ai rien. — Est-il allé en ville ? — Il y est allé hier. — Quand est-il entré chez vous ? — Il y est entré ce matin. — Quand en est-il sorti ? — Il en est sorti à dix heures et demie. — Demeure-t-il dans cette ville ? — Il y demeure. — Allez-vous au marché, demain ? — Nous y allons. — Y achèterez-vous quelque chose (une chose) ? — Nous y achèterons du pain et de la viande. — Y rencontrerons-nous vos amis ? — Vous les y rencontrerez. — Si tu y vas de bonne heure, tu m'y rencontreras. — Voulez-vous aller chez ce muletier algérien ? — Allez-y de suite, et dites-lui de venir demain de bonne heure au marché, et d'y apporter mon livre. — Votre père est-il dans sa chambre ? — Il y est. — Il n'y est pas. — Sont-ils ici ? — Ils n'y sont pas. — Il n'y est jamais à huit heures. — Lorsqu'il reviendra, vous lui direz de me traduire la lettre que j'ai posée sur la table.

## 35e LEÇON — الدرس الخَمْسة و ثلاثين

### VERBES DÉRIVÉS

Les verbes dérivés, avons-nous dit *(page 140)*, sont ceux qui ont, en dehors des lettres de la racine, un chadda ou une ou plusieurs des lettres formatives ا ت ن س. Ces verbes ont alors, outre le sens du primitif, celui que leur donne l'addition de ces lettres.

Les racines trilitères ont neuf formes principales de verbes dérivés ; en y ajoutant le primitif, on a dix formes de verbes.

Peu de racines, dans l'arabe parlé, donnent naissance à plus de trois ou quatre formes de verbes dérivés.

On a classé ces formes suivant le nombre de signes ou de lettres ajoutés à la racine. Nous allons donner les dix formes, en les accompagnant du sens qu'elles ajoutent habituellement au primitif. Nous ferons remarquer qu'un verbe employé à telle ou telle forme n'a pas nécessairement le sens que nous indiquons, et qu'il peut avoir une signification étrangère au primitif, qui, parfois même, n'existe pas [1].

---

[1] La plupart des exemples que nous donnons sont tirés de mots précédemment appris, de sorte qu'il sera facile de les retenir.

**I<sup>re</sup> forme** (بعل). — C'est le verbe primitif, indiquant l'état ou l'action : شرب *il a bu* ; — دخل *il est entré* ; — خرج *il est sorti* ; — مرض *il a été malade.* (Le verbe primitif régulier trilitère prend toujours un ا à l'impératif.)

**II<sup>e</sup> forme** (بعّل). — Elle est caractérisée par un chadda placé sur la 2<sup>e</sup> radicale. Elle ajoute, en général, au primitif le sens de *faire faire,* de rendre tel ou tel : شرّب *il a fait boire, il a abreuvé* ; — دخّل *il a fait entrer, il a introduit* ; — خرّج *il a fait sortir, il a extirpé* ; — مرّض *il a rendu malade* ; — برّح *il a réjoui* ; — ثقّل *il a alourdi, il a appuyé* ; — كبّر *il a agrandi* ; — صغّر *il a rendu petit* ; — ضحّك *il a fait rire* ; — حلّب *il a trait* ; — خبّز *il a fait du pain* ; — عرّف *il a fait savoir* ; — قدّم *il a mis devant, il a avancé* ; — صبّح *il a souhaité le bonjour* ; — فهّم *il a fait comprendre, il a expliqué* ; — ربّح *il a fait gagner* ; — فتّش *il a cherché* (لوّج à Tunis). (Cette forme ne prend jamais d'alif à l'impératif.)

**III<sup>e</sup> forme** (باعل). — Elle est caractérisée par un ا placé après la 1<sup>re</sup> radicale. Elle ajoute au primitif le sens des prépositions *à, contre, vers*. Elle n'est pas souvent employée dans le langage : كاتب *il a écrit à..., il a correspondu avec...*; — عاهد *il a promis*; — سافر *il a voyagé*. (Cette forme ne prend jamais d'alîf à l'impératif.)

**IVe forme** (أَفْعَل). — Elle est caractérisée par un ا placé devant la racine. Cet ا disparaît à l'aoriste. Elle ajoute au primitif le sens de *faire faire*, comme la seconde; mais elle est moins employée qu'elle, parce qu'on peut, à l'aoriste, la confondre avec le verbe primitif : أَخْبَر *il a informé, il a fait connaître*. (Cette forme a toujours à l'impératif un ا avec un hamza.)

**Ve forme** (تَفَعَّل). — Elle est caractérisée par un ت placé devant la racine, et par un chadda sur la 2e radicale. Elle donne au primitif le sens *pronominal* ou *passif* : تكسّر *il s'est cassé*; — تعلّم *il s'est instruit, il a étudié, il a appris*; — تكلّم *il a parlé*. (Cette forme ne prend pas d'alîf à l'impératif; mais, dans le langage, on fait précéder ce temps de la voyelle *e*; Exemple : تكلّم *parle*, prononcez *etekellem*.)

## VERSION XXVIII

قُلْ له يشرّب الزّوايل ٭ خرّج الزّوايل في الزّنفة وشرّبهُمْ ٭ خُذ الماء من السبالة وشرّب هذوا الخيل ٭ وابن دخّلتهم ٭ ما تدخّلهم شي في الدّار ٭ يا سيدي دخلت العساكر في البيوت ٭ قُلْ لهم يخرجوا ٭ خرّجهم في الساعة ٭ برّحوني هذوا الاولاد على خاطر تعلّموا مليح في المسيد ٭ الاولاد الّي يتعلّموا مليح يبرّحوا والديهم ٭ لوكان تحبّ تبرّحني تعلّم العربيّة سوا سوا ٭ ما تثقّل شي على فلمك كيف تكتب بالعربيّة (1) ٭ لوكان تثقّلوا على فلومنكم تكسّروهم ٭ الّي يحبّ يكتب مليح ما يثقّل شي على فلمه ٭

## VERSION XXIX

أَشْ بِكُمْ تضْحَكوا ٭ أشْ يضحّككُمْ ٭ هذوا الاولاد يضحّكونا ٭ حبيبي يضحّكني دايمًا ٭ لوكان ما تتكلّموا شي مليح تضحّكوا احبابكم ٭ أشكون كتب هذه البريّة ما نقدر شي نفهمها ٭ لوكان تحبّ نفهمك اش فيها ٭ فهّمني

---
(1) En arabe.

تبرّحني \* افراوها وكيف نسْمعها نبهّمكمْ اش بيها \* الله يربّحك \* الله يربّحكم \* أشكون نتكلّم \* انا يا سيدي تكلّمْت \* بركا ما تتكلّم \* لوكان تتكلّموا هكذا ما نقدرشي نبهّمكم درْسكم \* خوك يعروب شي يتكلّم بالفرانسيسة \* لا يا سيدي عُمْرُه ما تعلّم و ما يعروب شي يتكلّم \* اخبرْني أشكون هُمَا آلاولاد متاع هَذا المسيد اللّي يعرفوا يتكلّموا بالعربيّة و بالفرانسيسة \* هذوا خمْسة تعلّموا سوا سوا ولآخرين ما حبّوا شي يتعلّموا بالكُلّ \*

---

## 36ᵉ LEÇON — الدّرْس السّتّة وثلاثين

### VERBES DÉRIVÉS (Suite)

**VIᵉ forme** (تَفَاعَل). — Elle est caractérisée par un تْ placé devant la racine, et par un ا après la 1ʳᵉ radicale. Elle ajoute au primitif le sens de réciprocité : تكاتبوا *ils se sont écrit réciproquement* ; — تفاتلوا *ils se sont entre-tués, ils ont combattu* ; — تضاربوا *ils se sont battus réciproquement.* (Cette forme ne prend pas d'alif à l'impératif.)

**VIIᵉ forme** (اِنْفَعَل). — Elle est caractérisée par un نْ placé devant la racine. Au prétérit, ce نْ est précédé d'un ا, qui disparaît à l'aoriste. Il en est de même dans les formes suivantes. Elle a le sens *passif :* اِنْقَتَل *il a été tué ;* اِنْغَلَق *il a été fermé ;* — اِنْجَرَح *il a été blessé.* (Cette forme et celles qui suivent prennent un ا à l'impératif.)

**VIIIᵉ forme** (اِفْتَعَل). — Elle est caractérisée par un تْ placé après la 1ʳᵉ radicale, et par un ا initial au prétérit. Elle ajoute au primitif le sens *pronominal* ou *passif :* اِفْتَرَق *il s'est séparé ;* — اِجْتَمَع *il s'est réuni.* — Elle est souvent prononcée dans le langage تْفَعَل et remplace la VIIᵉ : تْجَمَّع, تْغَلَّق, تْجَرَّح.

**IXᵉ forme** (اِفْعَلّ). — Elle est caractérisée par un chadda sur la 3ᵉ radicale, et par un ا initial au prétérit. Elle sert à désigner les *couleurs* ou les *particularités physiques.* Elle n'est jamais employée dans le langage, où elle est quelquefois remplacée par une forme ayant un ا après la 2ᵉ radicale : اِخْضَار *il est devenu vert ;* — اِكْحَال *il est devenu noir, il a noirci.*

**X⁰ forme** (اِسْتَفْعَلَ). — Elle est caractérisée par اِسْتَ placé devant la racine. Elle ajoute au primitif le sens de *regarder comme*, de *désirer*, d'*implorer* : اِسْتَعْجَبَ *il a regardé comme étonnant, il a été surpris* ; — اِسْتَكْبَرَ *il s'est regardé comme grand, il s'est enorgueilli* ; — اِسْتَحْسَنَ *il a regardé comme beau, il a approuvé* ; — اِسْتَعْمَلَ *il a employé*.

NOTA. — Le verbe quadrilitère n'a qu'une seule forme dérivée qui soit quelquefois employée dans le langage. Elle est caractérisée par un تَ placé devant le primitif, et elle correspond à la V⁰ forme des verbes trilitères.

### THÈME XXIX

Ces femmes se sont battues. — Nos voisins se battront. — Les soldats se sont battus dans la rue. — Les soldats combattront dans la ville. — Pourquoi vous êtes-vous battus ? — Jouez dans le jardin, mais ne vous battez pas. — Les soldats ont combattu dans les rues de la ville : quarante ont été tués. — Cet esclave a été tué dans la barque. — La vieille a été tuée dans la mosquée. — Les fenêtres et les portes des maisons de la ville ont été fermées de bonne heure, parce que les soldats se sont battus dans la journée et ont blessé beaucoup d'hommes et d'enfants. — Trois femmes ont été blessées et deux enfants ont été tués. — Les étudiants se sont réunis devant les mosquées. — Ils sont entrés dans ces mosquées à 3 heures de l'après-midi, en sont sortis à 5 heures, et se sont séparés. — Les soldats se réuniront en dehors de la ville, à midi, et se sépareront à 4 heures. — Je vous ai dit de vous réunir dans les écoles à 8 heures du matin, et de vous séparer à 11 heures. — J'ai été surpris de ne pas trouver ( كيف صبّت شي ) ces hommes à 5 heures du matin, car je leur ai dit hier de se réunir tous de bonne heure auprès ( عند ) des portes de la ville, et d'amener leurs bêtes de somme. — Les Arabes ( العرب ) emploient-ils ce mot ( كلمة ) lorsqu'ils parlent ? — Non, Monsieur, ils ne l'emploient pas. — Je les ai entendus l'employer. — Vous les entendrez employer ce mot. — J'ai employé ce mot lorsque j'ai parlé avec eux, et ils m'ont compris. — Si vous employez ce mot, ils ne vous comprendront pas.

## 37ᵉ LEÇON — الدّرس السبعة وثلاثين

**Remarques
sur les verbes irréguliers aux formes dérivées**

#### 1° VERBES SOURDS

Ils se conjuguent régulièrement aux IIᵉ et Vᵉ formes (1ʳᵉ règle). A toutes les autres formes, ils suivent leur conjugaison particulière ; Exemple : IIᵉ forme, خفّف *il a allégé,* خفّفت *j'ai allégé,* etc. ; صحّح *il a consolidé ;* حفّف *il a rasé* [1]. — Vᵉ, تخفّف *il s'est allégé.* — VIIᵉ, انحلّ *il s'est ouvert,* انحلّيت *je me suis ouvert,* etc. — Xᵉ, استحقّ *il a eu besoin,* استحفّيت *j'ai eu besoin,* etc.

---

(1) A Tunis, حجّم.

## 2° VERBES ASSIMILÉS

Ils se conjuguent régulièrement à toutes les formes :

A la VIIIᵉ, on contracte la lettre faible avec le تـ ; Exemple : اتّـفـقوا *ils ont convenu,* pour أوْتفقوا. — IIᵉ, وصّل *il a fait arriver, parvenir ;* وقّف *il a fait arrêter.*

## 3° VERBES CONCAVES

Ils se conjuguent régulièrement aux IIIᵉ, Vᵉ, VIᵉ et IXᵉ formes (6ᵉ règle). A toutes les autres formes (prétérit, aoriste et impératif), la lettre faible est toujours représentée par un ا (2ᵉ règle), excepté à l'aoriste des IVᵉ et Xᵉ formes, où elle est représentée par un ي. Dans quelques verbes, la lettre faible est aussi un ا à l'aoriste de la Xᵉ forme. — Il est bien entendu qu'on doit, dans la conjugaison de ces verbes, tenir compte des règles applicables aux racines concaves (3ᵉ règle). — IIᵉ forme, طوّل *il a allongé,* طوّلت *j'ai allongé,* نطوّل *j'allongerai,* طوّل *allonge,* etc. ; جوّع *il a affamé ;* ٭حوّس *il s'est promené* (à Tunis, ٭دوّش), *il a cherché ;* نوّض ou بيّق *il a fait lever, il a éveillé ;* طيّر *il a fait envoler ;* بيّت *il a fait pas-*

ser la nuit ; عيّن il a visé, il a désigné ; \* طيّح il a
fait tomber. — IIIᵉ, شاور il a consulté ; غاول il s'est
hâté. — Vᵉ, تعيّن il a été désigné. — VIᵉ, تشاوروا
ils se sont consultés réciproquement. — VIIᵉ, آنباع
il a été vendu, آنبعت j'ai été vendu, ينباع il se
vendra, آنباع sois vendu, etc. — VIIIᵉ, آختار il
a choisi, آخترت j'ai choisi, يختار il choisira,
آختر choisis, etc.

### 4° VERBES DÉFECTUEUX

Au prétérit de toutes les formes, ainsi qu'à
l'aoriste des Vᵉ et VIᵉ, la lettre qui précède le ي
des verbes défectueux porte le son **a** ; à l'aoriste
des autres formes, elle a le son **i**. Il faut, en
outre, appliquer dans la conjugaison les règles
3, 4 et 5. — IIᵉ forme, خلّى il a laissé, خلّيت j'ai
laissé, خلّت elle a laissé, يخلّي il laissera, يخلّوا
ils laisseront, خلّ laisse, etc. ; مشّى il a fait marcher ; بكّى il a fait pleurer ; ربّى il a élevé ; بقّى
il a fait rester ; فرّى il a fait lire, il a instruit. —
IIIᵉ, لافى, fut. يلافي imp. لافي il est allé à la
rencontre ; نادى, fut. ينادي il a appelé. —

أَسْفَى, IVᵉ, أَعْطَى, fut. يَعْطِى, imp. أَعْطِ *il a donné*; يَسْفِى fut. *il a abreuvé, il a arrosé.* — Vᵉ, تَمَشَّى, imp. تَمَشَّ (prononcez *etemechcha*), fut. يَتَمَشَّى, *il a marché.* — VIᵉ, تَلَافَى, fut. يَتَلَافَى, imp. تَلَافَ *il s'est rencontré.* — VIIᵉ, اَنْبَنَى, fut. يَنْبَنِى, imp. اَنْبَنِ *il a été construit.* — VIIIᵉ, اَشْتَكَى, fut. يَشْتَكِى, imp. اَشْتَكِ *il s'est plaint.* — Xᵉ, اَسْتَفْتَى, fut. يَسْتَفْتِى, *il a demandé une décision*; اَسْتَدْعَى, fut. يَسْتَدْعِى *il a demandé, il a convoqué.*

## VERSION XXX

دخَلْ هذا الرَّجل ٭ فولِّي لهذا الرَّجل يدخَّل الخيل ٭ دخَلْت عودِي في جناتك ٭ وايِن مشوا احْبابكم ٭ مشوا يحوَّسوا في الجبل ٭ مع من مشيتوا تحوَّسوا البارح ٭ شرَّبْت شي الخيل ٭ ما زلْنا ما شرَّبْناهم شي ٭ شرَّبْهم في السَّاعَة ٭ أش مرَّضك ٭ ما نعرف اش مرَّضني ٭ يمكن الماء متاع هذا الوَاد مرَّضني على خاطر شربْت منه بالزَّراب ٭ علاش نوَضّتني ٭ مرَّة أُخْرَى ما تنوَضِّني

شى على الخمسة متاع الصباح ۞ نوضّني غدوة بكري ۞ على فدّاش نوضّك ۞ نوضّني على الثلاثة ونصّ ۞ نوّضوا سيادي وخرّجوا الخيل برّا على خاطر يحبّوا يروحوا يحوّسوا ۞ بالك يطيحك هذا العود ۞ أشكون يعرب يحقّبو ۞ يا رجل تعرب شى تحقّبو ۞ حقّبْ لي راسي ۞

## VERSION XXXI

أش تبتّش ثمّ ۞ ما تبتّش شى في بيتي ۞ ما نحبّ شى تبتّشوا هكذاك في بيوتي ۞ رُحْ بتّش(1) على واحد الطالب يقرا عنده ولدي ۞ يا طالب تحبّ شى تقرّي اولادي ۞ يتعلّموا سوا سوا عندك على خاطر أنتَ رجل طالب ۞ لوكان تحبّ تربّي اولادي نعطيك ميتين فرانك في الشّهر ۞ ما ذا بيَ نقرّيهم ولكن بالك ما

---

(1) Le verbe بتّش se construit avec la préposition على : يبتّش على كتابه — il cherche son livre. — Il en est de même du verbe tunisien لوّج.

يتعلّموا شي مليح ٭ هذوا الاولاد يتعلّموا سوا سوا على خاطر ما راهُمْ شي معاجيز ٭ إذا ما تعلّموا شي مليح اخبرني وأنا نَعرف كيفاش نعمل مَعَهم ٭ تحبّ شي نعطيك الدّراهم ٭ أَعْطِني خمسين وإنّك نَشْري لهمْ الكتب ٭ ربّهم سوا سوا ولاكن ما تبكّيهمْ شي ٭ نوَضّهم كُلّ صباح بكْري ٭ نعلّمهم ثاني يتكلّموا بالعربيّة ٭

## VERSION XXXII

جيت نشاورك ٭ جاء يشاورني ٭ رُحْ تشاور واحد آخر ٭ أنا ما عنْدي ما نفول لك ٭ شاوَرْ جارك ٭ كيف تحبّوا تعْمَلوا حاجة شاوروا دايمًا احبابكم ٭ أشْ بك تغاول هكذاك ٭ تمشّ بالسّياسة (1) وما تغاول شي ٭ ما تغاولوا شي كيف تكتبوا بالعربيّة ٭ روحي عنده أخْبِريه بالّي باباه وصل الصّباح وغاولي ٭ أشكون أَعْطاك هذه الحاجة

---

(1) بالسّياسة syn. *doucement*, بالشّوية.

* حتّى واحد ما اعطاها لي شربتها * اعطها لي نشوفها
* تحبّ شي تعطيها لي * اعطيتها لخوي * اعطوني
زوج فرانك و طيّحتهم ما نعرف واين طاحوا لي * ولدي
بدا يتمشّى * ولدك ما زال صغير ما يقدرشي يتمشّى *
اليوم راني شويّة مريض ما نقدرشي نتمشّى في السّاعة *
تمشّ بالسّياسة * تمشوا بالسّياسة * نمشّينا بالسّياسة
على هذا الشّي ما وصلّنا شي بكري * تمشّيتوا بالسّياسة
ولاكن ما راكم شي عيّانين *

## VERSION XXXIII

جيت نتكلّم معك * أشّ تحبّ تقول لي * جيت نقول
لك بالّي ساعتي تكسّرت * أشّ بها تكسّرت * حطّيتها
البارح كيف رفدت على الطّاقة و الصّباح صبّتها تكسّرت
* لوكان تحطّ ساعتك على الطّاقة تطيح و تنكسر * مع من
تكلّمت * تكلّمنا مع واحد الطّالب * يعرف شي يتكلّم
مليح بالعربيّة * يتكلّم سوا سوا بالعربيّة و قال لنا ذا

الوقت نحبّ نتعلّم نتكلّم بالفرانسيسة ۞ تكلّم فدّامي نحبّ نشوف إذا تعلّمت شويّة بالفرانسيسة ۞ ما نحبّ شي نتكلّم فدّامك ۞ وعلاش ۞ يمكن نضحكوا عليّ ۞ كيف تسمعوني ما نتكلّم شي مليح ۞ تكلّموا ما نضحكوا شي عليكم ۞ تكلّمنا معه البارح وأخبرنا بالّي غير غدوة يروحوا يحوّسوا في الجبل ۞

## VERSION XXXIV

يا سيدي الطالب جيت نشتكي عندك ۞ على مَنْ جيت نشتكي ۞ جيت نشتكي على واحد الولد يستكبر دايمًا عليّ ۞ خلّه يستكبر عليك العبْ مع واحد آخر ۞ يا سيدي لوكان يزيد يستكبر عليّ نضربه ۞ هذوا الرجال اجتمعوا البارح في هذا الجنان ۞ اجتمعنا مَعَ هذوا الاولاد وافترقنا في العشيّة ۞ هذوا البنات اجتمعوا البارح في جنان جيرانكم ولعبوا وتكلّموا وافترقوا على الاربعة متاع العشيّة ۞ تلاقيت مَعَه نهار الاربعاء ۞ تلاقوا معَنا في

السّوق * كيف نتلافى مَعها نخبرها بهذا الشّي *
ينلافوا دايمًا معهم نهار الثلاتاء * تلاقى معه وقُل له باش
خوه انجرح من يده * تحبّ شي واحد من هذوا الكوابس
* اختَر واحد منهم * اختَرتُ شي واحد * اخترنا هذاك
* حطّ الّي اخترناه ثمّ * تختار شي واحدة من هذوا المكاحل
* ما نقدرشي نختار واحدة الكلّ ما منهم شي * أشكون
حلّ الطاقة * انجلّت وحدها * انحلّت وطيّحت واحد
الفرعة كانت عليها تكسّرت *

## THÈME XXX

Faites entrer cet homme dans la petite chambre. — Dites à cette femme de faire entrer sa voisine. — Ne fais pas pleurer cet enfant. — Qui a fait tomber cette petite fille ? — C'est moi qui l'ai fait tomber. — C'est elle qui l'a fait tomber. — Ce n'est pas moi qui vous ai fait tomber. — Où vous êtes-vous promenés, hier ? — Où sont-ils allés se promener ? — Êtes-vous allés vous promener dans le jardin ? — Ma fille, avec qui es-tu allée te promener ? — Que cherches-tu, ma fille ? — Ne cherche pas ici. — Va chercher là-bas. — Dites à votre frère de ne pas chercher dans ma chambre. — Cette bouteille se cassera si vous la posez sur la fenêtre. — Ne placez pas cette tasse sur la fenêtre, car elle se cassera. — Cet homme a parlé devant moi.

— Dites-lui de ne pas parler. — Sais-tu parler arabe ? (بِالعَرَبِيَّة). — Je sais parler un peu arabe. — Mon frère sait bien parler arabe. — Nous ne savons pas bien parler arabe, parce que nous n'avons jamais voulu apprendre. — Apprenez maintenant, car vous êtes jeunes (petits) ; lorsque vous serez grands, vous ne pourrez pas apprendre. — Qui vous a élevé ? — Un Arabe (واحد العربي) m'a élevé : c'est pour cela que je parle bien arabe. — Ne te hâte pas. — Hâte-toi.

## THÈME XXXI

Mon fils, marche doucement. — Cet enfant marche bien. — Cette mule ne marche pas bien. — Ces chevaux marchent-ils bien ? — Marchez vite ; hâtez-vous. — Ces hommes se sont réunis hier à onze heures et demie, et se sont séparés à une heure moins un quart. — Nous nous réunirons demain à deux heures précises, et nous nous séparerons à trois heures dix minutes. — A qui vous êtes-vous plaint ? — Je me suis plaint à cet homme. — Allez vous plaindre à mon père. — Pourquoi êtes-vous allés vous plaindre à cette femme ? — Comment ce verre s'est-il cassé ? — Je l'ai laissé tomber. — Laisse-moi. — Laisse-la. — Ne la laisse pas sortir. — Laisse-le étudier. — Il n'a pas voulu me laisser parler avec mon ami. — Pourquoi n'as-tu pas voulu me laisser jouer avec lui ? — Cet homme a été blessé à la main (من يده). — Mon père a été blessé au pied. — Le voisin de notre ami a été blessé à la tête. — Cette femme a été tuée hier. — Pourquoi ne m'avez-vous pas consulté ? — Ces enfants se sont battus. — Dites-leur de ne pas se battre ainsi. — Cette petite fille s'est battue avec son frère.

## THÈME XXXII

Ces hommes se battront lorsqu'ils se rencontreront. — Mon ami a rencontré hier son voisin et s'est battu avec lui dans la rue. — Je les ai rencontrés, et, lorsqu'ils m'ont vu, ils se sont séparés. — Lorsque je les ai vus se battre, j'ai été surpris, car ils étaient autrefois (يَكْرِي) amis ; mais l'un d'eux a agi avec orgueil à l'égard (على) de l'autre. Celui qui fait l'orgueilleux avec (على) ses camarades, ses camarades ne l'aiment pas. — Nous te battrons si tu agis avec orgueil à notre égard. — Nous n'aimons pas celui qui fait l'orgueilleux avec nous. — Qui m'a éveillé ? — Pourquoi nous as-tu éveillés ? — Éveille ton frère. — Ne l'éveille pas maintenant. — Va dire à notre voisin de venir me raser la tête. — Rasez-moi bien. — Ne me blessez pas. — Prenez garde de me blesser. — Donnez-moi votre rasoir. — Donnez-lui de l'eau. — Lui as-tu donné de l'eau ? — Hâtez-vous un peu, car il y a dans la chambre quelqu'un qui veut vous parler.

---

## 38ᵉ LEÇON — الدَّرْس الثمانية و ثلاثين

### Remarques sur certains verbes à la VIIIᵉ forme

On a vu que les racines assimilées contractaient leur lettre faible avec le ت de la VIIIᵉ forme. La même contraction a lieu si la 1ʳᵉ radicale est un ت ; Exemple : اتَّبَع *il a suivi*, pour اتْتَبَع.

Si la 1ʳᵉ radicale est une lettre dure (ص, ط, ض, ظ), le ت de la VIIIᵉ forme se change en ط; Exemple : اِصْطَلَحُوا *ils se sont réconciliés*, pour (rac. صلح), — اِصْطَاد *il a chassé*, pour (rac. صاد).

Si la 1ʳᵉ radicale est un ز, on change le ت de la VIIIᵉ forme en د; Exemple : اِزْدَاد *il a été ajouté, il est né*, pour (rac. زاد); اِزْدَدْت *je suis né*. (Cette règle est d'une application très rare dans l'arabe parlé.)

---

Pour faciliter l'étude des formes dérivées, on peut les ramener à une même racine, en se servant des trois lettres du groupe فعل, dans lequel le ف représente la 1ʳᵉ radicale, le ع la 2ᵉ et le ل la 3ᵉ. Ainsi, l'on peut dire que la 2ᵉ forme est du type فَعَّل, la 5ᵉ du type تَفَعَّل, la 10ᵉ du type اِسْتَفْعَل.

## NOMS D'ACTION

Chaque forme du verbe a donné naissance à un ou plusieurs noms, qui ont été appelés *noms d'action* ou *noms verbaux*. Ils ont le même sens que le verbe dont ils sont tirés, mais d'une manière abstraite :

Iʳᵉ FORME. — Elle a des noms d'action variables. Les principaux sont : فَعْل, فَعْلَة, فَعُول, فَعَال.

IIᵉ FORME. — Elle a pour noms d'action تَفْعِيل et تَرْبِيَة ; Exemple : تَفْتِيش *action de chercher*, تَفْعِلَة *action d'élever, éducation.*

IIIᵉ FORME. — Elle a pour noms d'action مُفَاعَلَة et فِعَال ; Exemple : مُغَاوَلَة *action de se hâter*, مُشَاوَرَة *action de consulter* ; جِهَاد *action de combattre.*

IVᵉ FORME. — Son nom d'action est أَفْعَال (peu employé).

| | | | |
|---|---|---|---|
| Vᵉ FORME. | id. | تَفَعُّل | id. |
| VIᵉ FORME. | id. | تَفَاعُل | id. |
| VIIᵉ FORME. | id. | إِنْفِعَال | id. |
| VIIIᵉ FORME. | id. | إِفْتِعَال | id. |
| IXᵉ FORME. | id. | إِفْعِلَال | id. |
| Xᵉ FORME. | id. | إِسْتِفْعَال | id. |

## PARTICIPES

Le *participe présent*, dans le verbe primitif trilitère, se forme en mettant un ا après la 1ʳᵉ radicale ; le *participe passé* se forme en mettant un ـمـ devant la 1ʳᵉ radicale, et un و après la seconde. — Le féminin des participes prend un ة, et le pluriel la terminaison ـين ; Exemple :

| | | | |
|---|---|---|---|
| مَضْرُوب mas. *frappé.* | | ضَارِب mas. | |
| مَضْرُوبَة fém. *frappée.* | | ضَارِبَة fém. | *frappant.* |
| مَضْرُوبِين plur. *frappés.* | | ضَارِبِين plur. | |

Les participes présents et passés, dans les verbes dérivés et les verbes quadrilitères, se forment de l'aoriste en remplaçant le ي par un م, qui porte régulièrement le son ـِ ; Exemple : مكسّر cassé, — مغاول se hâtant, — متكلّم parlant, — مختار choisi, — مستكبر faisant l'orgueilleux.

## PARTICIPES DANS LES VERBES IRRÉGULIERS

|  | Présent | Passé |
|---|---|---|
| Verbe sourd : | حاطّ ou خاطط plaçant, | مخطوط placé. |
| Verbe assimilé : | واصل arrivant, | موصول arrivé. |
| Verbe concave : | قايل disant, | مقول dit. |
| Verbe défectueux : | بافي (1) restant, | مبفّي resté. |

REMARQUES. — Le participe présent des verbes sourds et le participe passé des verbes assimilés et concaves, sont rarement employés. La lettre faible des verbes concaves est toujours représentée, au participe présent, par un ي, parce que

_____

(1) Les participes présents بافي restant et ماضي étant passé, sont employés à Tunis, dans une tournure spéciale, pour exprimer les heures de la journée : بافي ثلاثة signifie à 9 heures (du matin ou du soir), m. à m. : 3 heures restant (avant le milieu du jour ou de la nuit) ; — ماضي ثلاثة signifie à 3 heures (de l'après-midi ou du matin) ; — بافي خمسة signifie à 10 heures ; بافي ساعتين à 7 heures ; ماضي خمسة à 5 heures, etc. Midi se dit à Tunis الزّوال ou الاوّل, qu'on emploie aussi en Algérie. — بافي sert aussi à traduire les mots encore et toujours : بافي مريض il est encore malade ; — بافي يبكي il pleure encore, il pleure toujours.

régulièrement la 2ᵉ radicale des verbes trilitères a le son — au participe présent; c'est aussi pour cette raison que dans les verbes défectueux la 2ᵉ radicale a toujours le son — au participe présent.

## THÈME XXXIII

Dormant. — Sachant. — Travaillant. — Buvant. — Comprenant. — Écrivant. — Sortant. — Entrant. — Frappant. — Pouvant. — Faisant. — Demandant. — Volant. — Entendant. — Tuant. — Portant. — S'asseyant. — Jouant. — Allumant — Riant. — Gagnant. — Aimant. — Demeurant. — Tenant. — Arrivant. — Étant debout (debout). — Voyant. — Vendant — Trouvant. — Apportant. — Étant. — Partant. — Augmentant. — Allant. — Restant. — Achetant. — Courant. — Pleurant. — Rencontrant. — Commençant. — Lisant. — Venant (prochain). — Traduisant. — Montant. — Descendant. — Tué. — Su. — Travaillé. — Bu. — Comprise. — Écrits. — Fait. — Demandé. — Volée. — Entendu. — Allumé. — Aimée. — Ouverte. — Étant élevé. — Se battant. — Se plaignant. — Réunis. — Surprise. — Approuvant. — Action de se réunir. — Action de faire l'orgueilleux. — Action de se promener. — Action d'informer. — Action de donner. — Action de faire sortir. — Action de se séparer. — Action d'être surpris. — Je l'ai vu endormi (dormant). — Ils sont endormis. — Je les ai rencontrés portant des sacs. — Nous l'avons rencontrée portant sa fille. — Où sont-ils assis (étant assis) ? — Où est-elle assise ? — Ils sont assis sur les chaises. — Pourquoi restez-vous assis là ? — Où demeurent-ils (sont-ils demeurant) ? — Où demeures-tu ? — Où demeure-t-elle ? — Où demeurez-vous ? — Où vas-tu (es-tu allant) ? — Où va-t-elle ? — Où vont-ils ? — Chez qui montes-tu (es-tu montant) ? — Chez qui montent-ils ? — Où étais-tu assis ? — Où se sont-ils assis ? — Pourquoi restes-tu debout (étant debout) ? — Ne reste pas debout devant moi. — Pourquoi la fenêtre est-elle ouverte ? — Elle est fermée.

الدَّرْسُ التِّسْعَةُ وَثَلَاثِين — 39ᵉ LEÇON

## TABLEAU DES FORMES DÉRIVÉES DU VERBE

| Nº des formes | PRÉTÉRIT | AORISTE | IMPÉRATIF | PARTICIPES | NOMS D'ACTION | SIGNIFICATIONS | EXEMPLES |
|---|---|---|---|---|---|---|---|
| Iʳᵉ | فَعَلَ | يَفْعَلُ | اُفْعَلْ | présent فَاعِل / passé مَفْعُول | Variable. | État ou action. | شَرِبَ il a bu; مَرِضَ il a été malade. |
| IIᵉ | فَعَّلَ | يُفَعِّلُ | فَعِّلْ | مُفَعِّل | تَفْعِلَة – تَفْعِيل | Faire faire, rendre tel ou tel. | شَرَّبَ il a fait boire; مَرَّضَ il a rendu malade. |
| IIIᵉ | فَاعَلَ | يُفَاعِلُ | فَاعِلْ | مُفَاعِل | فِعَال – مُفَاعَلَة | Rare. — Ajoute au verbe primitif le sens des prépositions à, vers, contre. | لَاقَى il est allé au-devant de... |
| IVᵉ | أَفْعَلَ | يُفْعِلُ | أَفْعِلْ | مُفْعِل | إِفْعَال | Rare. — Comme la seconde. | أَعْطَى il a donné; أَخْبَرَ il a fait savoir. |
| Vᵉ | تَفَعَّلَ | يَتَفَعَّلُ | تَفَعَّلْ | مُتَفَعِّل | تَفَعُّل | Sens passif ou pronominal. | تَكَسَّرَ il s'est cassé, il a été cassé. |
| VIᵉ | تَفَاعَلَ | يَتَفَاعَلُ | تَفَاعَلْ | مُتَفَاعِل | تَفَاعُل | Réciprocité. | تَلَاقَيْنَا nous nous sommes rencontrés. |
| VIIᵉ | اِنْفَعَلَ | يَنْفَعِلُ | اِنْفَعِلْ | مُنْفَعِل | اِنْفِعَال | Sens passif ou pronominal. | اِنْجَرَحَ il a été blessé. |
| VIIIᵉ | اِفْتَعَلَ | يَفْتَعِلُ | اِفْتَعِلْ | مُفْتَعِل | اِفْتِعَال | Sens passif ou pronominal. | اِفْتَرَقُوا ils se sont séparés. |
| IXᵉ | اِفْعَلَّ | | | | | Inusitée dans le langage. — Indique les couleurs, les particularités physiques. | |
| Xᵉ | اِسْتَفْعَلَ | يَسْتَفْعِلُ | اِسْتَفْعِلْ | مُسْتَفْعِل | اِسْتِفْعَال | Sens de regarder comme, implorer, désirer. | اِسْتَحْسَنَ il a regardé comme bon. |

REMARQUES. — La 2ᵉ radicale, dans tous les verbes dérivés, est surmontée régulièrement du son a au prétérit, ce qui fait que, dans les verbes défectueux, le ي ne donne jamais, à ce temps, le son de i à la 2ᵉ radicale. — A l'aoriste, cette 2ᵉ radicale a le son i, excepté aux 6ᵉ et 9ᵉ formes, où elle a le son a. — Les participes des verbes dérivés ont régulièrement le son ou sur le م (مـ); le participe présent a le son i sous la 2ᵉ radicale, et le participe passé le son a. La signification donnée à chaque forme est celle que l'on rencontre le plus fréquemment; mais un verbe, employé par exemple à la 2ᵉ forme ou à la 8ᵉ forme, peut ne pas avoir le sens indiqué dans ce tableau.

# 40ᵉ LEÇON — الدَّرْسُ الأَرْبَعِين

## TEMPS DÉRIVÉS [1]

PRÉSENT DE L'INDICATIF. — Il se rend de trois

---

[1] Les personnes qui se rendent bien compte de la valeur de chacun de nos temps, parviennent à surmonter rapidement la petite difficulté qu'offre la formation des temps dérivés. — Qu'est-ce que l'*imparfait ?* — « C'est, dit Bescherelle, » le temps qui marque que l'état ou l'action est bien passée » par rapport au moment où l'on parle, mais qu'elle était » PRÉSENTE, qu'elle était encore IMPARFAITE par rapport à » une autre action, à un autre état passé » : *j'écrivais lorsque vous êtes entré* (j'étais j'écris); employez, en arabe, le prétérit suivi de l'aoriste. — Qu'est-ce que le *plus-que-parfait ?* — « C'est, dit le même auteur, le temps qui marque » non seulement que l'état ou l'action est passée par rapport » au moment où l'on parle, mais encore qu'elle était déjà » PARFAITEMENT achevée par rapport à une autre action » passée; c'est, pour ainsi dire, maintenant un DOUBLE » PASSÉ »; d'où, en arabe, l'emploi de deux prétérits : *j'avais écrit lorsque vous êtes entré* (j'étais j'ai écrit). — Qu'est-ce que le *futur passé ?* — « Le futur passé est le temps qui » indique que l'état ou l'action n'a pas encore eu lieu, mais » que cet état ou cette action sera PASSÉE par rapport à une » autre action future »; d'où, en arabe, l'emploi du futur avec le passé : *j'aurai écrit lorsque vous viendrez* (je serai j'ai écrit).

manières : 1° par l'aoriste, mais il a alors un sens vague : أَشْ تَعْمَل فِ هَذَا الجْنان *que faites-vous dans ce jardin?* — وَايْنْ تْروح تْحَوَّسْ نْهار الاحَد *où vas-tu te promener le dimanche?* — 2° par l'aoriste précédé de راني, pour préciser le moment dans lequel la chose est faite : أَشْ راكْ تَعْمَل هْنا *que fais-tu ici?* — راني نَكْتَب *j'écris (je suis à écrire, je suis occupé à écrire)*; — 3° par le participe présent précédé de راني, avec le même sens : وَايْنْ راكْ ماشي *où vas-tu? (où es-tu allant?)* راني ماشي للْبْلَد *je vais à la ville.*

*Remarque :* On emploie le participe présent surtout avec les verbes intransitifs.

IMPARFAIT. — Il se rend à l'aide de l'aoriste précédé du prétérit du verbe كان ; Exemple : كُنْت نَكْتَب كِيفْ دْخَلْت *j'écrivais lorsque vous êtes entré.* — On peut aussi le rendre par le participe présent précédé du prétérit du verbe كان : كُنْت ماشي للْبْلاد كِيفْ لْقِيتْني *j'allais à la ville lorsque tu m'as rencontré.*

PASSÉ DÉFINI..... Il *pleura* lorsqu'il vit son père malade.

بكى كيف شاف باباه مريض

PASSÉ INDÉFINI... Il *a pleuré* parce qu'il a vu son père malade.

بكى على خاطر شاف باباه مريض

PASSÉ ANTÉRIEUR. Lorsqu'il *eut écrit* la lettre, il sortit.

كيف كتب البريّة خرج

{ TEMPS QUI SE RENDENT PAR LE PRÉTÉRIT :

Pour indiquer un passé récent, on met le verbe راني devant le prétérit : راني شفته *je l'ai vu maintenant, je viens de le voir*.

PLUS-QUE-PARFAIT. — Il se rend par le prétérit précédé de كان, mis également au prétérit : كنت كمّلت خدمتي كيف دخلت *j'avais achevé mon travail lorsque tu es entré*.

FUTUR. — Il se rend par l'aoriste : نكتب غدوة *j'écrirai demain*. — Lorsqu'on veut indiquer que l'on sera *faisant l'action* lorsqu'une autre aura lieu, on place l'aoriste du verbe كان devant l'aoriste du verbe que l'on conjugue ou le participe présent : يكون يخدم كيف تمشي عنده *il travaillera (il sera à travailler, il sera travaillant)*

نكون ماشي للبلد كيف — ;*lorsque tu iras chez lui* — ايرا يلقاني *j'irai à la ville lorsqu'il me rencontrera.*

FUTUR PASSÉ. — Il se rend à l'aide du prétérit précédé de l'aoriste du verbe كان : نكون كتبت هذه البريّة كيف تجي *j'aurai écrit cette lettre lorsque tu viendras.*

### VERSION XXXV.

خوي كان يبكي كيف دخلت * أختي كانت شي تخدم كيف مشيتوا عندها * أش كانوا يعملوا كيف شفتهم * كنّا نلعبوا في الجنان كيف جاء هذا الرجل * كانت زايدة خوها كيف لقيناها * كانوا رايدين كتبهم على راسهم كيف لقيتوهم * كان خرج كيف جيت * العود اللي كانت شرّته ما كان شي مليح بالزّاف * الكتاب اللي كانوا جابوه كان كبير * الولد اللي كنت تحبّ تلعب معه كان مريض * كنت شي شربت هذا العود كيف وصلت للسوق * كنت ما زلت ما شربته شي * نكون شعلت النّار في بيتها كيف يدخل ولدها * نكونوا تعلّمنا درسنا كيف ندخلوا في المسيد * تكون تكتب

مَعْ أُخْتْهَا كِيفَ تَطْلَعْ أُمَّهَا * أَشْ تَعْمَلِي العْشِيَّة * نْخْدَمْ مَعْ أُخْتِيَ * أَشْ رَاكُمْ تَعْمَلُوا * رَانَا نَكْتْبُوا بْرِيَّة * أَشْ رَاهُمْ يْقُولُوا * مَا رَاهُمْ يْقُولُوا حَتَّى حَاجَة *

### THÈME XXXIV

Que faisiez-vous lorsque je suis arrivé ? — Nous écrivions une lettre. — Que faites-vous, maintenant ? — Nous lisons ce livre. — Où alliez-vous lorsque je vous ai rencontrés ? — Nous allions chez notre ami. — Et maintenant, où allez-vous ? — Nous allons chez notre mère. — Autrefois (بكري), vous alliez à l'école ? — Nous n'y allons pas, maintenant. — Que faisait votre frère dans ce jardin ? — Pourquoi ces hommes ne travaillaient-ils pas, hier ? — Que faisaient-ils, hier ? — Ils se promenaient. — Avec qui vous promeniez-vous ? — Nous nous promenions avec nos amis. — Chez qui allait cette femme lorsque vous l'avez rencontrée ? — Avec qui allez-vous vous promener, le dimanche ? — Cette femme avait-elle acheté ce mouton au marché ? — Nous les avions rencontrés avec leurs amis. — Ils s'étaient promenés le matin et étaient très fatigués. — Tu n'avais pas appris la leçon lorsque tu es allé à l'école. — Il aura écrit la lettre lorsque vous irez le voir. — Nous avions écrit une lettre à notre père lorsque vous êtes montés chez nous. — Ma fille, avais-tu travaillé lorsque ta mère t'a dit de jouer ? — Oui, mon père, j'avais travaillé : j'avais appris ma leçon ; j'avais écrit une longue lettre à mon frère, et j'avais lu la moitié du livre que tu m'as acheté hier. — Il avait peut-être pleuré lorsque vous l'avez vu ? — Non, Monsieur, il n'avait pas pleuré ; mais il s'était battu avec son voisin, parce que celui-ci l'avait insulté hier. — Il sera occupé à chercher sa plume lorsque vous entrerez. — Nous serons occupés à travailler lorsque vous viendrez nous voir.

## 41ᵉ LEÇON — الدَّرْس ٱلْواحد وَارْبعين

## TEMPS DÉRIVÉS (Suite)

CONDITIONNEL. — Toute phrase au conditionnel renferme au moins deux termes : l'un, dans lequel la condition est exprimée, et l'autre qui en est la réponse. Celui-ci se met ordinairement le dernier, en arabe. Les temps du conditionnel se rendent à l'aide des temps correspondants du futur. Le mot *si*, qui se trouve habituellement devant le conditionnel, se rend par إذا lorsque la proposition est *affirmative*, et par لوكان lorsqu'elle est *dubitative*. Pour le conditionnel passé, on répète souvent le mot لوكان dans le second terme; Exemples :

إذا تعلّمت العربيّة تربح الدّراهم *si tu étudies l'arabe, tu gagneras de l'argent.*

لوكان تتعلّم العربيّة تربح الدّراهم *si tu étudiais l'arabe, tu gagnerais de l'argent.*

لوكان تعلّمت العربيّة لوكان ربحت الدّراهم *si tu avais appris l'arabe, tu aurais gagné de l'argent.*

لوكان خدم لوكان خرج *il serait sorti s'il avait travaillé.*

لوكان جيت البارح لوكان مشينا نحوّسوا *si vous étiez venu hier, nous serions allés nous promener.*

SUBJONCTIF. — Le subjonctif se traduit par l'aoriste ou par le prétérit, suivant qu'il y a en français le présent, le futur ou le passé.

يحبّ نكتب *il veut que j'écrive.*

نحبّ تجيبوا غدوة *je veux que vous veniez demain.*

نخاف يلفى السّرّاقين *je crains qu'il ne rencontre des voleurs.*

كنت نخاف يلفى السّرّاقين *je craignais qu'il ne rencontrât des voleurs.*

نخاف لفى السّرّاقين *je crains qu'il n'ait rencontré des voleurs.*

---

لازم *il faut (obligatoire).* — لازم ما... *il ne faut pas.*

باش *afin que...., pour que...., pour...., afin de....*

حتّى *jusqu'à ce que.*

لازم تخدم اليوم باش تنجم تروح تحوّس غدوة *il faut que tu travailles aujourd'hui afin de pouvoir aller te promener demain.*

اقعد هنا حتّى نرجع *reste ici jusqu'à ce que je revienne.*

كيف تروحوا للمسيد لازم تكونوا تعلّمتوا درسكم *il faut que vous ayez appris votre leçon lorsque vous irez en classe.*

## TABLEAU DES TEMPS DÉRIVÉS

**PRÉSENT**

1° aoriste ;

2° راني et l'aoriste ;

3° راني et le part. présent.

**IMPARFAIT**

1° كُنْت et l'aoriste ;

2° كُنْت et le part. présent.

**PASSÉ**

1° prétérit ;

2° راني et le prétérit.

**PLUS-QUE-PARFAIT**

كُنْت et le prétérit.

**FUTUR**

1° aoriste ;

2° نكون et l'aoriste ;

3° نكون et le part. présent.

**FUTUR PASSÉ**

نكون et le prétérit.

**SUBJONCTIF**.... — Il se rend par l'aoriste ou le prétérit, suivant le cas.

**CONDITIONNEL**. — Il se rend par les temps du futur.

**INFINITIF** ....... — Il se rend par l'aoriste.

## VERSION XXXVI

ما ذا بِي تجِي تخْدم عذْرة معِي * ما ذا بها تلْعبوا معها * ما ذا بِنا تجِيبوا تحوّسوا معنا * تحبّ شي نكتّب لك الفهوة في هذا الفنْجال * ما ذا بهم نكتّب لهم شويّة حليب

* تحبّ شي نزيد لك شويّة سكّر * يا اولادي ما نحبّ شي تتضاربوا هكذا * ما نحبّ شي تستكبروا على اخبابكم * بابا يضربنا لوكان يشوفنا نلعبوا في الزنفة * لوكان لقانا نلعبوا في الزنفة لوكان ضربنا * لازم ما نلعبوا شي مع هذوا الاولاد * جاء عندي البارح باش يقول لي بالّي بنته مريضة * جاوا البارح باش يشاوروني *

## THÈME XXXV

Que fait votre ami ? — Dites-lui d'écrire sa leçon. — Dites à votre sœur qu'elle vienne me voir demain. — Que demandez-vous ? — Je ne demande rien. — Il faut que vous demandiez à votre père le livre qu'il a acheté hier. — Il aurait acheté ce cheval si vous l'aviez voulu. — Il viendrait s'il le pouvait. — Il sortirait de sa chambre s'il n'était pas malade. — Il serait allé se promener dimanche s'il avait travaillé samedi. — Nous aurions acheté ce cheval si nous avions eu de l'argent. — Je parlerais arabe si je le pouvais. — Elle marcherait vite si elle le pouvait. — Il faut que vous veniez vous promener demain avec moi. — Il ne faut pas jouer aujourd'hui, car vous êtes malades. — Il ne faut pas que tu travailles aujourd'hui, car tu es malade. — Il ne faut pas insulter vos amis. — Je ne veux pas que tu insultes cet homme. — Son père ne veut pas qu'il sorte aujourd'hui, parce qu'il n'a pas travaillé hier.

# LIVRE TROISIÈME

## TEXTES COURANTS

### 42ᵉ LEÇON — الدّرس الاثنين و أربعين

#### VERSION XXXVII

واحد الرّجل كان يبْني دار صغيرة يضْرب ضيّف ٭ جاوا اصْحابه وقالوا له دارك راهي صغيرة بالزّاف ٭ قال لهم ما ذا بيَّ لوكان نـنْجم نعمّرها بالأحْباب ٭

#### QUESTIONNAIRE

أشْكون كان يبْني دار — واين كان يبْني هذه الدّار — كيفاش كانت الدّار اللّي يبْنيها — كيفاش كان المضْرب — واين كان يبْني داره — أشْكون جاء عنْده — أش قالوا له اصْحابه — واش قال لهم الرّجل

**Note.** — On forme un grand nombre d'adjectifs qualificatifs en plaçant un ـــ après la 2ᵉ radicale : ضَيِّف ami ; حَبِيب petit ; صَغِير grand ; كَبِير étroit, etc. (Remarquez que dans ce dernier adjectif il n'y a qu'un seul ـــ d'écrit ; le chadda qu'il porte tient la place du second.) D'autres adjectifs qualificatifs sont formés par l'addition de ـان aux trois lettres de la racine : فَرْحان content ; عَطْشان altéré, etc. ; quelques-uns ont un و pour 3ᵉ lettre : عَجوزة vieille.

## DICTIONNAIRE⁽¹⁾

بَنَى fut. يَبْنِي verbe défectueux, *il a construit, bâti.* — بَنَّاي *maçon.* — بِنا *bâtisse.*

ضَرَب *il a frappé, battu.* — ضَرْبة *coup.* — coll., *coups.* — مَضْرب pl. مَضارب *lieu, place* (endroit battu), syn. مَوْضع, مَكان, بُقْعة.

ضَيِّف *étroit.* — ضِيف *ce qui est étroit, gêne.* — ضاق fut. يَضِيق verbe concave, *il a été étroit ;*

_____
(1) Nous faisons ici le dictionnaire du premier texte pour indiquer comment nous entendons que ce dictionnaire soit fait. — L'étudiant ne pourra traduire les thèmes d'imitation qui suivent les versions qu'après avoir recherché les dérivés de chacun des mots qu'elles contiennent.

de là l'expression ضاف خاطري (m. à m. : *ma pensée a été à l'étroit*) *je me suis ennuyé*; ضاف خاطرها, *elle s'est ennuyée*. — ضيّف *verbe dérivé, il a mis à l'étroit, il a rétréci* : ضيّفت خاطري *vous m'avez chagriné*.

Le contraire de ضيّف est عريض ou واسع *large, spacieux*; de ce dernier mot a été formée l'expression وسّع خاطره *il s'est distrait* (m. à m. : *il a mis au large sa pensée*), وسّعوا خواطرهم *ils se sont distraits*.

صُحْبة — pl. de صاحب *compagnon*. — اصحاب *compagnie*.

قال fut. يقول *verbe concave, il a dit*. — القول *la parole, le dire*. — قوّال *parleur, narrateur*.

نجم ou نجّم *il a pu*.

عمر *il a rempli, il a peuplé*; syn. ملا fut. يملا. — معمّر *plein, rempli*.

حبيب pl. de أحباب *ami* (du verbe sourd حبّ *il a aimé ou voulu*). — محبّة *amitié*.

---

## 43ᵉ LEÇON — الدّرس الثّلاثة واربعين

### THÈME XXXVI

Où avez-vous bâti votre maison? — Nous avons bâti une grande maison dans un endroit spacieux. — Je voudrais bien pouvoir construire une maison dans cet endroit. — La maison que votre ami a construite est étroite. — Pourquoi ont-ils construit une maison dans cet endroit ? — Comment est la maison que vous avez bâtie ? — Elle est petite, et je ne peux pas la remplir d'amis. — Pourquoi vos compagnons sont-ils venus lorsque vous bâtissiez votre petite maison ? — Ils sont venus me dire (et ils m'ont dit) que ma maison était petite. — Quel maçon a construit cette maison ? — Savez-vous quels sont les maçons qui ont bâti cette grande maison ? — Où est le maçon qui a bâti notre petite maison ? — Dites aux maçons qui ont construit la grande maison de mon ami de venir demain chez moi, car je veux qu'ils m'en construisent une dans cet endroit. — Je m'ennuie. — Pourquoi vous ennuyez-vous ? — Je m'ennuie parce que je suis seul. — Je veux aller en ville pour me distraire. — Nos amis sont venus nous voir pour se distraire, parce qu'ils s'ennuyaient à la ville. — Celui qui habite la campagne ne s'ennuie jamais. — Ils viennent nous voir tous les jours, car il existe une grande amitié entre nous (بيناتنا).

## 44ᵉ LEÇON — الدَّرْس الأربعة وأربعين

### VERSION XXXVIII

قال جحا (1) واحد النَّهار لبَعْض المشْحاحِين علاش ما تضَيِّفْنِي شي ٭ قال له على خاطر نَعْرُوف بآلِّي المضْغَة

---

(1) جحا Djeḥâ, nom propre.

مناعك فويّة وبليعك خميب إذا كليت لقمة توجد لقمة ٭
فال له جحا اِمَالا أنتَ تعجبني نصلّي ركعتين بين كلّ لقمة ٭

## QUESTIONNAIRE

أش فال جحا لبعض المشحاحين — لمن فال علاش ما تضيّفني شي — كيفاش كان الرجل الّي تكلّم معه جحا — وأش فال له المشحاح — وأش كان يعرّف هذا المشحاح — كيفاش كانت المضغة متاع جحا — وبليعه كيفاش كان — إذا كلا لقمة اش كان يعمل — وأش فال جحا للمشحاح كيف فال له هذاك باللّي مضغته كانت فويّة وبليعه خميب

**Notes.** — Le mot بَعْض signifie *une partie*; il est souvent employé dans le sens des mots *un certain, quelque* : لبَعْضِ المَشْحَاحِين à *un certain avare* (à un certain des avares). — مَعَ بَعْض ou البَعْض, répété, مَعَ بَعْضُهُم بَعْض *ensemble.* — signifie *les uns..., les autres...*

— توجّد *tu prépares*, syn. تحضّر.

— ركعتين est le duel du mot رَكْعَة, qui signifie *inclinaison du corps* (dans la prière des musulmans), pendant laquelle on récite certaines prières.

— تحبّني *tu me voudrais ;* remarquez le pronom affixe ني qui ne peut pas être traduit en français ; la phrase signifie : *vous voudriez me voir faire deux raka'a entre une bouchée et l'autre.* Le pronom affixe est souvent nécessaire pour éviter l'amphibologie ; Exemple : تحبّك تتعلّم مليح *elle veut que vous étudiiez bien.* Sans le pronom, la phrase pourrait signifier : *elle veut bien étudier.*

— Le verbe صلّى fut. يصلّي signifie *prier, faire sa prière.* L'expression صلّ على النبي pl. صلّوا على النبي *appelez les bénédictions de Dieu sur le Prophète* (Mohammed, محمّد), est fréquemment employée par les Arabes, soit lorsqu'ils font un récit, pour éveiller l'attention des assistants, ou lorsqu'ils veulent mettre l'accord entre des personnes qui se disputent, etc. — Les musulmans devant lesquels cette formule est prononcée doivent répondre : صلّى الله عليه وسلّم *que Dieu répande sur lui ses bénédictions et qu'il lui accorde le salut !* ou عليه الصلاة والسلام *que le salut et la bénédiction* (de Dieu) *soient sur lui !*

## CONJUGAISON DU VERBE كلا

### PRÉTÉRIT

| Singulier | Pluriel |
|---|---|
| كليت j'ai mangé. | كلينا nous avons mangé. |
| كليت tu as mangé. | |
| كليتِ tu as mangé (f.) | كليتُوا vous avez mangé. |
| كلا il a mangé. | |
| كلاتْ elle a mangé. | كلاوا ils ont mangé. |

### AORISTE

| Singulier | Pluriel |
|---|---|
| ناكُل je mangerai. | ناكُلوا nous mangerons. |
| تاكُل tu mangeras. | |
| تاكُلِي tu mangeras (f.) | تاكُلوا vous mangerez. |
| ياكُل il mangera. | |
| تاكُل elle mangera. | ياكلوا ils mangeront. |

### IMPÉRATIF

كُلْ mange, — كُلي mange (fém.); — كُلوا mangez.

(Conjuguez de même : خذا *il a pris* ; ياخذ *il prendra* ; خذْ prends*.*)

## 45ᵉ LEÇON — الدّرس الخمسة واربعين

### THÈME XXXVII

Qu'avez-vous mangé chez cet avare ? — Je n'ai rien mangé de bon. — Prenez ce pain et mangez-le. — Je ne veux pas le prendre. — Chez qui avez-vous mangé, hier ? — J'ai mangé chez un certain avare que je connais. — Venez aujourd'hui chez moi, et nous mangerons ensemble. — Pourquoi ne mangez-vous pas ? — Savez-vous ce que cet avare mange tous les jours ? — Il ne mange que (غير) du pain et ne boit que de l'eau. — Cet homme ne vous donnera jamais l'hospitalité, car il est très avare. — Mangez une bouchée de pain. — Je vais faire ma prière et je viendrai manger avec vous. — Ma fille, que veux-tu manger ? — Qu'avez-vous préparé ? — Je n'ai rien préparé. — Pourquoi n'avez-vous pas préparé ce que je vous ai dit ? — Tout est-il prêt ? — Rien n'est prêt. — Nous ne pouvons pas préparer cela, parce que nous sommes malades. — Le manger est prêt. — Prends cette chaise et assieds-toi. — Pourquoi le manger n'est-il pas prêt ? — Ma fille, pourquoi n'as-tu pas apprêté le manger ?

## 46ᵉ LEÇON — الدّرس الستّة واربعين

### VERSION XXXIX

كان جحا يكسب نصّ دار ٭ واحد النهار مشى عند الدلّال وقال له بِع نصّ الدار اللّي نكسبه ٭ قال له

الدّلّال وعلاش من سبب ۞ قال له نحبّ نشري بالقيمة الّي تخرج لي مند النّصّب الّي لشريكي باش تبقى الدّار الكلّ لي ۞

### QUESTIONNAIRE

أش كان يكسب جحا ۔ ۔ عند من مشى واحد النّهار ۔ ۔ علاش مشى عند الدّلّال ۔ ۔ أش قال للدّلّال ۔ ۔ أش كان يحبّ يبيع ۔ ۔ أش قال له الدّلّال ۔ ۔ أش كان يحبّ يشري جحا ۔ ۔ لمن كان نصّب الدّار الآخر ۔ ۔ علاش كان يحبّ يبيع نصّب داره

**Notes.** — كسب *posséder*, syn. سعى fut. يسعى. — دلّال nom de métier, *crieur public*. — RÈGLE : Pour former les noms de métiers, on ajoute un ا après la 2ᵉ radicale et on met un chadda sur cette 2ᵉ radicale ; Exemples : حطّاب *bûcheron* ; بنّاي *maçon* ; بغّال *muletier*. — Le pluriel se forme en ajoutant ين au singulier, et quelquefois en ajoutant un ة ; Exemples : حطّابة ; بغّالين. — Plusieurs noms de métiers sont formés par l'addition de la terminaison turque جي au substantif : قهوجي *cafetier* ; ساعنجي *horloger* ;

*tier*, etc. (prononcez *sâ'adji, k'ahouadji*). — Le pluriel de ces mots se forme en ajoutant un ة au singulier : ساعتجية ; فهوتجية. — Quelques noms de métiers n'appartiennent ni à l'une ni à l'autre de ces deux formes (1).

عدد, فدر, فيمة *somme, prix, valeur,* syn. — سومة ; مبلغ, ثمن, حسبة.

وعلاش من سبب *et pour quelle raison ? et pourquoi donc ?* (A Tunis, على أني سبب).

## 47ᵉ LEÇON — الدّرس السبعة واربعين

### THÈME XXXVIII

Cet avare possède une grande maison dans ce jardin et une autre petite dans la ville des maçons. — Cet homme possédait la moitié d'un jardin. — Il alla un jour chez celui qui possédait l'autre moitié, et lui dit : « Veux-tu me vendre la moitié du jardin que tu possèdes ? » — L'autre lui dit : « Et pourquoi ? » — L'homme lui répondit : « Parce que je veux bâtir une grande maison, et la moitié de jardin que je possède est étroite. » — Pourquoi est-il allé ce matin chez le crieur public ? — Nos amis veulent vendre le jardin qu'ils possèdent pour acheter une maison en ville. — Qu'a acheté votre associé ? — Il a acheté la

---

(1) Voir la 66ᵉ leçon et les principaux noms de métiers donnés dans les listes placées à la fin de l'ouvrage.

moitié de la maison que je possédais pour l'avoir toute à lui seul. — Combien (بڨدّاش) la lui avez-vous vendue ? — A quel prix l'a-t-il achetée ? — Je la lui ai vendue pour (بـ) 5,598 francs (فرانك). — Cette somme est grande. — C'est une belle somme (celle-ci une somme...). — Avez-vous acheté une maison ? — Où est le vendeur ? — Pour quelle somme (باش من قيمة) avez-vous vendu votre maison ? — Pour 11,743 francs. — Quel est le crieur public qui l'a vendue ? — A qui avez-vous vendu votre beau cheval ? — Pour quelle somme ? — Pour 639 francs. — Ce cheval est-il bon marcheur ? — Il est fort et léger. — Faites-le marcher devant moi. — Ce cheval marche bien. — Votre cheval ne marche pas bien : je ne veux pas l'acheter. — Avez-vous une raison pour ne pas l'acheter ? — Oui, Monsieur, j'en ai une bonne. — Quelle est cette raison ? — C'est que (parce que) votre cheval est malade.

## 48ᵉ LEÇON — الدّرس الثّامنية واربعين

### VERSION XL

مرّة أخرى شرى جحا غراب صغير من واحد الرّاعي * قالوا له جيرانه اش تحبّ تعمل بهذا الغراب * قال لهم سمعت باللّي الغراب يعيش أكثر من ميتين سنة وحبّيت نربّي هذاك باش نشوف اذا ما كذبوا شي النّاس *

## QUESTIONNAIRE

أُش شرَى جحا — كيفاش كان الغراب الّى شراه — اش قالوا له جيرانه — اش قال لهم هو — أش كان يحبّ يعمل بهذا الغراب — علاش كان يحبّ يربّيه — أش قالوا النّاس قدّام جحا — كذبوا شي هذوا النّاس

**Notes.** — مرّة *une fois*, syn. خطرة, طريفة. — مرّتين *deux fois.* — مرّة, répété, signifie *tantôt..., tantôt...* — المرّة بعد في كلّ مرّة *chaque fois.* — المرّة بعد المرّة *de temps à autre, de temps en temps.* — مرّة في خطا *une fois par hasard* (on dit aussi, dans le même sens, مرّة في بال). — بعض المرّات *quelquefois*, syn. ساعات. — فقداش من مرّة *combien de fois, que de fois...!* — مرّات عديدات *des fois nombreuses*, ou simplement مرّات *souvent.*

— سارح *berger*, syn. راعي.

— Le verbe سمع, suivi de la préposition بـ, signifie *entendre dire que..., entendre parler de...* : سمعت بها مريضة *j'ai entendu dire qu'elle était malade.*

— أكثر *plus, davantage* (mot à mot : *plus nombreux*) ; ce mot est un comparatif. —

COMPARATIF : Pour former le comparatif, on ajoute un ا devant les trois lettres de la racine : كبير *grand* (rac. كبر), compar. أَكْبَر *plus grand;* كثير *nombreux* (rac. كثر), compar. أَكْثَر *plus nombreux.* Le mot *que* qui suit le comparatif se traduit par من : هُوَ أَكْبَر مِن خوه *il est plus grand que son frère.* — Tous les adjectifs ne peuvent pas être employés au comparatif; la forme régulière du comparatif est même d'un usage peu fréquent; lorsqu'on veut exprimer ce degré de l'adjectif, on se sert du positif, que l'on fait suivre du mot أَكْثَر : *elle est plus malade que son frère,* راهي مريضة اكثر من خوها. — COMPARATIFS DE RACINES IRRÉGULIÈRES : Racine sourde, أَصَحّ *plus solide;* racine concave, أَطْوَل *plus long;* racine défectueuse, أَقْوَى *plus fort.* — SUPERLATIF : On forme le superlatif en mettant l'article devant le comparatif : *le plus grand,* الأَكْبَر. On se sert souvent, pour traduire le superlatif, de l'adjectif au positif suivi de la préposition في : *cet enfant est le plus fort de tous ses camarades,* هذا الولد هو القوي في اصحابه. — On a vu que pour traduire le mot *très,* précédant un adjectif, on se sert de

بالزّاي, placé après ; on peut employer aussi le mot ياسر : *il est très fort*, هو قوي بالزّاي. — Il en est de même pour traduire le mot *trop* : ce bâton est trop long, هذه العصا راهي طويلة ياسر. — Le féminin du comparatif (très rarement employé) se forme en ajoutant un ى après les trois lettres de la racine : كُبْرَى *plus grande*.

---

## 49<sup>e</sup> LEÇON — الدّرس التّسعة واربعين

### THÈME XXXIX

Où avez-vous vu ce berger ? — Je l'ai vu dans ce pâturage. — Que faisait-il dans ce pâturage ? — Il ne faisait rien. — Que vous a-t-il vendu ? — Il m'a vendu ce petit corbeau. — Que voulez-vous faire de ce corbeau ? — Je veux l'élever, parce que j'ai entendu dire qu'il pouvait vivre plus de deux cents ans. — Qui vous a dit cela ? — Ceux qui vous ont dit cela ont menti. — J'ai entendu dire que cet homme était très avare. — Je ne connais pas un homme plus avare que lui. — Que de fois il est allé manger chez ses voisins pour ne pas acheter de la nourriture ! — Nous allons de temps à autre à la campagne pour nous distraire, et chaque fois nous y restons deux ou trois jours ; quelquefois nous y restons cinq jours ; tantôt nous allons nous promener à cheval (sur les chevaux) ; tantôt nous jouons avec les bergers, nos voisins. — Quel est le plus fort ? est-ce vous, ou votre frère ? — Quels sont les plus grands ? les bergers, ou vos amis ? — Les bergers sont grands, mais nos amis sont encore plus grands qu'eux. — Votre maison est petite, mais la nôtre est encore plus petite. — Je suis le plus fort : il faut que vous fassiez ce que je vous dis. — Leurs voisins sont-ils plus avares qu'eux ? — Leurs voisins sont avares, mais les nôtres le sont davantage. — Votre sœur est menteuse, mais vous êtes encore plus menteur qu'elle.

---

## 50ᵉ LEÇON — الدَّرْسُ الخَمْسِين

### VERSION XLI

السُّبُولَة المُسْتَكْبِرَة

وقْت الحصَّاد كان في وسْط رقْعة واحد السّبولة تزْود راسها بالنَّفْخة وتسْتكْبر على خواناتها وتحْفرهُمْ ٭ فالتْ لها واحدة منْهُمْ يا مهْبولة لوكان راسكْ معمّر بالحبّ كيف راسْنا ما تنْجمي شي تزْوديه للسّماء هكذاك ٭

### QUESTIONNAIRE

في أيّ وقْت كانتْ واحد السّبولة في رقْعة — كانتْ شي وحْدها — مع منْ كانتْ — كيفاش كانتْ تزْود راسها — على منْ كانتْ تسْتكْبر — كانتْ شي تحْفر خواتاتها — واشْ فالتْ لها واحدة من السّبولات

**Notes.** — Au lieu de وقْتاش, les Arabes disent aussi : وِ أَيّ وقْت (faïouek't) *quand...? à quelle époque...?*

— هَزّ راسُ (à Tunis, ربعْ راسُ, syn. رْبد).

— بآلنَّفْخة *avec orgueil, d'une manière orgueilleuse; orgueilleusement* (m. à m. : *avec enflure*). La plupart de nos adverbes terminés en *ment* peuvent être rendus, en arabe, par un substantif précédé de la préposition بـ et accompagné, le plus souvent, de l'article : *fortement,* بآلقُوّة (*avec force*); *forcément,* بآلسّيف (*avec le sabre*); *amicalement,* بآلمحبّة (*avec amitié*), etc.

— حَفر *il a méprisé,* syn. كره *il a détesté;* بغض *il a haï.*

— بآلحبّ *avec des grains, de grains.* — Le mot حبّة, placé devant un substantif, indique souvent *une unité, une pièce* : حبّة شينة *une seule orange;* حبّة رمّان *une grenade;* ثلاثة صوردي الحبّة *trois sous la pièce.* On emploie aussi ce mot, au pluriel, pour indiquer *une petite quantité de..., quelques...* : عندي حبّات رمّان *j'ai quelques grenades.* Syn. كعبة.

— للسّماء *vers le ciel, si haut.*

## 51ᵉ LEÇON — الدَّرْس الْوَاحد وخَمْسين

### THÈME XL

Cet homme fait le fier avec ses amis. — Il lève la tête avec orgueil, marche fièrement et méprise ceux qu'il voit. — Au moment de la moisson, je vis dans un champ des épis pleins de grains. — Que possède cet homme ? — Il possède un champ dont les épis sont pleins de grains. — Au moment de la moisson, j'irai avec vous dans votre champ et nous faucherons les épis. — Avez-vous une faux? — Je n'ai pas de faux, mais j'ai une faucille. — Vos sœurs possèdent-elles des faucilles ? — Oui, Monsieur, elles en possèdent. — Que voulez-vous aller faire dans ce champ ? — Nous voulons aller le faucher, car les épis sont pleins de grains. — Ma fille, je ne veux pas que tu marches avec fierté. — Mes enfants, il ne faut pas être fiers avec vos camarades, ni les mépriser. — Les moissonneurs sont partis ce matin pour aller faucher leur champ. — Veux-tu aller avec les moissonneurs dans notre champ ? — Oui, mon père, je voudrais bien y aller. — Prends cette faucille et va avec eux. — Combien vends-tu les pommes ? — Un sou pièce. — Deux sous pièce. — Combien vend-elle les pêches ? — Trois sous pièce. — Combien vendez-vous les grenades ? — Cinq sous pièce.

## 52ᵉ LEÇON — الدَّرْس الاثنين وخَمْسين

### VERSION XLII

واحد الڤبايلي يَعرفوه النّاس وهُوَ رجل وكَّال ياكُل أكثر من الغُول جَار مرَّة ڢِي دشْرَة راكب على حمار وطلب

الضيافت ٭ ذبحوا له حمارہ و طبخوہ و قدّموہ له و كلاہ بكلّه ٭ الغذوة كيف أصبح طلب حمارہ باش يركب عليه ٭ قالوا له يا خونا حمارك راہ ڢي كرشك ٭

## QUESTIONNAIRE

أشكون جاز مرّة ڢي واحد الدّشرة — كيڢاش كان ياكل هذا القبايلي — واش طلب من ناس الدّشرة — أش عملوا هذوك — أش طبخوا — كلا شي القبايلي حمارہ — الغذوة كيڢ أصبح اش عمل — اش قالوا له ناس الدّشرة

**Notes.** — ذبحوا له *ils lui égorgèrent; on lui égorgea.* — RÈGLE : Le pronom **on** se rend par la 3ᵉ personne du pluriel de chaque temps ; Exemples : *on dit que...,* يڨولوا بالّي ; *on m'a dit que...,* ڢالوا لي بالّي ; *on raconte que...,* يحكوا بالّي, etc.

— الغذوة من ذاك ou الغذوة *le lendemain.*

— Le verbe أَصْبَحْ (prononcez s·bah·). signifie *se trouver au matin, être au matin* ; الغـدوة كيڢ أصبح *le lendemain matin* ; صباح *matin* ; صباح الخير *bonjour* (m. à m. : *matin de bien*) ;

صُبْحَة *matinée.* — Le mot *bonsoir* se rend à l'aide d'une tournure analogue à celle de *bonjour* : مَسَاء الخَيْر (m. à m. : *soir de bien*).

## 53ᵉ LEÇON — الدَّرْس الثَّلاثَة وخَمْسِين

### THÈME XLI

Je connaissais un Kabyle qui mangeait comme un ogre. — Mon père connaissait un homme qui mangeait plus qu'un ogre. — Au moment de la moisson, il mangeait, par jour, un mouton à lui seul. — Il passa, un jour, dans un village dont il connaissait les gens ; on lui fit cuire deux moutons, et il les mangea à lui seul. — Connaissez-vous ce village ? — Oui, Monsieur, je le connais : c'est un village kabyle. — J'aime les Kabyles (لقْبَايل), car ils travaillent beaucoup. — A l'époque de la moisson, ils viennent dans notre pays (بْلاد) et moissonnent nos champs. — Ils savent très bien moissonner. — Autrefois, ils moissonnaient avec des faucilles ; maintenant, ils moissonnent comme les Français (كَالفْرَانْسِيس) : avec des faux. — Bonjour, Monsieur, je suis venu vous demander l'hospitalité. — Que voulez-vous manger ? — Voulez-vous manger de la viande de mouton ? — Ma fille, présente le café ; peut-être notre convive en boira-t-il. — Où est le cuisinier ? — Dites au cuisinier de faire cuire ce mouton. — Le cuisinier est-il dans la cuisine ? — Non, Monsieur, il est à l'abattoir. — Qu'est-il allé faire à l'abattoir ? — Il est allé égorger un mouton, car votre ami est venu ce matin vous demander l'hospitalité. — Bonsoir, Monsieur, il faut que j'aille dans ce village.

## 54ᵉ LEÇON — الدَّرْس آلأَربعة وخَمْسين

### VERSION XLIII

كان واحد العربي ضيف عند بعض من الحُكّام * فدّموا له مايدة عليها جدي مشوي * مدّ يده العربي وبدا ياكل بالخفّة * فال له صاحب الدّار راني نشوفك تاكلم بالغشّ كآلي أمّه نطحتك * واجبه العربي وأنا راني نشوفك تشبع فيه كآلي أمّه رضعتك *

### QUESTIONNAIRE

عند من كان ضيف واحد العربي — أش فدّموا له — أش كان على المايدة — كيفاش كان هذا الجدي — مدّ شي العربي يده — علاش مدّ يده — كيفاش كان ياكل — علاش كان ياكل بالخفّة — اش فال له صاحب الدّار — أش واجبه العربي

**Notes.** — حُكّام (type فُعّال) est le pluriel du participe présent حاكم, employé comme substantif. — Beaucoup de participes présents employés comme substantifs forment leur pluriel de la même manière : ساكن pl. سُكّان *habitants*;

كاتِب pl. كُتَّاب *écrivains*, etc. — Le pluriel des participes présents employés comme substantifs peut être aussi de la forme فُعَلاء ; Exemple : عالِم *savant*, pl. عُلَماء. — Cette forme appartient encore aux adjectifs du type فَعِيل ; Exemple : فقير *pauvre*, pl. فُقَراء.

وبدا ياكل — *et il se mit à manger* (m. à m. : *et il commença il mange*). Le verbe بدا fut. يبدا peut être souvent rendu, lorsqu'il est suivi d'un autre verbe, par *se mettre à*... — On emploie encore, à peu près dans le même sens, les verbes عاد fut. يعود *il est devenu* ; صار fut. يصير *il est devenu* ; Exemples : عاد يضحك *il se mit à rire* ; صار يبكي *il se mit à pleurer*.

صاحب الدّار *le maître de la maison*, syn. مولى pl. موالين, — ربّ pl. أرباب.

واجبه — *il lui répondit*. La prononciation régulière est جاوب.

---

## 55ᵉ LEÇON — الدّرس الخمسة وخمسين

### THÈME XLII

Les chefs français sont venus dans ce village. — Ces chefs iront voir les habitants des autres villages de la Kabylie. — Il y a beaucoup de villages dans la Kabylie, car il y a beaucoup d'habitants. — Ce chevreau tette encore. —

Cet enfant tette encore. — Le chevreau que vous avez égorgé tetait encore, et vous n'avez pas eu pitié de lui. — Égorgez ce chevreau, faites-le rôtir et présentez-le à nos convives. — Les chefs se mirent en colère lorsqu'ils virent que les habitants de ces villages n'avaient pas encore moissonné leurs champs. — Voici le propriétaire de cette maison. — Connaissez-vous le propriétaire de ce mulet ? — Non, Monsieur, je ne le connais pas, mais je connais le propriétaire de ces chevaux. — Où est le propriétaire de ce champ ? — Cet homme parle toujours avec colère. — Dites-lui de ne pas parler avec colère. — Je n'aime pas les gens qui parlent avec colère. — Je me suis fâché contre ce moissonneur, car il n'a pas apporté avec lui sa faucille. — Notre hôte se mit à manger avec précipitation. — Aie pitié de ces hommes, et ils auront pitié de toi.

---

## 56ᵉ LEÇON — الدَّرْس السِّتَّة وخَمْسِين

### VERSION XLIV

جاء واحد لجحا باش يسلّف من عنده حمارة ٭ فال له جحا أصبر يا خويَ نمشي نشاور الحمار ٭ دخل في المَخْزن ومن بعد شويّة خرج وفال الحمار ما يرْضَى شي وفال لي إذا أَعْطيتَني للنّاس يضربوني حتّى يصرعوني ويسبّوا مولايَ ويخلّوني نموت بالجوع ٭

## QUESTIONNAIRE

اشكون جآء يطلب حمار جحا – أش قال له جحا – علاش قال له يصبر – واين دخل جحا – علاش دخل في المخزن – كيف خرج أش قال للرّجل – علاش قال جحا بالى العمار ما يرَضَى شى – علاش ما حبّ شى يسلّف حمارهَ

**Notes.** — واحد *un, quelqu'un*.

— باش يسلّف من عنده *pour lui emprunter*. — Le verbe سلّف signifie proprement *prêter*. — Le verbe *emprunter* n'existe pas dans l'arabe parlé; on se sert, pour le rendre, de la tournure qui se trouve dans le texte ; on aurait pu dire également : جآء واحد لجحا باش يسلّف منه لم حماره. — Quelques Arabes emploient cependant le verbe اسْتعار, qui correspond à notre verbe *emprunter*.

— صبر *attendre*, syn. استنّا (régulièrement fut. يُرجى رجا ; fut. يستنّى اَسْتانا). Ce dernier verbe signifie proprement *espérer*. — صبر, qui signifie aussi *patienter*, ne s'emploie pas avec un complément direct de la personne. — استنّا s'emploie avec un complément direct ou avec فـ de la personne.

— écurie, syn. مْربط, روة (Constantine), اصطبل étable. — De مخزن vient le mot français magasin. A Alger, le mot magasin se traduit par حانوت pl. حوانت ou حوانيت.

— من بعد شويّة un moment après (après un peu) ; من بعد أيّام quelques jours après (après des jours) ; من بعد شهور quelques mois après.

— insulter, syn. سخسخ, شتم, بهدل, عاير, سبّ.

## 57ᵉ LEÇON — الدّرس السّبعة وخمسين

### THÈME XLIII

Voulez-vous me prêter votre âne ? — Je ne peux pas, car il n'est pas ici. — Les chevaux et les mulets sont-ils à l'écurie ? — Nos voisins sont venus nous les emprunter, et nous les leur avons prêtés. — Prêtez-moi votre jument pour aller au marché. — Nous ne pouvons pas vous la prêter, car elle est malade. — Entrez dans l'écurie, vous la verrez ; elle ne peut pas marcher. — Ma fille, prête-moi la petite table, car nous avons aujourd'hui des convives et nous n'avons pas de table pour présenter le manger. — Attendez, Monsieur, je vais consulter ma mère. — Ma mère m'a dit qu'elle ne pouvait pas prêter cette table, parce qu'elle est cassée. — Consentez-vous à (بـ) cela ? — Non, Monsieur, je n'y consens pas. — Pourquoi ne voulez-vous pas y consentir ? — Votre frère me prête son cheval ; y consentez-vous ? — Dites-lui d'attendre encore un peu.

— Monsieur, attendez un peu, car vous ne pouvez pas entrer. — Cet homme a assommé de coups son fils, parce qu'il a insulté sa mère. — Voulez-vous m'attendre un peu ici? — Oui, Monsieur, je veux vous attendre, mais ne restez pas longtemps. — Je vais venir de suite (maintenant je viendrai). — Votre ami vous attend dans la boutique de votre voisin. — Prenez cette clef, ouvrez ma boutique et allez m'y attendre. — Dites-lui que la clef de la boutique est dans l'armoire. — Alors, donnez-moi la clef de l'armoire pour que je puisse l'ouvrir.

---

## 58º LEÇON — الدَّرْس الثَّمانية وخمسين

### VERSION XLV

كانوا ثلث رجال مسافرين جميع وبيهم واحد بهلول * وصلوا واحد النَّهار لواد كبير * كيف جاوا باش يقطعوه صابوه غامق و ما نجموا شي يقطعوه على رجليهم * دخلوا في بلوكة كانت على الشطّ والبهلول دخل فيها راكب على زايلته * فالوا له أصحابه علاش ما تنزل شي من فوق زايلتك * واجبهم على خاطر مشى علينا الحال وحبّيت نقطع الواد في السّاعة *

### QUESTIONNAIRE

فدَّاش من رجال كانوا مسافرين مَعَ بَعْض — كيفاش كان واحد منهم — واين وصلوا واحد النَّهار — كيفاش كان هذا

الواد — كيف وصلوا لهَذا الواد اش حبّوا يعْمَلوا — علاش ما نجموا شي يقطعوه على رجليهم — أش كان على شطّ الواد — واين كانت البلوكيّة — فاش دخلوا المسافرين — كيفاش دخل البهلول في البلوكة — أش قالوا له أصحابه — أش واجبهم

**Notes.** — وجيهُمْ *el parmi eux* (et dans eux).

— غامِق *profond,* syn. غارِق.

— مشى علينا الحال *il est tard* (m. à m. : *est parti sur nous le temps*). — On peut dire, suivant la personne, مشى عليَّ الحال *il est tard, je n'ai pas le temps* (est parti sur moi le temps), مشى عليه الحال. — Le contraire est مشى عليهم الحال \* ما زال الحال *il est encore temps, il est encore de bonne heure* (m. à m. : *n'a pas cessé le temps*).

---

**59ᵉ LEÇON** — الدَّرس التّسعة وخمسين

### THÈME XLIV

Je suis allé voyager l'année dernière (العام الى جاز). — Où êtes-vous allés voyager ? — Nous sommes allés voyager en Kabylie, et nous avons vu beaucoup de villages. — J'aime beaucoup à voyager (le voyage). — Ce voyageur est très fatigué, car il a beaucoup marché aujourd'hui. — J'ai rencontré trois enfants qui se promenaient ensemble auprès d'une rivière profonde. — « Mes enfants, leur

— 235 —

dis-je (1), ne vous approchez pas du bord, car cette rivière est profonde ; prenez garde de tomber dedans ! » — Descends de cheval et traverse à pied cette rivière, qui n'est pas profonde. — Où est le gué ? — Le voici. — Qui vous a dit que cette rivière était profonde ? — Celui qui m'a dit que cette rivière était profonde a menti, car l'eau ne m'arrive pas au ventre et je suis au milieu. — Le temps est beau, aujourd'hui. — Bonjour, Monsieur, comment allez-vous ? — Comment va votre père (اش حال باباك؟) — Comment va votre frère ?

---

60ᵉ LEÇON — الدّرس الستّين

VERSION XLVI

الولد والأعمى

ولد صغير شاب مرّة رجل أعمى رافد على ظهره حزمة حطب ثقيلة وفي يده فنار مشعول ٭ فقرّب ليه (2) وبدا يضحك عليه وقال له والله إلاّ أنت مهبول تزرود معك فنار وتعرف بالّي ما تشوف شي ٭ واجبه الأعمى بظرافة يا وليدي نزرود معيّ فنار باش نخبر النّاس الغافلين ما يلطموني شي ٭

(1) Il faut toujours mettre, en arabe, les propositions de ce genre avant les mots placés, en français, entre les guillemets.

(2) ليه est pour اليه, composé de la préposition de l'arabe régulier الى vers, suivie du pronom affixe ـه.

## QUESTIONNAIRE

أشكون شاب رجل اعمى — كيفاش كان الولد الّي شاب الاعمى — واين كان الولد كيف شاب الاعمى — واش كان يعمل في الزنقة — كيفاش كان الرّجل الّي شاب الولد — واش كان رايد هذا الاعمى — متاعاش كانت هذه الحزمة — كيفاش كانت هذه الحزمة — اش كان في يد الاعمى — كيفاش كان هذا الفنار — كيف شاب الولد هذا الاعمى اش عمل — واش قال له — علاش قال له بالّي كان مهبول — علاش ضحك عليه — واش واجبه الاعمى — كيفاش واجبه — واحد الرّجل أعمى يشوف شي — اعلاش كان هذاك رايد معَه فنار

Nota. — L'étudiant fera bien de s'exercer à mettre ce texte au féminin, c'est-à-dire à remplacer le substantif ولد par le substantif طفلة, et le mot masculin أعمَى par son féminin عمياء. Les verbes et les pronoms devront, bien entendu, être mis également au genre féminin. — S'exercer aussi à mettre ce texte au pluriel.

Notes. — أعمَى *aveugle*, fém. عمياء. — Les noms qui indiquent les *difformités du corps*, ainsi que ceux qui indiquent les *couleurs*, se forment, comme le comparatif, en ajoutant un avant les lettres de la racine. — Le féminin de ces mots se forme en mettant un ا après la racine ; Exemples :

أَعْور *borgne*, fém. عَوْرَآء (rac. عور) ;

أَحْمَر *rouge*, fém. حَمْرَآء (rac. حمر).

Au pluriel, ces adjectifs n'ont plus que les trois lettres de la racine [1].

— وَٱللّٰه إِلَّا أَنْتَ مَهْبُول (m. à m. : *par Dieu si ce n'est toi fou !*) *vous n'êtes qu'un fou ! assurément vous êtes fou !* — وَٱللّٰه *par Dieu !* Le و qui accompagne le mot ٱللّٰه est une particule de serment qu'il ne faut pas confondre avec la conjonction, et qui équivaut à toute cette proposition *j'en jure par...* : و راسي *j'en jure par ma tête !* بابا العزيز *j'en jure par la tête de mon père qui m'est cher !* وحق ربّي *j'en jure par la vérité de mon Dieu !* — Ces diverses formules sont employées par les Arabes, soit pour affirmer une chose, soit pour supplier quelqu'un de faire ou

---

[1] Voir, à la fin de l'ouvrage, les principaux noms de couleurs.

d'accorder quelque chose. — On emploie aussi, quelquefois, la particule de serment بـ : بَاللّٰه عَلَيْكَ (je vous en conjure) *par le nom de Dieu!*

— يَا وُلَيْدِي *mon petit enfant.* — وُلَيْد est le DIMINUTIF du mot وَلَد. La marque distinctive du diminutif est un ي (souvent prononcé avec un chadda dans l'arabe parlé), placé après la 2ᵉ lettre. On ajoute un ة aux diminutifs venant de mots féminins ayant une forme masculine, et aux mots terminés au primitif par un ة, ou آ, ou ىَ ; Exemple : كَلْب *chien*, diminutif كُلَيْب (prononcez *keliïeb*) *petit chien* ; بِنْت *fille*, بُنَيْتَة *petite fille*. — Si la 2ᵉ lettre du primitif est une lettre de prolongation, elle se change au diminutif en و ; Exemple : دَار *maison*, دُوَيْرَة *maisonnette* ; بَاب *porte*, بُوَيْب *petite porte.* — Si la 2ᵉ lettre du singulier porte un chadda, on la décompose pour intercaler le ـيـ du diminutif ; Exemple : جُبَّة *robe*, diminutif جُبَيْبَة. — Si la 3ᵉ lettre du primitif est un ا, un و ou un ي, on contracte cette lettre avec le ـيـ du diminutif ; Exemple : كِتَاب *livre*, كُتَيِّب *petit livre* ; شَابّ *joli*, شُبَيِّب *joliet.* — Les diminutifs ajoutent aux noms et aux adjectifs l'idée de *petitesse*, de *gentillesse*, de *délicatesse*.

## 61ᵉ LEÇON — الدَّرْسُ الواحدُ وستّين

### THÈME XLV

Ma fille, où as-tu vu cet aveugle ? — Mon père, je l'ai rencontré dans la rue ; je me suis arrêtée devant lui. — Pourquoi t'es-tu moquée de lui ? — Je me suis moquée de lui, parce qu'il portait à la main une lanterne allumée. — Ma fille, tu n'es qu'une folle ! une autre fois, quand tu te moqueras d'un aveugle, je te frapperai, car celui-ci avait une raison pour porter avec lui une lanterne allumée. — Quelle est cette raison ? — Je vais te répondre (maintenant je te répondrai) ; mais dis-moi, avant (مِن قَبْل), s'il ne portait rien sur son dos. — Oui, mon père, il portait sur son dos une charge de bois. — Avait-il un bâton à la main ? — Non ; car d'une main il portait la lanterne, et de l'autre il tenait (كان حاكم) la charge de bois. — Cet aveugle portait une lanterne à la main pour avertir les étourdis comme toi de ne pas se cogner contre lui. — Une autre fois, je ne me moquerai pas d'un aveugle, car je connais maintenant la raison pour laquelle celui-ci portait avec lui une lanterne ; de plus, cet aveugle était poli, car il m'a dit avec douceur : « Ma fille, pourquoi ris-tu devant moi ? — Vois, je suis aveugle, et je ne peux pas connaître mon chemin (طريق). — Dis-moi s'il y a quelque chose devant moi ; dis-moi si ma lanterne est encore allumée ; si elle n'est pas allumée, allume-la moi, car je crains que les gens inattentifs ne se cognent contre moi. »

## 62ᵉ LEÇON — الدَّرْس الاثْنين وسِتِّين

### VERSION XLVII

واحد النَّهار خرج جحا مَعَ زوجته ومشوا لساحل الواد باش يغْسلوا حوايجهُمْ ۞ بينما هُمْ يغسلوا نزل واحد الغراب من السَّماء وخطف الصّابون ۞ كيف شافتْه زوجة جحا بدات تعيَّط ۞ قال لها جحا اسكتي وخلّيه يروح في حاله على خاطر كسوته راهي موسّخة اكثر من لباسنا وحبّ يغسلها بهذا الصّابون ۞

### QUESTIONNAIRE

مَعَ مَنْ خرج جحا — وأين مشى مَعَ زوجته — علاش مشوا لساحل الواد — واش حبّوا يغسلوا — بينما يغسلوا أش جرى لهُمْ — أش خطف الغراب — كيف شافتْه زوجة جحا أش عملت — اش قال لها جحا — علاش خلّى الغراب يمشي في حاله — أش كانوا يغْسلوا بالصّابون — كيفاش كانت كسوة جحا

**Notes.** — بينما *tandis que*; les Algériens disent le plus souvent بيدما. A Tunis on dit حبرما. Le mot بينما est composé de بين *entre* et de ما *ce que*. Le pronom ما, placé après certaines prépositions, correspond souvent à notre conjonction que : بَعْدَ مَا avant que..., avant de...; فِيلْ مَا après que..., après avoir...

— Le verbe نزل signifie *descendre*, surtout en parlant d'un cavalier, d'un oiseau qui se pose; le contraire est ركب *monter à cheval, monter sur un bateau* (مَرْكَب). — *Monter un escalier* se dit طلع; *le descendre*, هوّد, هبط.

## 63ᵉ LEÇON — الدَّرْس الثَّلَاثَة وسِتِّين

### THÈME XLVI.

Où est allée votre fille ? — Elle est allée laver ses effets à (dans) la rivière. — Je n'ai pas de savon. — Voici de l'argent : va acheter du savon, et lave bien nos effets. — Mon enfant, lave tes mains qui sont sales. — Mes enfants, lavez vos pieds à la rivière. — Entrez dans l'eau ; la rivière n'est pas profonde. — Qu'a cette femme à crier ? — Ne crie pas ainsi. — Allez jouer sur le bord de la rivière. — Avant d'aller à l'école, lave-toi les mains et les pieds avec du savon. — Après avoir lavé ses effets, cet homme entra dans la rivière et se lava la tête avec du savon. — Tandis que je mangeais, un convive arriva et me demanda l'hospitalité. — Cet homme boit toujours avant de manger. — Faites cuire ce mouton avant que notre convive arrive. — Avant de monter chez le capitaine, allez voir s'il n'est pas chez son voisin. — Avant d'acheter ce vêtement, voyez s'il est propre (نْظِيفٌ). — Avant de le laisser sortir, voyez s'il a fait son travail. — Avant de vous moquer de moi (de rire sur moi), voyez si je n'ai pas raison (1).

## 64° LEÇON — الدَّرْس الاربعة وستِّين

### VERSION XLVIII

زوجته هذيك غسلَتْ مرّة برْنوسه ونشرَتْه على الجبل * كيف شافه جحا من بعيد ظنّ بالِّي هو رجل خاين جاء يسْرق * روَد مكحلته وعمَّرها بالبارود والشَّانمة وعين فيه وطلق الوجه * كيف تكلّم البارود خرجَت مراته وشافَت البرنوس مثقوب * قالَت له يا رجل في أيّ وقت تبطَّل الهبال متاعَك * قال لها جحا اسْكتي أنتِ واحْمدي الله تعالى بالِّي ما كنْت شي أنا داخل البُرْنوس على خاطر نكون فنتلَت روحي بلا شكّ *

### QUESTIONNAIRE

أشّ غسلَت زوجة جحا — بعد ما غسلَت البُرْنوس أشّ عملَت — برْنوس مَن غسلَت — كيف شافه جحا من

(1) Voyez à la fin de l'ouvrage la liste des idiotismes.

بعيـد ـ أش ظن ـ أش عمل ذيك الساعة ـ باش عمّر مكحلته ـ بعد ما عمّرها أش عمل ـ كيف تتكلّم البارود ـ خرجت شي مرأته ـ أش شافت ـ أش قالت لزوجها ـ كيف شافت البرنوس مثقوب ـ أش قال لها جحا

**Notes.** — ذيك زوجته *l'épouse dont il vient d'être question..., cette même épouse.*

— بالبارود والشانته *de poudre et de plomb.* On dirait à Tunis : بالكسكسي والصاشم.

— عيّن فيه ـ *il le visa.* A Tunis, قمّر فيه.

— تعالى *qu'Il soit exalté!* verbe employé au prétérit de la VI<sup>e</sup> f. pour exprimer un souhait (d'après une règle de l'arabe écrit). Les Arabes mettent très souvent ce mot après le nom de Dieu.

— نكون فتلت نفسي *je me serais tué...* Pour traduire les pronoms *me, te, se,* etc., accompagnant un verbe réfléchi, on se sert de l'un des mots نفس *âme,* روح *souffle, âme, personne,* suivi des pronoms affixes ; Exemple : فتل روحه *il s'est tué ;* ضربت نفسها *elle s'est frappée ;* كيف شفت روحي في هذه الحالة بكيت *lorsque je me vis dans cette situation, je pleurai.* — On a vu (leçons 35<sup>e</sup> et 36<sup>e</sup>) comment on rend encore l'idée pronominale : افترقوا *ils se sont séparés.*

— مِنْ غَيْرِ شَكّ ou بِلَا شَكّ *sans aucun doute, sûrement.* — بِلَا *sans* est composé de la préposition بِـ et de la négation لَا.

## 65ᵉ LEÇON — الدَّرْس الخَمْسَة وسِتِّين

### THÈME XLVII

Que laves-tu ? — Lavez votre burnous et étendez-le sur cette corde. — Prenez votre fusil et chargez-le. — Avec quoi voulez-vous que je le charge ? — Chargez-le avec de la poudre et du plomb. — Allons nous promener. — Prenons nos fusils ; nous les chargerons à balle (بِالرَّصَاصَات) et nous tirerons sur les corbeaux. — Je viens de tirer sur une hirondelle. — Vous ne l'avez pas tuée, parce que vous ne savez pas bien viser. — Mon fusil a raté. — Ce pistolet ne ratera pas. — Son fusil a raté, parce que la poudre n'était pas bonne. — Lorsque j'entendis la détonation, je sortis de chez moi et j'aperçus un homme tué. — Une balle l'avait frappé au cœur. — Notre voisin s'est tué hier avec un pistolet. — Cet enfant s'est jeté (رمى) hier à la rivière. — Cet homme n'a pas voulu me vendre des effets à crédit. — Avez-vous acheté cette lanterne à crédit, ou argent comptant ? — Nous l'avons achetée à crédit, car nous n'avions pas d'argent. — Remercie Dieu de ce que notre voisin t'a vendu ce cheval à crédit. — De quel côté êtes-vous allés ? — Je suis allé du côté de la rivière. — Allez vous promener du côté de Blida.

## 66ᵉ LEÇON — الدّرس السّتّة وسّتين

### VERSION XLIX

مشَى جحا مرّة حمارة وهُو كان يدور ويمتّش عليه ٭ فال له واحد بركة ما تبعتّش يا جحا على خاطر حمارك ولّى فاضي في البلَد الفلانيّة ٭ فال له هذه الحاجة ما فيها عجب وكلامك صحيح على خاطر كيـف كنْت نعلّم تلاميذي كنْت نشوف فيهم يفيم أذنيه وينـظرنا نـظرة عجيبـة ويحـرّك راسه ويضتّت الدّرس وهُو ساكت وتحـفـف لي بالّي يكون فاضي في بعْض الأيّام ٭

### QUESTIONNAIRE

اُش راح جحا — عَلَى مَنْ كان يمتّش — اش فال له واحد — واش واجب جحا — كيف كان يعلّم جحا تلاميـذه اش كان يعْمل الحمار — اش كان يصتّت — علاش كان ساكت — اش تحـفـف جحا

**Notes.** — مشَى جحا حمارة *Djeh·a perdit son âne.* Les expressions طاح لـ, راح لـ, مشى لـ rendent notre verbe *perdre*, qui se traduit plus littéralement par تلّف, ضيّع, وّدر. — *Perdre de*

— وكان يدور يعتّش عليه *et il le cherchait de tous côtés...* (m. à m. : *et il était il tourne, il cherche après lui*).

— اَلْفُلانيّة *une telle...* — Le masculin est *tel*, de فُلان. — Le mot فُلاني est un adjectif relatif.
— On appelle ADJECTIFS RELATIFS ceux qui marquent une relation avec un objet, une idée, un lieu : comme *marin, citadin, cendré, Constantinois*, etc. — On forme ces adjectifs en ajoutant au mot un ي, qui porte régulièrement un chadda ; Exemple : بَحْري *marin*, de بَحْر *mer* ; بَلْدي *citadin*, de بَلَد *ville* ; رَمادي *cendré*, de رَماد *cendre*. Le féminin se forme en ajoutant un ة, et le pluriel en ajoutant ين. Lorsque le substantif dont on veut former un adjectif relatif est terminé par un ة, ce ة disparaît : قسنْطيني *Constantinois*, de قسنْطينة *Constantine* ; بليدي *habitant* ou *originaire de Blida*, de بليدة. Quelques adjectifs relatifs sont terminés par اني : برّاني *habitant du dehors, étranger* ; تَحْتاني *inférieur* ; فوقاني *supérieur* ; سُفلاني *inférieur, qui est au rez-de-chaussée*. — Plusieurs adjectifs relatifs forment leur pluriel par la simple addition d'un ة : بَحْريّة *marins*. —

Plusieurs noms de métiers ont la forme des adjectifs relatifs. Ils s'obtiennent en ajoutant le ي au pluriel du substantif dont ils sont tirés ; Ex. : بْرَاذْعِي *bourrelier*, de بْرَاذَع pl. de بَرْذَعَة *bât* ; — كْرَارْسِي *cocher*, de كْرَارَس pl. de كَرُّوسَة *voiture*. Le pluriel prend un ة.

---

## 67ᵉ LEÇON — الدَّرْس السَّبْعَة وسِتِّين

### THÈME XLVIII

J'ai perdu mon argent. — Nous avons perdu notre livre. — Ils ont perdu leur chien. — Qu'avez-vous perdu ? — Nous avons perdu nos effets. — Où as-tu perdu ta plume ? — Je l'ai perdue dans telle rue. — Va la chercher ; peut-être la trouveras-tu. — Allez prévenir le cadi ; peut-être que l'homme qui a trouvé votre argent le lui a apporté. — Cessez de chercher votre argent, car vous ne pourrez pas le trouver. — En vérité, je crois que vous avez raison. — Ces élèves n'écoutent pas la leçon. — Pourquoi n'écoutez-vous pas ce que je dis ? — Il faut écouter ce que je dis, si vous voulez apprendre à parler arabe. — Les élèves qui veulent apprendre doivent écouter les paroles de leur professeur (شِيخ). — Cet élève écoute en silence les paroles de son professeur. — Cette affaire (دَعْوَة) est étonnante. — J'ai été surpris de cette affaire. — Ce citadin fait le fier avec les habitants du dehors. — Les Constantinois parlent bien l'arabe. — De quel pays est cet homme ? — Il est de Blida. — Et cette femme ? — Elle est Constantinoise. — Et celle-ci ? — Elle est Algérienne. — Et cette fille ? — Elle est Kabyle.

## 68e LEÇON — الدّرس الثّمانية وستّين

### VERSION L

عرض واحد جحا وحليف عليه يجي يبقطر عنده * مشى وقدّموا له الطعام * ولاكن كانتّ الغرفة سخونة وحارّة على خاطر كثروا فيها الأبازير والفلفل حرفت له فمه وكرشه * ناض يـ الحين وخرج من الدّار وهو يجري ويزڨي ويقول ارواحوا اعجلوا واطفوا الحريقة * جروا النّاس من كلّ جهة وكيف ما شافوا لا نار ولا دخان قالوا له وين الحريقة * قال لهم يا اولادي راهي يـ فمي ويـ بطني *

### QUESTIONNAIRE

أشكون عرض جحا — مشى شي جحا يبقطر عند هذا الرّجل — أش قدّموا له — كيفاش كانت الغرفة — علاش كانت حارّة — واش حرفت له — أش عمل ذيك السّاعة — أش كان يقول — جروا شي النّاس — شافوا شي النّار — أش قالوا لجحا — أش جاوبهُم

**Note.** — خرج من الدّار وهو يجري *il sortit de la maison en courant* (m. à m. : *il sortit de la maison et lui il court...*). Pour traduire cette tournure française: *en courant, en pleurant, en riant,* il faut employer, en arabe, un pronom personnel (sujet) à la personne et au nombre voulus, et mettre le verbe à l'aoriste ou au participe présent; Exemples: *elle est sortie de chez elle en pleurant,* خرجَت من عندها وهي تبْكي ; *il vint à moi en riant,* جا لي وهُوَ يَضْحَك ; *il pleure en travaillant,* هُوَ يخْدِم وهُوَ باكي. — Le mot **en**, suivi d'un participe présent, peut aussi se tourner par *lorsque* et un verbe; dans ce cas, on doit employer كيف et un verbe; Exemples: *en sortant de chez moi, je l'aperçus dans la rue,* كيف خرجْت من عنْدي شفْته في آلزّنـقـة ; *en te voyant, il se sauvera,* كيف يشوفك يهْرب.

---

## 69ᵉ LEÇON — الدّرس التّسعة وستّين

### THÈME XLIX

Cet homme m'a invité à déjeuner. — Chez qui allez-vous déjeuner, demain matin? — Voulez-vous venir dîner avec moi? — Je *le* voudrais bien; mais mon voisin m'a déjà invité, et je n'ai pu refuser. — La sauce que j'ai mangée à déjeuner était très piquante. — Cette femme est sortie de chez moi en riant. — Ces enfants sont sortis de l'école en pleurant. — Ces élèves sont sortis du lycée en criant. — En entrant dans le lycée, nous vîmes notre professeur. —

En nous voyant, il vint à nous et nous dit : « Mes enfants, il ne faut pas entrer dans le lycée en riant. » — Je ne veux pas que vous parliez en travaillant. — Vous pouvez parler en vous promenant. — Je ne veux pas que vous criiez ainsi en jouant. — Avez-vous du tabac ? — Quel tabac voulez-vous ? — Je veux du tabac doux (أرطب). — Aimez-vous le tabac fort (فاسح) ? — Allez chez le marchand de tabac et dites-lui de vous donner un paquet (شكارة) de tabac doux. — Voulez-vous fumer (شرب) une pipe (سبسي) ? — Prenez du tabac et bourrez (عمّر) votre pipe. — Allumez votre pipe. — Ma pipe s'est éteinte. — Donnez-moi du feu (que j'allume). — Cafétier, apportez-moi une braise (جميرة).

## 70ᵉ LEÇON — الدَّرْس السَّبْعِين

### VERSION LI

واحد الرّجل أعطى الدّراهم لابنه وقال له رُحْ اشْرِ لنا راس كَبْش من عند الطَّبَّاخ * جرى الولد وشراه وكلا ما كان عليه من اللّحم ورجع لباباه بجمجمة فارغة * قال له يا باباه يا مَهْبول ما هذا الشّي * قال له يا بابا هذا راس غنمي * قال له وأين عينيه * قال كان أعمى * قال له وأين لسانه * قال كان عكّون * قال له وأين أذنيه * قال كان أطرش * قال له وأين جلد الرّاس * قال يا بابا هذا الغنم كان أصَّاع *

## QUESTIONNAIRE

لمَنْ اعطى واحد الرّجل الدّراهم — علاش اعطاه الدّراهم — أشْ قال له يشْري — من عنْد مَنْ قال له يشري هذا الرّاس — بعد ما شراه الولد أشْ عمل — باش رجع لباباه — كيفاش كانت الجمعة اللي رجع بها — اش قال له باباه — اش قال الولد — واش زاد قال له بوه — كيفاش كان الغنم على قَول الولد

**Notes.** — اِبْن *fils.* On retranche l'alif entre deux noms propres : علي بن محمّد. — Le pluriel de ce mot se forme en ajoutant بن ; Exemple : بنين *enfants, fils.* Lorsque ce pluriel gouverne un autre mot (et il ne s'emploie guère que dans ce cas), il perd le ن final : بني ; Exemples : بني منصور *les Beni-Mansour* ; بني عبّاس *les Beni-Abbas.*

— اشنو هذا *qu'est-ce cela ?* syn. ما هذا الشّي.

— بكّوش *sourd,* syn. عقون.

## 71ᵉ LEÇON — الدّرس الواحد وسبْعين

### THÈME L

Que vous a donné votre frère ? — Il m'a donné de l'argent pour que j'aille acheter une tête de mouton. — Chez qui allez-vous acheter cette tête de mouton ? — Je vais l'acheter chez le cuisinier, notre voisin. — Où demeure ce cuisinier ? — Voulez-vous venir avec moi chez lui ? — Venez avec moi ; nous déjeunerons ensemble et nous mangerons la tête de mouton. — Que rapporterez-vous à votre frère ? — Je lui rapporterai les os (عظام) et je lui dirai : « Ce mouton était aveugle, sourd, muet et chauve. » — Cet homme est muet ; il ne peut pas remuer la langue. — Cette femme est muette et sourde ; elle ne peut pas entendre ce que vous lui dites. — Mon fils, prends cette bouteille et va la remplir à la fontaine. — Où est la fontaine ? — Elle est au milieu de cette rue. — Voulez-vous acheter cette peau de gazelle ? — Savez-vous qui pourra me vendre une peau de mouton ? — Il y a un marché aux Beni-Abbas, tous les mercredis. — Les Beni-Mansour font beaucoup d'huile.

## 72ᵉ LEÇON — الدّرس الاثنين وسبعين

### VERSION LII

وقف واحد القليل عند باب دار وقال شي لِلّه * قالوا له الله يفتح * قال اعطوني كسرة * قالوا ما نقدروا شي عليها * قال شويّة فمّ وإلّا فول وإلّا شعير * قالوا ما نقدروا شي عليه * قال قطعة دهان وإلّا زبدة وإلّا طرف جبن وإلّا نصيب من الزّيت وإلّا شويّة لبن * قالوا ما نقدروا شي * قال شويّة ماء * قالوا حتى الماء ما عندنا شي * قال لهم اِمّالا علاش راكم قاعدين هنا * فومّوا تسالوا على خاطر تستحقّوا اكثر منّي يتصدّقوا عليكم *

## QUESTIONNAIRE

أشكون وقف عند باب دار — واين وقف واحد القليل — اش قال — واش قالوا له ناس الدّار — اش قال يعطوا له — اش جاوبوه — اش زاد طلب منهُم — الحاصل اش قال لهُم

**Notes.** — قليل pl. قلاليل *pauvre*, syn.: مسكين pl. مساكن ; فقير pl. فقراء ; سايل pl. ساسي pl. سواسي ; زوالي (Constantine), pl. زوالية (*mendiant*).

— شي للّٰه *quelque chose pour l'amour de Dieu!* (m. à m. : *une chose pour Dieu, en vue de Dieu*) phrase employée pour demander l'aumône. Les mendiants disent encore : من رزق ربّي (*du bien de Dieu*) ; في خاطر ربّي (*pour l'amour de Dieu*).

— اللّٰه يفتح, phrase employée pour éloigner poliment un mendiant ; syn. : ينوب ربّي — يجيب ربّي.

— قوموا تسالوا *venez mendier* (m. à m. : *levez-vous vous mendierez*). Le verbe سأل, qui signifie *demander, interroger*, sert à traduire le verbe *devoir*, qui n'existe pas en arabe : *combien lui*

devez-vous ? tournez : *combien vous demande-t-il ?* — *combien vous doit-il ?* ; فدّاش يسأل لك —
tournez : *combien lui demandez-vous ?* فدّاش تسأل له.

---

## 73ᵉ LEÇON — الدّرس الثّلاثة وسبعين

### THÈME LI

Qui est-ce qui est à la porte ? — C'est un mendiant qui demande quelque chose pour l'amour de Dieu. — Dites-lui que nous n'avons rien à lui donner. — Il ne demande qu'un petit morceau de pain d'orge. — Une femme est debout, à la porte, et demande l'aumône. — Que dit-elle ? — « Donnez-moi, pour l'amour de Dieu, quelque chose à manger. » — Combien se vend (ينباع) le blé, ce mois-ci ? — Combien se vend l'orge ? — Combien se vend le beurre ? — Voulez-vous manger un morceau de fromage ? — Volontiers. — Donnez-moi un morceau de pain et un morceau de fromage. — Voulez-vous un peu de beurre ? — Levez-vous, et allez me chercher quelques fèves. — Que vous doit-il ? — Il ne me doit rien. — C'est moi qui lui dois beaucoup d'argent. — Combien lui devez-vous ? — Je lui dois 2,494 francs. — Ma sœur lui devait 2,763 francs. — Vous devez à ma mère 528 francs. — Je ne lui dois pas cette somme. — Avez-vous besoin d'argent ? — J'ai besoin de 849 francs. — Combien veux-tu que je te prête ? — Elle a besoin de 6,829 francs. — Voici la somme dont ils ont besoin. — Je n'ai pas besoin de lui. — Lorsque vous aurez besoin de moi, prévenez-moi. — Avez-vous de l'argent ? j'aurais besoin de 50 francs. — Voici les 50 francs dont vous avez besoin. — La plume dont il a besoin est sur la table.

# 74ᵉ LEÇON — الدَّرْس الأربعة وسبعين

### VERSION LIII

واحد الليلة جاء جحا يجبذ الماء من البير وشاب بيه خيال القمر وحسبه القمر نفسه سقط بيه * تفكّر في روحه وقال لازم نسلّك هذا المسكين * نحّى الحبل من البليون ورماه في البير * تشبّط الحبل في واحد الحجرة كبيرة وبدا جحا يجبذ عليه بالقوّة حتى تقطّع وطاح على ظهره * هو طاح وهو شاب القمر يضوي في السماء * قال ذيك الساعة راني عذّبت نفسي بالزّاف بالصحّ منعت هذا المسكين من الغرق *

### QUESTIONNAIRE

أش جاء يعمل جحا واحد الليلة — أش شاب في البير — أش حسبه — بعد ما تفكّر في نفسه أش قال — اش نحّى من البليون — باش تشبّط الحبل — كيفاش كانت الحجرة اللي تشبّط فيها الحبل — أش عمل جحا — كيفاش كان يجبذ على الحبل — أش جرى له — أش قال في نفسه — أش شاب كيف طاح على ظهره

**Notes.** — وَحْسِبَهُ ٱلْقَمَرَ نَفْسَهُ *et il crut que c'était la lune elle-même*. — Pour traduire les pronoms *moi-même, toi-même, lui-même,* etc., on se sert des mots عَيْن, رُوح, نَفْس, précédés des pronoms affixes. — Ces pronoms sont quelquefois suivis de la préposition بِ : *il est venu lui-même*, جَاءَ هُوَ بِنَفْسِهِ ; *je l'ai vue elle-même*, شُفْتُها بِنَفْسِها ; on peut dire aussi : بِذاتِهِ, بِذاتِها. — Quelquefois, ces pronoms peuvent être rendus par un autre substantif : *j'ai écrit moi-même cette lettre*, كَتَبْتُ هَذِهِ ٱلْبَرِيَّةَ بِيَدِي.

— هُوَ طاحَ وَهُوَ شافَ *étant tombé, après être tombé, il vit...*

— وَفْتِها, *alors, à ce moment*, syn. : ذيكَ ٱلسّاعَة, هاكَ ٱلْوَقْت.

— مَنَعْتُ هَذَا ٱلْمِسْكِينَ مِنَ ٱلْغَرَقِ *j'ai empêché cette malheureuse de se noyer* (m. à m. : *j'ai préservé cette malheureuse du naufrage, de l'action de se noyer*). Il arrive souvent que l'infinitif peut être traduit en arabe par un substantif : *j'aime à me promener la nuit*, نَحِبّ ٱلتَّخْوِيسَة فِي ٱللّيل (*j'aime la promenade...*). Dans certains cas, on ne saurait traduire l'infinitif autrement que par un substantif : *mentir est une chose honteuse*, ٱلْكَذِب عيب (*le mensonge, etc.*).

## 75ᵉ LEÇON — الدَّرْس الخَمْسَة وسبْعين

### THÈME LII

Ces enfants jettent des pierres en jouant. — Mes enfants, je ne veux pas que vous jetiez des pierres en jouant. — Allez tirer de l'eau au puits. — Ne laisse pas tomber le seau dans le puits. — Monsieur, la corde s'est accrochée à une grosse pierre, et je ne peux pas retirer le seau. — La corde s'est cassée et le seau est tombé dans le puits. — Tire sur la corde jusqu'à ce qu'elle se casse. — Ne tire pas ainsi sur la corde, car si elle cassait, tu tomberais sur le dos. — Savez-vous compter ? — Comptez devant moi. — Il faut apprendre le calcul. — Il faut que vous appreniez à compter en arabe. — Cet homme se croit savant, et il ne l'est pas. — Cette fille se croit jolie, et elle ne l'est pas. — Vous croyez qu'il est aveugle, et il ne l'est pas. — Venez délivrer cet enfant qui est tombé dans la rivière. — Pourquoi vous fatiguez-vous ainsi ? — Ne vous fatiguez pas. — Ne te donne pas tant de peine. — A quoi réfléchis-tu ? — Je me rappelle une chose que j'ai vue en voyage. — Vous rappelez-vous combien vous me devez ? — Je ne me rappelle pas la somme que je vous dois. — C'est moi-même qui ai fait ce travail. — C'est lui-même qui me l'a dit. — Nous sommes allés nous-mêmes chez lui. — Il faut écrire vous-même une lettre au chef de la ville. — Étudier l'arabe n'est pas chose facile (سَاهل).

## 76ᵉ LEÇON — الدَّرْس السِّتَّة وسَبْعِين

### VERSION LIV

السُّلْطَان والْمرابـــط

كان واحد السُّلْطان يحوَّس مرَّة فِي فحْص بلَده وشاف قاعد عَلى فُم غار واحد المرابط شادد عَلى رِكابيه راس بـن آدم وكان يتفرَّج فيه وهو غايص فِي التَّخْميم ۰ فرَّب ليه السُّلْطان وسقْصاه على سبَب تخْميمه ۰ قال المرابط يا سُلْطان صبْت الصَّباح هذا الرَّاس ومن هذا الْوقْت راني نتأمَّل فيه ونبغِّيش كيفاش نتْجم نعْروف إذا كان راس سُلْطان عظيم كيفك وإلَّا راس رجل فقير كيفِـي ۰

Notes. — بـن آدم *homme* (fils d'Adam), pris dans une acception générale. — On peut quelquefois se servir de cette expression, ou de l'un des mots عبْد *serviteur de Dieu*, إنْسان *homme*, pour traduire le pronom **on**; Exemple : *il fait tellement chaud aujourd'hui qu'on ne peut pas respirer*, اليوم السّخانة قويّة حتَّى ما يتْجم شى العبْد يتنفَّس.

— وَهُوَ غَايِصْ فِي التَّخْمِيمْ *et il était plongé dans ses réflexions*.

— سْتَفْصَا *interroger, demander, s'enquérir*; verbe quadrilitère de l'arabe parlé, tiré de la X<sup>e</sup> forme de la racine فصى : اِسْتَفْصَى *chercher à aller jusqu'au point le plus éloigné; chercher à connaître, à pénétrer*; syn. اِسْتَخْبَر, اِسْتَفْسَر, نشد.

— صاب fut. يصيب *trouver*, syn. جبر, وجد, — لفى fut. يَلْفَى (*rencontrer*).

### THÈME LIII

Ils sont allés se promener dans les environs de la ville. — Nous sommes allés nous promener hier du côté de la montagne, et nous avons aperçu un berger assis dans une caverne. — Qui est assis sur le seuil (عتبة) de la porte ? — Une femme est assise sur le seuil de la porte, et vous demande. — J'examine ce livre que je viens de trouver. — Je pense que votre ami ne viendra pas demain. — Qui demandez-vous ? — Je demande votre frère. — Qui a demandé mon frère ? — Interrogez cet homme : peut-être a-t-il trouvé le canif que vous avez perdu. — Nous sommes près d'arriver. — Notre jardin est près de la ville. — Ne m'interrogez pas, car je ne veux rien vous dire.

## 77ᵉ LEÇON — الدّرس السّبعة وسبعين

### VERSION LV

الحمار لابس جلد الصّيد

قالوا بالّي حمار لبس مــرّة جلد صيد ودخل في الغابة وعاد يخوّف جميع الهوايش ٭ الذّيب والنّمر والضّبع كانوا يهربوا منه ٭ ولاكن كان خلّى طرف من أذنه خارج من تحت الجلد ٭ عرفه الثّعلب بهذه العلامة وقرّب ليه وقال له ٭ ارم هذا الجلد يا فــلــيــل الــعــقــل هاني أنا ما نخاف شي منك ٭ السّباع ما عندهُم شى أذنين الحمير ٭ معناه ٭ ما كان من ينجم يغرّ العاقل ولا يبدّل وجهه في عينه ٭

Note. — معناه *sa signification, son sens, sa morale.* Le pronom ‌ه se rapporte au mot مثل *fable, apologue* (sous-entendu).

### THÈME LIV

Avez-vous acheté la peau de panthère dont vous m'avez parlé ? — Je n'ai pas acheté cette peau de panthère, parce qu'on n'a pas voulu me la vendre. — Combien veut-on vous la vendre ? — Voulez-vous venir à la chasse avec moi ? — Volontiers. — Eh bien ! dépêchez-vous de changer d'habits et de vous préparer. — Quel fusil dois-je prendre (je prendrai lui) ? — Prenez votre fusil à deux coups (بزوج جعاب).

— Prenez aussi un petit sac de plomb, quelques balles et de la poudre. — Êtes-vous prêt ? — Alors, partons. — Avez-vous pris du papier (كاغط) pour bourrer (دگ) le fusil ? — Oui, mon ami, j'ai des bourres (باشاورات). — Êtes-vous déjà (avant cette fois) allé à la chasse ? — Avez-vous tué quelque animal ? — Aimez-vous la chasse ? — J'aime la chasse, c'est-à-dire j'aime à tuer les animaux sauvages. — Je connais un chasseur qui a tué, à lui seul, 18 panthères. — Ce chasseur doit savoir bien viser. — Il sait en effet bien viser, et de plus, son fusil ne rate jamais, car il le charge toujours lui-même.

## 78º LEÇON — الدّرس الثّمانية وسبعين

### VERSION LVI

الجمل والسّدرة

واحد الجمل تقرّب مرّة من سدرة باش ياكل اوراقها ولاكن شاف واحد اللّفعى ملويّة على الفروع وارتعد وولّى هربان ٭ ظنّت السّدرة بآلّي يفزع منها وقالت له أش بك تهرب مرعوب ٭ واجبها الجمل ما راني شي انخلعت من الشّوك متاعك ولاكن من اسنان اللّفعى الّي في اغصانك ولوكان ما خفت شي منها تلسعني كنت بلغتك بي تلت والاّ اربع ضربات بانيابي ٭

**Note.** — ارتعد *il frémit*, syn. ترعش, ترعب, تفزع, تفزع.

## THÈME LV

Voulez-vous manger des jujubes ? — Y a-t-il des jujubiers dans ce pays ? — Qui est-ce qui vend des jujubes ? — Ne vous approchez pas de ce jujubier, car il est rempli d'épines. — Les épines de ce jujubier ne sont pas grandes. — En apercevant le lion, ce chameau fut épouvanté. — Les chameaux craignent les lions et les panthères. — Une vipère a mordu cette chamelle au pied. — Les Arabes aiment beaucoup les chameaux. — Le lait de chamelle est très bon à boire (pour la boisson). — Ne vous approchez pas de cet endroit, car j'y ai vu une vipère et je crains qu'elle ne vous morde. — Mon ami, ce n'est pas une vipère : c'est une petite couleuvre (حيّة). — Qu'est-ce qui t'a épouvanté ? — J'ai vu une vipère enroulée autour de cette branche, et je me suis enfui épouvanté. — Donnez-moi une feuille de papier. — Je n'en ai pas. — Cours m'acheter une feuille de papier, et reviens vite.

## 79ᵉ LEÇON — الدَّرْس التِّسْعَة وسَبْعِين

### VERSION LVII

مراة دخلَت يوم من الاَيَّام عَند جارتها و طلبَت من فضْلها تسلّف لها فدَّرة كبِيرة باش تطْبخ بِيها ٭ بَعْد ما طبخَت حطَّت في قلبها فدَّرة أخْرَى صغيرة واعطَتْهُم لِجارتها ٭ فالَت لها هَذيكْ كيفاش سبّبتْ هذه الفدَّرة ٭ فالَت لها يا لالّة الفدَّرة متاعكْ هِي اللّي ولدَتْها ٭ اِسْتَعْجبَتْ المراة

و خذاتهم الزوج و مشّت الاخرى في حالها \* بعد ايّام زادت طلبت الفدرة الكبيرة و ما ردّتها شي لها \* كيف شافتها جارتها بطاتْ و ما رجعت شي بالفدرة مشّت عندها و قالت لها واين هي الفدرة متاعي \* قالت لها يا سيدي يعيش راسك الفدرة ماتت \* قالت لها كيفاش الفدرة تموت \* واجبتها نعم اللي تولد تموت ايضًا \*

**Note.** — يعيش راسك (m. à m. : *que vive votre tête!*) phrase dont les Arabes se servent lorsqu'ils vont annoncer à une personne la mort de quelqu'un. On dit aussi : حياة راسك *la vie de ta tête!*

### THÈME LVI

Que faites-vous cuire dans cette marmite ? — Nous faisons cuire de la viande pour les moissonneurs qui viennent de revenir. — Qui vous a prêté cette grande marmite ? — Les bûcherons vont revenir de la forêt ; préparez-leur à manger, car ils seront très fatigués. — Ils ne sont pas encore de retour. — Ils tardent beaucoup ; je crains qu'ils n'aient rencontré quelque bête féroce et qu'ils n'aient été épouvantés. — Allez à leur rencontre, mais ne tardez pas. — Ne craignez rien ; je ne m'épouvanterais pas si je rencontrais un lion ou une panthère. — Messieurs, je vous prie de me dire si vous n'avez pas rencontré, dans la forêt, des bûcherons portant du bois sur leur dos. — Nous les avons rencontrés. — Chacun d'eux portait sur son dos une lourde charge de bois. — C'est pour cela qu'ils tardent tant à revenir. — Madame, nous avons parcouru toute la forêt et nous n'avons pas pu rencontrer les bûcherons, vos enfants. — Puissiez-vous vivre! Madame; vos enfants ont été dévorés par les lions, les panthères, les hyènes et les chacals (*tournez par l'actif*).

## 80ᵉ LEÇON — الدّرس الثّمانين

### VERSION LVIII

الطّفلة والشّينة

طفلة صغيرة ونيّة كانت تحوّس يوم من الايّام في جنان * شافت شينة طايحة على الأرض * رفدَتها وبدات تعضّ فيها * ولاكن هي غير كيب عضّتها ورمَتها من يدها وفالت يا خيَ أش المرارة الّي في هذه الشّينة * سمعها باباها وجاء رفد الشّينة وقشّرها واعطاها لبنته تاكُلها وفال لها يا بنتي فدّاش من رجال يشبهوا لهذه الشّينة من وجههُمْ يظهروا خشان وهُما فلبيهُمْ مليح *

**Notes.** — شينة (tchina) *orange* se dit, à Tunis, بُرْدقانة.

— طايحة على الأرض *tombée à terre*. Le mot طايح, que l'on est obligé de traduire par *tombé*, est un participe présent. — Les Arabes n'emploient le participe passé (qu'ils appellent, avec raison, *agent passif*) que pour marquer une action *subie*. Ils emploient, au contraire, le participe présent (qu'ils appellent *agent actif*), lorsqu'ils veulent indiquer que le mot auquel se rapporte le participe fait lui-même l'action. Les deux exemples suivants feront voir la différence qui existe, dans la pensée des Arabes, entre le participe présent et le participe passé :

الدّجاجة راهي حاطّة على الشّجرة *la poule est posée sur l'arbre* (c'est elle-même qui s'y est posée) ;

الدّجاجة راهي مخطوطة على البايدة *la poule est posée sur la table* (on l'y a posée).

ولاكن هي غير كيب عضّتها — *mais à peine l'eut-elle mordue...* (m. à m. : *mais elle si ce n'est comme elle l'eut mordue...*). — غير كيب *à peine...* — *A peine était-il sorti qu'il rencontra son frère*, هو غير كيب خرج ولقى خوه. — *A peine venaient-ils d'entrer dans cette ville, qu'ils virent votre père*, هما غير كيب دخلوا في هذه المدينة وشافوا بوك. — A Tunis, on emploie de préférence les expressions خبّر ما — دو بما.

— يَا أَخِي *oh!* (m. à m. : *ô mon frère!* — interjection qui marque l'étonnement, le dégoût : يَا خَيْ صَحْكَة — يَا خَيْ فِيَاحَة *quelle plaisanterie!* — *quelle méchanceté!* — On emploie aussi le mot مَا, suivi d'un verbe à la IV.e forme. Exemples : — مَا أَقْبَحَ هٰذَا الْوَلَدْ *Que cet enfant est polisson!* — مَا أَمَرَّهَا هٰذِهِ الشِّينَة *Que cette orange est amère!*

### THÈME LVII

Cette petite fille est polie et innocente ; celle-ci est grossière et méchante (فَهِيَّة). — Ces enfants sont grossiers, et ceux-ci sont polis. — Votre fils est poli, et le nôtre est grossier. — J'ai vu une orange tombée à terre ; je l'ai prise et je l'ai mangée. — Elle était très douce. — Je me rappelle qu'un jour j'entrai dans un jardin avec mon frère, qui, ayant aperçu à terre une orange, la ramassa et se mit à la mordre sans l'éplucher. — A peine l'eut-il mordue qu'il la jeta de sa main, en disant : « Oh ! qu'elle est amère ! » — Je la ramassai, à mon tour, et je l'épluchai ; après quoi je la lui tendis, en lui disant : « Prends-la maintenant et mange-la : tu la trouveras douce ; elle t'a semblé amère parce que tu ne l'avais pas épluchée. » — Cette petite fille ressemble à son père, et ce petit garçon ressemble à sa mère. — A peine le bûcheron était-il entré dans la forêt, qu'il aperçut un lion. — A peine l'eut-il vu, qu'il prit sa hache et s'approcha de lui. — A peine s'était-il approché, que le lion se leva. — A peine le lion s'était-il levé, que le bûcheron le frappa sur la tête avec sa hache et le tua.

## 81ᵉ LEÇON — الدَّرْس الواحد وثمانين

### VERSION LIX

الحَجَّاب والأَصْلَع والبَهْلول

رَجل بَهلول وواحد آخر أَصْلع وثالث حَجَّاب كانوا يسافروا مع بَعْضهم * اتَّفقوا بالِّي كلّ واحد منهُم يعسّ بالنّوبة ثلث ساعات في اللّيل * واحد اللّيلة جات الدّالة للحَجَّاب يعسّ الاولاني * كيف شاف اصحابه غامرين مع النّعاس تقرّب وهو ينْختل من البَهْلول وزود راسه بالسّياسة وحطّه على زكايبه وحقيبه * كيف جازوا عليه ثلث سوايع خرج البَهلول من النّعاس على خاطر كانت دالته يعسّ * ناض هذاك ينتَسل ويندمّوه وحطّ يده على راسه * ولاكن كيف ما صاب شي بيه الشّعر فال يمكن هذا الحَجَّاب الغافل نوّض الاصلع في عوض ما ينوّضني *

Notes. — حَجَّاب (حَجَّام) barbier (à Tunis, raser, حَبَّب — ,حَجَّم.

اِتَّفِقُوا —, pour اِتَّفَقُوا, *ils convinrent*, rac. وفق (*Voir page 184*).

— بِالطَّرِيقِ *à tour de rôle*, syn. بِالنَّوْبَةِ. بِالدَّالَةِ.

— تَهَوَّهَ *bâiller*, syn. تَثَاوَب.

### THÈME LVIII

Allez dire au barbier de venir me raser. — Bonjour, Monsieur ; votre fils m'a dit de venir. — Avez-vous apporté avec vous vos rasoirs ? — Oui, Monsieur, les voici. — J'ai la barbe longue (ma barbe, لِحْيَة, est longue). — Il y a longtemps que vous ne vous êtes pas fait raser. — Avez-vous du savon et de l'eau chaude ? — Ma fille, apporte du savon et de l'eau tiède (مَلْدَذ). — Voulez-vous que je vous rase les moustaches (شلاغم) ? — Voulez-vous que je vous coupe (فَصّ) les cheveux ? — Oui ; prenez les ciseaux (مَفَصّ) et coupez-moi les cheveux. — Avez-vous un peigne (مَشْطَة) ? — Nous sommes convenus avec votre frère que nous partirions en voyage demain matin. — Alors, il faudra vous éveiller de bonne heure. — Éveillez-moi à 3 heures, et préparez tout ce dont j'aurai besoin. — Votre frère vient de s'éveiller en bâillant et en s'étirant. — A qui le tour de veiller ? — Veillez à tour de rôle. — Chacun de nous veillera à son tour. — Les hommes de garde veillent à tour de rôle.

## 82ᵉ LEÇON — الدّرس الاثنين وثمانين

### VERSION LX

### التّعلب والغراب

واحد التّعلب كان حوّس ليلة كاملة على الماكلة وما لقى حتّى شي ⁕ كيف طلع النّهار كان يحبّ يموت بالجوع ⁕ رمى روحه على الأرض واشتكى لربّ العالمين وقال يا ربّي ابعث لي شي من الفوت وإلّا نموت اليوم بالشّرّ ⁕ ما جاء يخلّص كلامه حتّى جاز عليه واحد الغراب ⁕ غمّض في اعْيِنِيه وقطع النّفس وعمل بروحه ميّت ⁕ وامّا الغراب كيف شافه مطيّش على الأرض حسبه فريسة وهبط من السّماء وحبّ يضربه بفمّومه ⁕ ولاكن عجل ليه التّعلب وحكمه من راسه وكلاه وشبع من لحمه وما خلّى منه غير الرّيش ⁕ معناه ⁕ الدّنيا مثل ظلّ الإنسان إذا طلبته هرب إذا تركته تبعك ⁕

**Notes.** — اللّيل كامل *toute la nuit;* on aurait pu dire aussi : طول اللّيل. — *Il travaille toute la journée*, طول النّهار وهُو يخدم.

عونة — *nourriture*. — فوت *manger*. — ماكلة ou عوين, زاد, عولة, *provisions de bouche*. — Du mot زاد a été formé le substantif مزوّد *sac en peau*, dans lequel on met les provisions de bouche.

— كان يحبّ يموت بالجوع — *il était sur le point de mourir de faim* (m. à m. : *il voulait mourir de faim*). Les expressions *être sur le point de…, se disposer à…, s'apprêter à…, aller…,* se rendent, en arabe, à l'aide du verbe حبّ ou des participes présents ماشي, رايح : *cet homme était sur le point de se noyer, allait se noyer,* هذا الرّجل كان يحبّ يغرق ou هذا الرّجل كان رايح (ماشي) يغرق. On emploie quelquefois aussi, dans le même sens, le verbe جا : *il allait sortir, mais il aperçut son père,* جاء باش يخرج ولاكن شاف باباه.

— ما جاء يخلّص كلامه حتّى… — *il avait à peine achevé ses paroles, que…* (m. à m. : *il ne vint*

*pas à achever ses paroles, que...*); synonyme :
ما زال كيف وفى كلامه...

— عمل بروحه ميّت *il fit semblant d'être mort, il fit le mort* (m. à m. : *il fit avec sa personne mort*). — *Elle fit semblant d'être malade*, عملت بروحها مريضة. — *Ils firent semblant de n'avoir pas entendu*, عملوا بروحهم ما سمعوا شي.

— مطيّش *jeté, étendu*, syn. ملوّح (Tunis).

— الدّنيا *le monde*. Le mot دنيا signifie proprement *la plus proche*. C'est un adjectif au comparatif féminin (*Voy. page 216*). Le mot auquel il se rapporte est حياة *vie, existence*, sous-entendu. Les musulmans considèrent la vie de ce monde comme étant la plus proche, celle dont on jouit tout d'abord ; et la vie future comme étant la plus éloignée, الآخرة. Dans le présent texte, le mot دنيا doit être traduit par *les biens de ce monde, la fortune*.

— مثل ظل الإنسان *ressemble à l'ombre de l'homme* (m. à m. : *la ressemblance de l'ombre de l'homme*). Le mot مثل traduit souvent notre adverbe *comme*. Devant une énumération, il doit être traduit par *tel que..., telle que..., tels que...*, etc.

## THÈME LIX

Connaissez-vous la fable du corbeau et du renard ? — Je la connais maintenant, car mon professeur me l'a racontée (حكى F. I). — Racontez-moi, à votre tour (حَتَّى أَنْتَ), cette fable. — Cette fable me plaît beaucoup. — J'ai lu une autre fable dont le titre (راس) était le même que celui de la fable que vous m'avez racontée. — Raconte-nous, à ton tour, cette fable. — Cette fable vous a-t-elle plu ?
— Elle m'a beaucoup plu, et j'en ai compris le sens. — Suivez-moi : nous arriverons en ville avant la nuit. — Nous avons marché toute la journée et nous n'avons pas pu, cependant (مَعَ هَذا), arriver à la ville. — Finissez vite votre travail, et nous irons nous promener dans les environs de la ville.

---

## 83ᵉ LEÇON — الدَّرْس الثَّلاثة وثمانين

### VERSION LXI

المشحاح والضّيف

واحد الرّجل مشحاح كان مرّة قاعد في بيته وقدّامه خُبْز وصُحْنة فيها عسل النّحل * شاف ضيف ماجي ليه * رفد الخُبْز وخبّاه وخلّى العسل على خاطر كان يظنّ بالّي الضّيف ما ياكل شي العسل بلا خُبْز * تقدّم الضّيف وقال

السّلام عليك جيت نطلب منك الضّيافة ۞ ردّ عليه السّلام وقال له يا خوي ما عندي إلّا هذا العسل تنجم شي تاكله بلا خبيز ۞ فال الضّيف نعم وبعد ما قال بآسم الله بدا يدخل يده في الصّحفة ويلحس صوابعه ۞ فال له المشحّاح يا خنوي والله العسل يحرق الفلب ۞ فال الضّيف صدقت ولاكن ما يحرق إلّا فلبك ۞

**Notes.** — السّلام عليكم ou السّلام عليك *que le salut soit sur vous!* Les musulmans emploient rarement cette formule de salutation, lorsqu'ils s'adressent à une personne qui n'est pas de leur religion. La réponse est : وعليك السّلام.

— بآسم الله ou بسم الله *au nom de Dieu!* paroles que les Arabes prononcent toutes les fois qu'ils vont se mettre à faire quelque chose. — La formule complète est : بآسم الله الرّحمان الرّحيم *au nom de Dieu, le Clément, le Miséricordieux!* Elle se trouve en tête de tous les chapitres du Coran (الفرآن), un seul excepté (le 9ᵉ, سورة التّوبة chapitre du *Repentir*).

## THÈME LX

Pourquoi faites-vous semblant de n'avoir pas entendu ? — Cet enfant fait semblant d'être malade, pour ne pas travailler. — L'avare faisait semblant de n'avoir pas entendu le convive, pour ne pas lui donner le pain et le miel qui étaient devant lui. — L'avare ayant vu (lorsque l'avare eut vu) venir à lui un convive, dit à son fils : « Prends ce pain et cache-le dans l'armoire. » — Son fils lui dit : « Et le miel, dois-je l'emporter ? » — « Non, lui répondit l'avare, car le convive ne pourra pas manger le miel sans pain. » — Prends ce plat, remplis-le de miel et donne-le à ce pauvre. — Donne-lui aussi ce pain, car il est sur le point de mourir de faim. — Mes enfants, saluez (sur) cet homme. — Rendez le salut à (sur) ces hommes. — Lorsque quelqu'un vous salue (sur vous), il faut lui rendre le salut. — Comment s'appelle cet enfant ? — Comment cela s'appelle-t-il en arabe ? — Comment s'appelle votre frère ? — Comment t'appelles-tu ? — Comment s'appelle ton père ? — Comment s'appelle ta sœur ?

---

## 84ᵉ LEÇON — الدَّرْس الاربعة وثمانين

### VERSION LXII

اَلْمَراة ورجالها الزَّوج

رَجل فعد مَرّة ياكل مَع عيالِه وقدّامهُم دجاجة محمّرة ۞ وقف واحد القليل عَند الباب ۞ خرج لهُ الرَّجل ونهرهُ ۞

بَعْدَ زَمَان وَلَّى هَذَا الرَّجُلْ مِسْكِينْ وَطَلَّقْ زَوْجَتُه وَتَزَوَّجَتْ بِرَجُلْ آخَرْ * كَانَتْ فِي بَعْضِ الْاَيَّامْ تَاكُلْ مَعَ زَوْجِهَا هَذَاكْ وَكَانْ فِدَّامُهُمْ دْجَاجَة مْحَمَّرَة * سَمْعُوا فْقِيرْ يَطْلَبْ شِي لِوَجْهِ اللهْ * فَالْ الرَّجُلْ لِزَوْجَتُه اَدْفَعِي لَهْ هَذِهِ الدَّجَاجَة * خَرَجَتْ بِهَا الْمَرْاَة وَاَعْطَتْهَا لَهْ وَلَاكِنْ كِيبْ رَمَّتْ عَلِيه عَيْنِيهَا عَرَفَتْه زَوْجِهَا الْاَوَّلْ وَرَجَعَتْ وَهِيَ تِبْكِي * فَالْ لِهَا زَوْجِهَا اَشْ بِكْ تِبْكِي * فَالَتْ لَهْ الرَّجُلْ اَلِّي وْقِفْ عَنْدَ الْبَابْ هُوَ زَوْجِي الْاَوَّلْ وَحَكَّتْ لَهْ مَا جَرَى لَهْ مَعَ السَّايِلْ اَلِّي نَهْرُه * فَالْ لِهَا زَوْجِهَا ذِيكْ السَّاعَةْ اَنَا وَاللهْ هَاكْ السَّــــايِــــلْ *

**Note.** — الْاَوَّلْ *le premier*. Cet adjectif numéral ordinal ne se forme pas directement, comme les autres adjectifs ordinaux, du cardinal qui lui correspond. Il a la forme d'un comparatif. Il peut aussi avoir la terminaison des adjectifs relatifs: اَوْلَانِي. — A partir de *deuxième*, les adjectifs numéraux ordinaux ont la forme du participe présent du verbe primitif:

| | | |
|---|---|---|
| ثَانِي *deuxième*. | خَامِس *cinquième*. | ثَامِن *huitième*. |
| ثَالِث *troisième*. | سَادِس *sixième*. | تَاسِع *neuvième*. |
| رَابِع *quatrième*. | سَابِع *septième*. | عَاشِر *dixième*. |

A partir de *onzième*, la forme régulière des adjectifs ordinaux est peu employée ; la plupart des Arabes les expriment en mettant l'article devant les numératifs cardinaux : *le onzième*, الأَحَدَاش ; le *dix-neuvième*, التْسَعْتَاش. — Nous dirons, à ce propos, que les noms de fractions ne sont composés que des trois lettres de la racine, la première ou les deux premières ayant le son ُ ; leur pluriel est de la forme أَفْعَال :

| | | |
|---|---|---|
| نُصْف *moitié.* | خُمْس *cinquième.* | ثُمْن *huitième.* |
| ثُلْث *tiers.* | سُدُس *sixième.* | تُسْع *neuvième.* |
| رُبْع *quart.* | سُبْع *septième.* | عُشْر *dixième.* |

Pl. : أَنْصَاف *moitiés* ; أَثْلَاث *tiers* ; أَرْبَاع *quarts*, etc.

### THÈME LXI

Qui a maltraité ce pauvre ? — Il ne faut pas maltraiter les pauvres. — Pourquoi avez-vous maltraité ce malheureux ? — Qui est entré le premier ? — Je suis entré le second. — La première fois que j'entrai dans cette ville, je fus étonné de ce que je vis. — Je suis le premier, tu es le deuxième, notre ami est le troisième, le fils de notre voisin est le quatrième, et son frère le cinquième. — Il est parti en voyage le septième jour, et nous le huitième. — Nous sommes arrivés à Blida le neuvième jour. — Le dixième jour, nous en sommes sortis pour aller à Miliana (مليانة).

— Nous sommes arrivés à Oran (وَهْران) le vingt-deuxième jour de ce mois, et nous en sommes partis le vingt-cinquième. — On a partagé (قسم) l'héritage (ميراث) de notre voisin. — On a donné le quart de l'argent à son frère ; le huitième à sa sœur ; le cinquième à son fils ; le neuvième à chacune de ses deux femmes, et le reste aux pauvres.

## 85e LEÇON — الدَّرْس الخَمْسة وثمانين

### VERSION LXIII

صاحب الخروب مَعَ جِيرانه

كان لواحد الرَّجل خروف سمين * حبّوا جيرانه يحْتالوا عليه وياكلوا خروفه * قالوا له واحد النّهار يا جارنا غدوة تقوم القيامة واليوم آخر ايّام الدّنيا * يا الله نروحوا للجِنان ونذبحوا الخروف وناكلوه على خاطر غدوة نموتوا الكلّ * عمل الرَّجل روحه صدّقهم ومشى معهم للجِنان وذبحوا الخَروف وكلاوه * ولاكن كيف صاروا في وسْط النّهار تنفوّت عليهم السّخانة * نَحّوا حوايجهم ودخلوا الكلّ في المَاء إلّا صاحب الخروف لَمّ اللّباس وخبّاهم وكان مراده يبيعهم كيف يرجع للبلد * كيف خرجوا الأخرين من الماء وما صابوا شي لباسهم نشدوا الرَّجل وقالوا له

وَايْن دِرْت حْوَايجْنَا ۞ فَال لْهُم يَا اصْحَابِي حرْفتْهُم عَلَى خَاطر غذْوة يَوْم الڤيَامة وَمَا تلْزم اللّبَاس لحتّى واحد ۞

**Notes.** — اخْتَالُوا *jouer un tour* (ils emploient la ruse); اخْتَال, VIII<sup>e</sup> forme (rac. حيل).

— غذْوة تْڤوم الڤيَامة *c'est demain le jour de la Résurrection* (m. à m. : *demain se lèvera la Résurrection*). — ڤيَامة signifie aussi *soulèvement, révolte*.

— وَمُرَاده يْبيعْهُم *dans l'intention de les vendre* (m. à m. : *et était son intention il les vend*). — مُرَاد est le participe du verbe dérivé اراد (IV<sup>e</sup> forme), et signifie *chose désirée*.

— وَمَا تلْزم اللّبَاس لحتّى واحد *et personne n'aura plus besoin de vêtements* (m. à m. : *et ne seront nécessaires les vêtements à pas un seul*). Le verbe تلْزم est au féminin singulier. — Lorsqu'un verbe a pour sujet un pluriel de choses, ce verbe peut se mettre au féminin singulier. — Il en est de même des pronoms qui se rapportent à ces pluriels.

(Cette règle est loin d'être généralement observée.)

## THÈME LXII

Mon intention est d'aller nager (يعوم عام, *fut.*) aujourd'hui à la mer. — Son intention est d'aller nager demain à la rivière. — Leur intention est d'aller nager à la mer. — Elle a l'intention de venir vous voir. — Notre intention est d'acheter au marché un mouton très gras, pour l'égorger dimanche, car nous avons une noce (عرس) ce jour-là. — Ramassez les feuilles de papier qui sont tombées à terre. — Ramassez les copies (نسخ). — Les avez-vous ramassées ? — J'ai ramassé les copies ; les voici. — Qu'as-tu ramassé ? (رمد). — J'ai ramassé mon mouchoir (محرمة) qui était tombé. — Ma fille, ramasse ton livre.

## 86ᵉ LEÇON – الدّرس السّتّة وثمانين

### VERSION LXIV

هرون الرّشيد والرّجل الّي كان يقول أنا ربّ العالمين

قالوا بايّ الخليفة هرون الرّشيد سمع واحد النّهار عياط في الزّنقة ٭ خرج من قصره وشاب الغاشي بالزّاوي ٭ تقدّم باش يعروب حقيقة الأمر وشاف رجل في وسط النّاس وهذا الرّجل كان يقول أنا ربّ العالمين ٭ كيف سمعه هرون الرّشيد أمر يقبضوه ويجيبوه في المجلس ٭ كيف صار

فدّامه فال له الخليفة هذه الايّام جابوا لي واحد الرّجل كان يقول أنا رسول الله ٭ أمرْت الشّواش يرموه في الحبس وبعد يومين قُلت للسّيّاف يقطع له راسه ٭ فعد الرّجل يسمع كلام السّلطان وما تبدّل شي وجهه وفال بعد ساعة يا خليفة عملت الواجب مع عبادي على خاطر هذا الرّجل كان فاجر وما رسلتـه شي بالكلّ وسرّحتك تعاقبه على كذبه ٭ كيف سمع السّلطان هذا الكلام حبّ ينطلق بالضّحك وأمر يطلقوا الرّجل بعد ما اعطاه نصيب من الدّراهم ٭

**Notes.** — شاف العاشي ياسر *il vit une grande foule*; syn.: شاف خاطر ياسر, — شاف زحمة كبيرة, — شاف حضبة كبيرة (Tunis).

— أمر يقبضوه *il le fit arrêter* (m. à m.: *il ordonna ils le saisissent*). L'idée de *faire faire* se rend souvent à l'aide de l'un des verbes أمر *il a ordonné*, — قال *il a dit*, — بعث لـ *il a envoyé à...*, — وصّى *il a recommandé*; Exemples: *le roi le fit mettre à mort*, أمر السّلطان يقتلوه; *mon enfant, faites monter votre frère*, يا وليدي فل طلع لخوك; *le roi le fit venir devant lui*, بعث له; *je lui ai fait dire, par mon* الملك يحضر فدّامه

*frère, de venir demain,* وصّيت خوي يقول له يجي غدوة. — On a vu (leçon 35ᵉ) que, pour traduire l'idée de *faire faire*, il suffit souvent de mettre un chadda sur la 2ᵉ radicale. Il y a, cependant, une nuance bien marquée entre cette dernière manière de rendre la tournure en question et celles que nous avons indiquées plus haut ; ainsi, طلّع هذا الولد signifie *montez cet enfant*. *Faites monter cet enfant* se dirait : قل لهذا الولد يطلع.

مجلس — *tribunal*, ou plutôt *lieu des séances* (rac. جلس *s'asseoir*). Ce mot est un nom indiquant le *lieu*. — Les mots qui indiquent le lieu où l'on fait une action, où se trouve une chose, se forment en mettant un م devant les trois lettres de la racine ; quelques-uns sont terminés par un ة ; Exemples : مسكن *lieu où l'on demeure* ; مسجد *lieu où l'on se prosterne (mosquée)* ; مقبرة *lieu où l'on enterre (cimetière)* ; محكمة *lieu où l'on juge (tribunal)*. — Le م initial porte régulièrement le son *a* : مَ.

## THÈME LXIII

Le roi a fait appeler cet homme. — Le calife a fait mettre en prison le meurtrier. — Le cadi a fait mettre à mort ce pervers. — Le juge te fera mettre en prison si tu continues à mentir. — Chaouch, faites entrer le plaignant. — Y a-t-il encore des plaignants à la porte ? — Faites-les entrer l'un après l'autre, chacun à son tour. — Qu'avez-vous fait venir de Blida ? — J'ai fait venir une caisse (صندوق) remplie d'oranges. — Qu'a-t-elle fait venir de Constantine ? — Elle a fait venir une caisse remplie de livres. — Un enfant doit écouter les paroles de ses parents. — Vous devez étudier pendant que vous êtes jeunes, car, lorsque vous serez grands, vous ne pourrez plus étudier. — Je veux vous citer (ذكر) un proverbe que vous devez écouter et ne pas oublier : « Étudier (l'étude, ٱلتَّعْلِيمِ) quand on est jeune (dans la jeunesse), c'est graver (كيب ٱلنَّفْشِ) sur la pierre ; étudier quand on est âgé, c'est graver sur la mer. » — Cet homme s'appelle le serviteur de Dieu, celui-là le serviteur du Puissant, celui-ci le serviteur du Clément.

---

## 87ᵉ LEÇON — الدَّرْس السَّبْعَة وثمانين

### VERSION LXV

جحا مع صاحب البحيرة

واحد النهار خذا جحا معه فقة ودخل يـﻩ بحيرة وكيف ما شاب فيها احد سرق منها الزروديّة واللفت والباذنجال

وغيرهم فدّ ما ينجم يحمّل * ولاكن دخل صاحب الجنان على غفلة. وقال له اشكون أنتَ واش كان داخل الفقية * خاب جحا وما صاب أش يجاوب * ختم ساعة وقال يا سيدي وقت اللّي كنتُ جايز قدّام جنانك هبّ ريح قوي رماني في هذا المضرب * فال صاحب البحيرة سلّمنا بآلي الرّيح رماك هنا ولاكن اشكون اللّي قلع اللّفت و الزّروديّة والباذنجال ولمّهم * فال له على خاطر الرّيح كان شديد وكان يرميني هناك وهناك وكيو كُنْتُ نحكم نفسي يے حاجة كانت تبقى يے يدي * فال الرّجل مليح سلّمنا هذا أيضًا وقُل لي ذا الوقت اشكون ملا بهم الفقية * فال والله يا خوي أنا الآخر كُنْتُ نتفكّـر يے هذا الشي كجيت أنتَ *

**Notes.** — فدّ ما ينجم يحمّل *autant qu'il pouvait en porter* (m. à m. : *quantité de ce qu'il pouvait porter*). — Le mot فدّ, *quantité*, a donné naissance à diverses expressions : هوَ كبير فدّ الجمَل *il est aussi grand qu'un chameau* ; — فدّاش *combien...?* (*quantité de quoi...?*) — فدّ فدّ *juste, précis*

(m. à m.: *quantité quantité*); — فدّ ما عندك
فدّ ما عندي *j'en ai autant que vous;* — فدّ ما عندي
*vous en avez autant que moi;* — فدّ ما عندك
فدّي فدّك *je suis aussi grand que vous* (ici, فدّ
pourrait être traduit par son sens propre :
*taille*).

— وقت اللي كنت جايز *au moment où je passai...*

— أنا الآخر كنت نتفكّر في هذا الشّي *c'est ce à
quoi je réfléchissais aussi (moi l'autre)*.

### THÈME LXIV

Ce jardinier a beaucoup de légumes (خضرة) dans son jardin. — Il a des aubergines, des carottes, des navets et d'autres légumes. — Que voulez-vous mettre dans ce panier ? — Je veux y mettre les légumes que j'achèterai au marché. — Appelez un portefaix pour qu'il me porte ce panier. — Achetez autant de légumes que vous pourrez en porter. — Mets dans ce panier autant d'aubergines que tu pourras en porter. — Cet enfant est aussi grand que le mien. — J'ai autant de légumes dans mon jardin que vous en avez dans le vôtre. — Au moment où il est arrivé, le vent était très chaud. — Le vent souffle aujourd'hui avec force. — Il ne fait pas de vent. — Le vent était si fort cette nuit, qu'il a arraché les arbres de notre jardin.

## 88ᵉ LEÇON — الدّرس الثمانية وثمانين

### VERSION LXVI

### المَلِك الكَريم

يحكــوا على واحد المَلِك بالّي خرج مرّة للصّيادة وغاب على اصحابه وجرى في جرّة في بعض من الوحوش حتّى بعد من العساكر ٭ شاف واحد الرّاعي قاعد تَحْت شجـرة ٭ نزل من فوق حصانه باش يرشّ الماء حَشاكم وقال للرّاعي آحرزْ لي فرسي ٭ تقدّم الرّاعي وحكم اللّجام وشافه مطرّز بالذّهب والسّرج فانتَ عليه الذّهب ٭ طمع فيه وخرّج واحد السّكّين كان تَحْت فَنْدورته و غفّل السّلطان وقطع أطراف اللّجام وخذا الذّهب آلّي كان عليه ٭ كيف رود الملك عينيه شافه يسرف الذّهب ٭ غمّص كالسّاعة عينيه وحطّ راسه للأرض وقعد هكذا ساعة من الزّمان حتّى خذا الرّجل حاجته ٭ من بعد قام السّلطان وحطّ يده على عينيه وقال للرّاعي قدّم لي فرسي على خاطر طاح في عيني الغبار

من شدّة هبوب الرّيح وما نـنجم شي نوّنـجـهم ٭ فقدّمه ليـه وركّب السّلطان ومشَى حتّى لحق العساكر وقال لناسه اعطيت اطراف اللّجام لواحد الزّراعي ولازم ما تتّهموا احَد ٭

**Notes.** — (ذيك السّاعة pour) كالسّاعة *alors*.

— حاشاكُمْ *sauf votre respect*. Le mot حاشا, qui signifie *excepté*, est employé avec les pronoms affixes pour demander pardon de l'emploi d'une expression ou d'un mot qui éveille la répugnance ou le dégoût. On dit aussi : حاشا الّي — حاشا الله . حاشا مَنْ يسمع، يسمعوا *à Dieu ne plaise !*

### THÈME LXV

On a soupçonné cet homme d'avoir volé des légumes dans ce jardin. — Où est l'accusé ? — Faites entrer l'accusé. — Est-ce vous qui avez volé la bride brodée d'or ? — Non, Monsieur, ce n'est pas moi qui l'ai volée. — Sellez ce cheval. — Bridez-le et sanglez-le (حزّمه). — La bride est trop longue. — Les étriers (ركابات) sont trop courts. — Avez-vous mis (درّت) les éperons (شوابر) ? — Mettez le mors (جاس) à ce cheval. — Quel est le brodeur qui a brodé cette selle ? — Il faisait beaucoup de vent hier et avant-hier ; les routes étaient pleines de poussière : on ne pouvait pas ouvrir les yeux.

## 89° LEÇON – الدَّرْس التِّسْعة وثمانين

### VERSION LXVII

الرَّجل الوكَّال والبَدْوي

واحد الرَّجل من سُكَّان الصَّحْراء وهو وكَّال جاز مرَّة في دوَّار وعيَّط ضيَّف الله * خذاه واحد البدْوي رَجل كريم ودخَّله في خيمته وقدَّم له اربعَ خُبْزات وخرج باش يجيب له العدس * كيف رجع بالماعون صابه كلا الخُبْز * خرج وجاب له الخُبْز ولكن صابه كلا العدس * زاد خرج وجاب له طاجين معمَّر باللُّوبية * كيف رجع صاب ضيفه كلا الخُبْز * زاد خرج وعمل هكذاك تسع خطْرات مرَّة يجيب الخُبْز مرَّة يجيب اش يعدِّي به مثل الفول والجلْبان والبيض وغير ذالك * الحاصل جاب مشد معمَّر بالمحوَّر وحطَّه فدَّام الضَّيف * خذا هذاك مغروفة وبدا ياكُل حتَّى فرَّغه وشرب صطْلة لبن وقال ألحَمْدُ لله ونام * الغَدوة من ذاك كيف حبّ يصدّ مع الفجر قال له البدْوي اش

من بلَد راك فاصدها ٭ فال له يا خوي راني ماشي للبلَد الفلانيَة سمعت بآلّي فيها طبيب كبير يعروف يداوي كلّ مرض و حبّيت نشاوره على خاطر معدتي توجعني و راني قليل الإشتهاء ٭ فال له البذوي يا خوي نحبّ تعمل لي مزيّة ٭ فال له أنا هي ٭ فال له إذا ذهبت و برات معدتك تفضّل علينا و ما ترجع شي لنا مرّة أخرى ٭

Notes. — ضيف الله *un convive envoyé par Dieu (convive de Dieu).* C'est la formule qu'un Arabe en voyage emploie pour demander l'hospitalité, dans un douar (دوار) ou dans une tribu (عرش) où il ne connaît personne.

— خيمة *tente* (en poil de chameau), pl. خيام, syn.: فيطون pl. فياطن — ; بيت الشعر *tente* (surtout en toile) ; — خباء pl. خباوات *tente* (dont on se sert en expédition).

— مغرفة *cuiller* (instrument avec lequel on puise), de غرف *puiser.* — Les noms qui indiquent l'instrument avec lequel on fait quelque chose, se forment en mettant un مـ devant les trois lettres de la racine. Quelques-uns sont terminés par un ة, d'autres ont un ا après la 2ᵉ radicale :

مِحْصَد *faux* (instrum' avec lequel on fauche) de حصد

مِفْتَاح *clef* (instrum' avec lequel on ouvre) de فتح

مِكْنَسَة *balai* (instrum' avec lequel on balaie) de كنس

مِحْرَث *charrue* (instrum' avec lequel on laboure) de حرث

Le مـ initial des noms d'instruments a régulièrement le son i, مِـ, ce qui fait que dans les racines assimilées commençant par و, cette lettre faible se change en يـ. Ex. : مِيزان *balance*, pour مِوْزان (de وزن *il a pesé*).

— اَلْحَمْدُ لِلّٰه *louange à Dieu !* Mots par lesquels commence la première sourat du Coran (اَلْفَاتِحَة), et que les Arabes emploient dans maintes circonstances.

— صَدّ *partir, s'en aller, se mettre en route*; syn. دَبّ (Tunis).

### THÈME LXVI

Ce médecin guérit toutes les maladies. — Vous n'avez pas pu me guérir. — Ma mère a consulté un médecin qui lui a donné un bon remède (دَوَاء). — Ma fille souffre de l'estomac ; je veux aller consulter un médecin, car elle ne peut pas manger. — Votre fils est-il guéri ? — Il souffre encore de l'estomac et du ventre. — Qu'est-ce qui l'a rendu malade ? — Il est allé se baigner hier, à midi (وقت الظهر), et je crois que c'est ce qui l'a rendu malade. — Où est-il ? — Il est couché dans ma tente. — Je veux le voir, car je suis médecin ; peut-être pourrai-je le guérir. — Votre fils a la fièvre (est malade de la fièvre, بالسخانة). — Donnez-lui ce remède : il guérira promptement. — Avez-vous fait cela à dessein ? — Non, Monsieur, je ne l'ai pas fait exprès. — Pourquoi m'avez-vous frappé ? — Excusez-moi (اسمح لي), Monsieur, je ne l'ai pas fait exprès.

## 90ᵉ LEÇON — الدّرس التّسعين

### VERSION LXVIII

الرّجل الامين والتّاجر

كان في زمان الفاضي اياس واحد الرّجل معروف عند النّاس وهو رجل امين ويخاف من ربّ العالمين * واحد النّهار جاء له تاجر كان يحبّ يمشي يحجّ وامن عنده كيسة فيها حسبة كبيرة وسافر * كيف رجع من حجّه جاء لهذا الرّجل وطلب كيسته ولاكن نكّر الرّجل وما

حبّ شي يردّها له ٭ جرى التاجر عند الفاضي ايّاس و حكى له الحكاية ٭ فال له الفاضي اعلمت شي أحد بهذه الفضيّة ٭ فال له لا يا سيدي ٭ فال له يعرف شي هذا الرجل بالّي جيت عندي ٭ فال له لا ٭ فال له اتّالا رُحْ واكتمْ امرك وولّ عندي غدوة ٭ بعد ما مشى التاجر بعث الفاضي للرجل وكيف وصل فال له عندي اموال بالزاف وحبّيت ناتمنها عندك على خاطر سمعت بك رجل نافي وصادق رُحْ وجدّ واحد المضرب واين تخزنها ٭ خرج الرجل وهو بــَرْحان ٭ الغدوة من ذاك كيف جاء التاجر فال الفاضي امش لدار خصيمك واطلب منه وديعتك واذا زاد نكر فُلْ له ارُوحْ معَيْ عند الفاضي ايّاس نتحاكموا عنده ٭ عمل الرجل كما فال له الفاضي وكيف مشى لخصيمه وفال له اجِ معَيْ عند الفاضي ايّاس ردّ له هذاك الأمانة ساعة على خاطر كان يطمع في مال الفاضي ٭ ولاكن كيف جاء باش ياخذه سبّه الفاضي وطــــرده ٭

Notes. — الفاضي اتّياس *le cadi Iiâs.* —
مَعْروف عند النّاس *qui avait la réputation d'être* (m. à m. : *connu chez les gens...*). —
syn. مَشْهور، مَشْنوع، مَعْروف.

### THÈME LXVII

Je connais un homme de confiance chez lequel vous pouvez déposer votre argent. — Je viens vous réclamer le dépôt que je vous ai confié. — Il ne faut pas chasser les malheureux lorsqu'ils viennent vous demander l'aumône. — Je suis allé hier chez mon frère pour lui demander de l'argent, mais il m'a chassé de chez lui. — Notre voisin a nié avoir reçu un dépôt. — En quelle année êtes-vous allé à la Mecque ? — Mon père n'est pas ici ; il est allé faire le pèlerinage de la Mecque, et il ne reviendra que dans trois mois. — Les Arabes appellent *hâddj* (حاجّ) tout individu (كُلّ مَنْ) qui a fait le pèlerinage de la Mecque.

---

## 91ᵉ LEÇON — الدّرس الواحد وتسعين

### VERSION LXIX

الرحّاي وابنه والحمار

قالوا بالّي واحد الرحّاي كبير السنّ خرج مرّة مع ولده باش يبدّي حماره للسّوف ويبيعه ۞ ولاكن باش ما

يعيا شي الحمار مسكين في الطّريق وما يظهرشي للنّاس
صاحب وضعيف ربطوا له يديه ورجليه وبداوا يـرفدوا
بيه * هما ماشيين راڤدين الحمار كيف الشّريّة وناس
جازوا عليهم * كيـف شافـوا هذه الـدّعوة ضحكـوا حتّى
شبعوا وتمسخـروا عليهم * قال واحد منهم يا خَيْ ضحكة
الحمار بيـنهم ما شي اللّي راكم تـشوبوه * كيـف سمع
الرحّاي هذا الكلام فهم قلّة عقله وحلّ رباط الحمار وخلّاه
يتمشّى فدّامهم * جازوا ناس أخّرين وقالوا شفتـوا شي
المهابل هما ماشيين تـرّاسة والحمار بلا شي يجري فدّامهم
* اسْتنجّسن الرحّاي كلامهم وقال لولده اركب عليه * بعد
ساعة من الزمان زوج شيوخ تلاقوا بيهم وقالوا هذا الولد
ما يستحي شي هو راكب وبآباه شايب يتمشّى على رجليه
* خذا الرحّاي رايهم وركب هو على الحمار بعد ما نزل
ولده * مشى هكذاك وولده يتبع فيه حتّى لقوا ثلث
بنات * بداوا يغمـزوا في الشاب وداروا للشيخ وقالـوا
انتَ ما عندك قلب ما تحنّ شي على ولدك راك
راكب على حمارك مثل الباشا وهو مسكين يجري وراك

عيِّا ما ينجم شى يتبَّع بيك * كيف سمع الرحّاي
كلام البنات اشتحى وردّوب ولده * من بعد شويَّة جازوا
ثلث عُلَماء وقالوا هذوا زوج راكبين على واحد حبّوا يهلّكوا
هذا الحمار يمكن بالصحّ راهم ماشيين يبيعوا جلده يه
السوق * كيف سمع الرحّاي كلامهم تلفّتت لآبنه وقال
له يا آبني عُمرك ما تاخُذ رأي الناس على خاطر ما كان
مَن ينجم يعمل على مُراد الجميع و ما يرضي المخلوف إلَّا
الخالــــــــــف *

Note. — رحّاي meunier; à Tunis, طواحني.

___

### 92ᵉ LEÇON — الدّرس الاثنين وتسعين

#### VERSION LXX

المزابــــــــي المبنخـــــــوس

كان رجل يتمنّى من الله و يقول يا ربّي أَعْطِني الف
دينار بالصحّ إذا كان واحد ناقص ما نقبلهم شى * سمع
مزابي جاره و حبّ يجرّبه * خذا معه تسعمية و تسعة
وتسعين دينار و رماهم له من الشبَّاك * فرح الرجل وقال

ربّي أعطاني سوالي ٭ ردّ الكيسة و حسب ما كان فيها و صاب دينار واحد ناقص ٭ قال اللّي يعطي الكثير ما يبخل شي بالقليل و حطّ الدنانير في صندوقه ٭ تغشّش المزابي و هوّد للباب و دقدق عليه ٭ هبط الرجل و حلّ الباب ٭ قال له المزابي هات الفلوس ٭ قال له انا قلت ٭ قال له التسعمية و التسعة و تسعين دينار ٭ قال الرجل انا طلبت من ربّي حاجة و تبضّل عليّ بها و أعطاني تسعمية و تسعة و تسعين دينار و بلا شكّ يعطيني الواحد ايضًا باش يكمّل الالف ٭ قال له المزابي انا اللّي رميت الفلوس باش نجرّبك ما شي ربّك اللّي اعطاهم لك ٭ زادوا يتنازعوا حتّى قال له المزابي يا الله نروحوا انا و ايّاك عند القاضي ٭ قال له أنا رجل كبير السنّ ما نجم شي نتمشّى أعطني حمارك باش نركب عليه ٭ خرج المزابي يجيب في الحمار ٭ كيف رجع قال له الرجل اليوم راني برذان مدّ لي برنوسك نلبسه ٭ أعطاه الآخر برنوسه ٭ كيف وصلوا للمحكمة ادّعى المزابي بالّي اعطى الف دينار للرجل ٭ قال له القاضي تحقيق اعطاك هذا القدر ٭ قال الرجل يا سيدي

هذا يدّعي عليّ بالباطل كما هي عادته و انا نحلف يقول ثاني باللّي هذا البرنوس و هذا الحمار متاعه ٭ كيف سمع المزابي هذا الكلام قال بالسرعة نعم يا سيدي القاضي الحمار و البرنوس متاعي ٭ غضب عليه ذيك الساعة القاضي و قال لواحد من اعوان المحكمة طرّد هذا المزابي المشرّار ٭ طرّده العون و ملك الرجل الحمار و المال ٭

Notes. — تغشّش se mettre en colère; غضب s'irriter; اغتناظ se courroucer; حمق (moins employé) se fâcher, se mettre en colère.

— ادّعى المزابي le Mozabi prétendit... — ادّعى mis pour ادّعى (rac. دعا).

## 93ᵉ LEÇON — الدرس الثلاثة و تسعين

### VERSION LXXI

حكاية الصايغ الباهر

يحكوا باللّي رجل من اولاد الخلال كان عايب في صناعة الصياغة و ما كان شي في زمانه واحد يعرف خير منه ٭

ولاكن طاح به الحال وولَّى بفقير بعد ما كان غني *
كيف شاب روحه في هذه الحالة ما حبّ شي يزيد
يبقى في بلده و خرج قاصد بلاد أخرى * كيف وصل
فيها فتّش على سوق الصيّاغين وصاب واحد الحانوت
كان المعلّم متاعها يخدم للسلطان وتحت يده صُنّاع ياسر
يعملوا للسلطان الصياغة من كلّ نوع المسايس والخلاخل
والرّدايب والخواتم والمنافش والبزايم والمفصولات
والعصاصب والتلاسل ومثلهم * وكان هذا المعلّم مولى
مال كثير وعنده الوُصفان والخدم والفُرّاش والكلب
ولا حواش وغير ذالك * دخل الصايغ الغريب عند هذا
المعلّم وصار واحد من الصُنّاع الّي في هذه الحانوت وقعد
هكذا مُدّة من الزمان * وكان المعلّم مع كثرة ما في يده
مشحاح بالفضّة و ما يعطي له إلّا زوج فرانك في النهار
في حقّ خدمته وكانت خدمته تسوى اكثر من عشرة
فرانك وكان يربح عليه ثمانية فرانك في كلّ يوم *
واحد النهار بعث السلطان للمعلّم و اعطى له بردة مسياسة
متاع الذهب منبّتنة بالجواهر في غاية الحسن وهذه المسياسة

كانت مصنوعة في بلد أخرى وكانت في يد واحدة من نساء السلطان وتكسّرت * فال السلطان للمعلّم خذ هذه المسياسة ورقّعها * خذاها المعلّم ورجع لحانوته ووراها للصّنّاع اللّي كانوا عنده وفي البلد ولاكن حتّى واحد منهم ما فدر يرقّعها * كيف شاب المعلّم هذا الشي تغيّر وصار مغموم وبفت المسياسة عنده زمان طويل ما يعرف كيفاش يعمل والسلطان كان يطلبها كلّ يوم منه ويحرص عليه ويفول هذا المعلّم جاء له خير كبير من جهتنا ونال هذه النّعمة العظيمة وما ينجم شي يصلح مسياسة * كيف شاب الصّايغ الغريب الهمّ اللّي حصل للمعلّم حنّ عليه وفال في نفسه لازم نسلّك هذا المغبون من المصيبة اللّي حصل فيها ونرفع هذه المسياسة يا لوكان دام مشحاح معي وإن شاء الله يكافيني على الخير اللّي نحبّ نعمله معه * خذا ذيك السّاعة المسياسة ونحّى الجواهر وذوّب الذهب ومن بعد صاغها على حالتها الاولانية وحطّ الجواهر عليها وعادت خير ممّا كانت * كيف شابها المعلّم فرح فرح كبير ومشى للملك * استعجب الملك من خدمتها

وادّعى المعلم بالى هو الى رفعها ٭ اعطاه السلطان هديّة
كبيرة و خلع عليه ٭ رجع المعلّم لحانوته وما قال حتّى
كلمة للصانع الغريب وكيف كمّل النهار اعطاه الزوج
برانك كما كانت عادته وما زاد له حتّى برانك بوق
الزوج ٭ كيف شاب الصانع طبيعته الفاسدة سكت
وتوكّل على الله العلي العظيم ٭ بعد ايّام حبّ الملك
يعمل زويجة متاع المسايس على صورة السياسة الاولى
٭ امر الخدّام يعيّطوا له على المعلّم وكيف حضر اعطى له
كلّ ما يستحقّ ووصّاه يعمل المسايس بالعجلة ٭ جاء
المعلّم للصانع الغريب وخبّره بما قال السلطان ٭ قال
الصانع ما علينا نخدمهم بالمغاولة وإن شاء الله نكون
كمّلناهم من ثمّ لعشرين يوم ٭ بدا يخدم من الصباح حتّى
الليل والمعلّم ما يزيد له حتّى حاجة بوق الزوج برانك
وما يشكره شى على مزيّته ٭ ملّ الصانع من هذه الحالة
وقال ڤى نفسه لا بدّ نخبر السلطان بهذا الشي ونعلّمه
بالى انا هو الى صنعت المسايس ٭ نفش داخل المسايس
أبيات كان يشتكي فيها للسلطان بضيق حاله ويعلّمه

بظـلم المعلّم * نهار الى خلّص المسايس لقهم في القطن ومدهم للمعلّم * خذاهم هذاك وتبرّج بيهم من خارج وما شاف شي لابّيات وطلع بهم عند السلطان وهو فرحان وقدمهم له * وكان السلطان ما عنده شكّ بالى هو والى صنعهم * اعطاه أجرة كبيرة وشكره ورجع المعلّم لأحانوت وما تلقّت شي بالكلّ للصانع * اليوم الثاني صافي خاطر الملك وعيّط على المراة الى عمل لها المسايس * حضرت قدامه وهي لابسة المسايس في يديها * خذاهم الملك باش يتبرّج في حُسن صنعتهم * هو يتبرّج وشاف الابّيات * بعد ما فراهم استعجيب وقال هذوا لابّيات يخبّروني بحال صانع المسايس والمعلّم كذب عليّ * غضب ذيك السّاعة غضب كبير وامر يجيبوا له المعلّم * كيف حضر قال له اشكون عمل هذه المسايس * فقال انا يا سلطان * فقال له هذه لابّيات الّي راهم منقوشين فيهم اش سبّتهم * فقال يا سيدي ما كان شي ابّيات * فقال له تكذب يا كلب وورّاهم له وقال له لوكان ما تقول لي شي ذا الوقت الحقّ نضرب عنقك

* كيف شاب المعلّم السلطان غضب دهش وعاد يتهتم في الكـلام وقال له اخـقّ * امـر الملك في اخّين يجيـبـوا الصّانع * كيف صار قدّامه سفـصاه وحكى له الصانع كلّ ما جرى له مع المعلّم * عـزل الملك المعلّم وامر بالّي امواله الكلّ يكـونـوا للصّانع * ولاكن كيف عرف الصّانع بالي سكن غضب السلطان تلطّف بـه حتّى سمح للمعلّم وصاروا الزّوج شركاء مع بعضهم بعض وقعدوا على هذا الحال زمان طويل حتّى فرّق بينـاتـهم الموت *

* والله اعلم *

**Notes.** — مع كـثـرة ما في يـده *malgré l'abondance de ses richesses, malgré sa fortune* (l'abondance de ce qui était dans sa main).

— كـان مشـحاح بالفـتوّة *il était excessivement avare.*

— بعث السّلطان للمعـلّم *le sultan manda le fabricant.*

— يا لوكان دام مشحاح معـي *malgré la persistance de son avarice avec moi.*

— مَالِّي (pour مِنْ اَلِّي) *de ce que...*

— فرح فرح كبير *il fut extrêmement joyeux*;
— غضب غضب كبير *il entra dans une violente colère.*

— ما عليه, expression qui signifie : *volontiers, avec plaisir*; m. à m. : *non sur cela (d'empêchement).*

— من ثمّ لعشرين يوم *d'ici vingt jours.*

— ما عنده شكّ بالّي *il ne doutait pas que..., il était persuadé que...*

— هذه لابيات الي... اش ستبّنهم *comment se fait-il qu'il y ait des vers gravés sur ces bracelets ?*

— تلطّف به *il l'amadoua, il eut recours à sa générosité, à sa douceur.*

— والله أعلم *et Dieu est le plus instruit!* Formule qui termine habituellement les récits.

---

## 94ᵉ LEÇON — الدَّرْسُ الأَرْبَعَةِ وَتِسْعِين

## SALUTATIONS ET COMPLIMENTS

| | |
|---|---|
| صَباحُ الخَيرِ يا سيدي | Bonjour, Monsieur. |
| صَباحُكُم بِخَيرٍ يا سيادي | Bonjour, Messieurs. |
| السَّلامُ عَلَيك * السَّلامُ عَلَيكُم | Que le salut soit sur vous ! |
| وَعَلَيكُمُ السَّلامُ وَالرَّحْمَةُ وَالبَرَكَة | *Réponse* : Que le salut soit sur vous, ainsi que la miséricorde et la bénédiction ! (de Dieu). |
| السَّلامة | Salut ! |
| نْهارَك مَبْروك * نْهارْكُم مَبْروك | Que votre journée soit heureuse ! |
| نْهارَك طَيِّب * نْهارَك زين | Que votre journée soit bonne ! — belle ! |
| اللهُ يُسَعِّد صَباحَك | Que Dieu rende heureux ton matin ! |
| مَسا الخَيرِ يا سيدي | Bonsoir, Monsieur. |
| مَساكُم بِخَيرٍ يا سيادي | Bonsoir, Messieurs. |
| اللهُ يُمَسِّيكُم بِالخَير | Que Dieu vous fasse trouver au soir en bonne santé ! |

| | |
|---|---|
| واش أنْتَ واش حَالَكْ * واش انْتُمْ واش حَالكُمْ | Comment allez-vous? Comment vous portez-vous? |
| أشْ حَال بَابَاكْ | Comment se porte votre père? |
| أشْ حَال دَارِكُمْ * كِيفَاشْ هِيَ دَارْكُمْ * كِرَاهِي دَارْكُمْ * اشْ حَال عْيَالكُمْ * اشْ حَال أهْلكُمْ * كِرَاهِي الخِيمَة * كِرَاهُمْ في البَيتْ * كِراهُمْ نَاسك * كِراهِي جَاءَتْكْ | Comment va-t-on chez vous? — (Ces différentes phrases sont employées pour s'informer de la santé de la femme arabe, dont il ne serait pas convenable de demander directement des nouvelles) |
| كِرَاكْ * كِرَاكُمْ * كِيبْ أنَّكْ (1) * كِيبْ أنَّكُمْ (1) | Comment allez-vous? |
| مَا عِنْدَكْ سُوءْ (1) | Vous n'avez pas de mal? (Vous portez-vous bien?) |
| رَانَا بْخِيرْ يِسَلّمَكْ وَأنْتَ اشْ حَالَكْ | Nous nous portons bien, merci; et vous, comment allez-vous? |
| بْخِيرْ مَا خَصَّنِي شِي (2) | Je vais bien : il ne me manque rien. |
| بْخِيرْ مَا خَصَّنِي غِيرْ وَجْهَكْ وَطُول عُمْرَكْ | Je vais bien : il ne me manque que (de voir) votre visage et la longueur de votre vie. |

---

(1) Expressions tunisiennes.
(2) On prononce habituellement ce mot : *chaï*.

| | |
|---|---|
| غير نسأل عليك | Je ne demande que de vos nouvelles. |
| راني بخير نحمد ربّي * | Je vais bien, grâce à Dieu. Je suis à mon aise. |
| راني على كيفي | |
| من اين أنت بخير أنا بخير | Si vous vous portez bien, je me porte bien. |
| الحَمْدُ لِلّٰه الّي راكم بخير | Nous remercions Dieu de votre bonne santé. |
| واين جيت مع صحّتك * | Comment vous portez-vous ? |
| كيف هي صحّتك | |
| راني مريض شويّة | Je suis un peu malade. |
| راني ما نقدرشى شويّة | Je suis un peu indisposé. |
| لا باس إنْ شاَء اَللّٰه | Ce ne sera rien, s'il plaît à Dieu. |
| اللّٰه يشفيك | Que Dieu vous guérisse ! |
| اللّٰه يحوطك من كلّ باس | Que Dieu vous préserve de tout mal ! |
| فدّاش ما شفناكم شى | Il y a bien longtemps que nous ne vous avons vus. |
| توحّشتك | Je m'ennuyais de ne pas vous voir. |
| اش كان اش ما كان | Quoi de nouveau ? |
| الخير كان والشّرّ ما كان | Tout va bien. |
| والديّ يسلّموا عليك كثير السّلام | Mes parents vous envoient mille salutations. |

| | |
|---|---|
| الله يجمعنا في ساعة الخير | Que Dieu nous réunisse dans le bonheur ! |
| — في ساعة مباركة — | |
| في وقت سعيد | |
| راني نبوس بيديك | Je vous baise les mains. |
| نّجم شي نروح نطلّ عليه | Puis-je aller lui rendre visite ? |
| كما حبّ خاطرك | Comme bon vous semblera. |
| وقت اللي حبّ خاطرك | Quand vous le voudrez bien. |
| سلّم عليه من عندي ۞ سلّم عليه على لساني | Saluez-le de ma part. |
| أهلا و سهلا | Soyez le bienvenu ! (Familiarité et aisance.) |
| مرحبا بك | Soyez le bienvenu ! (Ampleur avec vous.) |
| زارتنا البركة | Vous amenez avec vous la bénédiction (de Dieu) — M. à m. : Nous a visités la bénédiction. |
| ابق على خير | Restez en paix ! |
| أمش بالسلامة (بالعافية) | Allez en paix ! |
| في امان الله | Que la protection de Dieu vous accompagne ! |
| في وديعة الله | Au revoir ! (Sous la protection de Dieu.) |
| خليتكم على خير | Je vous laisse avec le bien. |

خلّيتكم في حفظ الله — Je vous laisse sous la protection de Dieu.

تمسّ على خير — Bonsoir. (Soyez au soir...)

خاطركم — Au revoir ! (*Expression employée avec le sens de : Je vous demande la permission de me retirer.*)

## 95ᵉ LEÇON — الدّرس الخمسة و تسعين

### SOUHAITS

الله يكون معك — Que Dieu soit avec toi !

الله يبارك فيك و يعزّك — Que Dieu vous bénisse et vous rende puissant !

الله يعاونك ou يعينك — Que Dieu vous aide !

الله يعيّشك — Que Dieu te fasse vivre !

الله يرحم الى ربّوك — Que Dieu reçoive dans le sein de sa miséricorde ceux qui vous ont élevé !

الله يستر والديك — Que Dieu protège vos parents !

الله يعطيك من كلّ خير — Que Dieu vous accorde toutes sortes de biens !

الله يخلف عليك — Que Dieu te rende la pareille !

الله يعطيك كلّ ما تتمنّى — Que Dieu t'accorde tout ce que tu souhaites !

| | |
|---|---|
| الله يبلّغك مقصودك | Qu'il vous fasse parvenir à l'objet de vos désirs ! |
| الله يجعلك تلقَى الخير | Qu'il vous fasse rencontrer le bien ! |
| يطوّل عُمرك | Qu'il prolonge votre existence ! |
| يشدّ لك في صحّتك | Qu'il vous conserve la santé ! |
| يكتّر خيرك | Qu'il augmente votre bien ! |
| الله يهنّيك | Qu'il vous accorde la tranquillité ! |
| الله يسهّل عليك كلّ أمر صعيب | Que Dieu vous rende facile toute affaire difficile ! |
| يجازيك بالخير | Qu'il vous récompense par le bien ! |
| الله يزيد في حُرمتك | Que Dieu augmente votre considération ! |
| يسعّدك ويرزقك | Qu'il vous rende heureux et vous accorde du profit ! |
| يعطيك الصحّة | Qu'il vous donne la santé ! |
| الله يغفر ذنوبك | Que Dieu pardonne vos péchés ! |
| ينجّيك من شبايك البلا | Qu'il vous délivre des filets du malheur ! |
| صحّيت * صحّة | Bravo ! — Parfait ! — Courage ! — Merci ! |
| الله يكافيك * يجازيك بالخير | Que Dieu vous rende la pareille ! vs récompense ! |
| امين يا ربّ العالمين | Amen ! Ainsi soit-il ô Maître des mondes ! |

## 96ᵉ LEÇON — الدّرس السّتّة و تسعين

### SERMENTS, EXCLAMATIONS, IMPRÉCATIONS, INJURES, VŒUX

| | |
|---|---|
| والله ۞ بالله | J'en jure par Dieu ! |
| وحقّ ربّي | J'en jure par la vérité de mon Dieu ! |
| وراسي | J'en jure par ma tête ! |
| وراسك | J'en jure par ta tête !.... (Je t'en prie....) |
| وراس باباك | J'en jure par la tête de ton père ! |
| على راس النّبي | J'en jure par la tête du Prophète ! |
| على وجه الله | Pour l'amour de Dieu ! |
| على رقبتي | J'en jure sur mon cou ! |
| وحقّ سماوات الله | J'en jure par les cieux de Dieu ! |
| بركة ربّي ۞ بركة النّبي | Bénédiction divine ! Bénédiction du Prophète ! |
| أمانة الله | Assistance de Dieu ! *(pour dire : Serait-il possible? Est-il vrai que....? Au nom de Dieu !...)* |
| يا لطيف | Ô Dieu doux ! *(pour dire : A Dieu ne plaise ! Grand Dieu !)* |

| | |
|---|---|
| Volontiers, avec plaisir ! | على راسي وعيني |
| Si je vous mens, je veux que Dieu me coupe la langue ! | اذا كذبت عليك الله يقطع لي لساني |
| Puissé-je être regardé comme un enfant du péché ! | أنا من اولاد الحرام |
| Que ma religion me soit défendue ! | حرام على ديني |
| Puisse Dieu envoyer sur ma tête un malheur ! | الله يبعث لي مصيبة على راسي |
| Puisse Dieu ne pas m'accorder ce que je souhaite et ne pas me permettre d'entrer dans le paradis ! | الله لا يعطيني ما نتمنى ولا يدخلني للجنّة |
| Chien, fils de chien ! | كلب بن الكلب |
| Infidèle, fils d'infidèle ! | كافر بن كافر |
| Maudit, fils de maudit ! | مسخوط بن مسخوط |
| Bête ! — Novice ! | بهيمة * بُجادي |
| Que la malédiction de Dieu soit sur toi ! | لعنة الله عليك |
| Que Dieu te maudisse ! | الله ينعلك (1) |
| Que Dieu maudisse tes parents ! | الله ينعل والديك |

---

(1) Il est à remarquer que, dans le verbe, les lettres de la racine لعن sont interverties dans l'usage oral.

— 311 —

| | |
|---|---|
| ينعل دينك | Qu'il maudisse ta religion ! |
| الله يجعلك ترقد وما تنوض شي | Que Dieu fasse que tu te couches et ne te relèves pas ! |
| اجهنّم عليك | Que l'enfer soit sur toi ! |
| البحر عليك | Que la mer soit sur toi ! (Va au diable !) |

## 97ᵉ LEÇON — الدرس السبعة وتسعين

### DU TEMPS (DURÉE)

| | |
|---|---|
| فداش راهي الساعة * أش بافي (1) * أش ماضي (1) | Quelle heure est-il ? |
| أشنو هو التعديل (2) | Quelle heure est-il exactement ? |
| قُل لي شحال راهي الساعة | Dites-moi quelle heure il est. |
| عندك شي ساعة (منفالة (2)) | Avez-vous une montre ? |
| ساعتي ما تتمشى شي | Ma montre ne marche pas. |
| ساعتي رقدَت | Ma montre s'est arrêtée. |

(1). Expressions tunisiennes. (Voir leçon des *participes présents*, page 196.)

(2) Expressions tunisiennes.

| | |
|---|---|
| ما عمّرتها شي البارح | Je ne l'ai pas remontée hier. |
| ساعتي تكسّرت لازم نّديها عند الساعنجي باش يرقّعها | Ma montre s'est cassée ; il faut que je la porte chez l'horloger pour la faire réparer. |
| مشى الحال * ما زال الحال | Il est tard. — Il n'est pas tard. |
| راهي الواحدة سوا سوا | Il est une heure précise. |
| راهي الزّوج غير دقيقة | Il est deux heures moins une minute. |
| راهي التّلاتة غير دقيقتين | Il est trois heures moins deux minutes. |
| راهي الاربعة وثلث | Il est quatre heures vingt (et un tiers). |
| راهي الخمسة وربع | Il est cinq heures et quart. |
| راهي السّتّة غير خمس دقايق (غير درج à Tun.) | Il est six heures moins cinq minutes. |
| راهي السّبعة وعشر دقايف (ودرجين à Tun.) | Il est sept heures et dix minutes. |
| راهي الثمانية بركة (غير الثمانية) | Il n'est que huit heures. |
| راهي قريب التّسعة | Il est près de neuf heures. |
| التّسعة ضربت | Neuf heures ont sonné. |
| راهي التّسعة وثلث أرباع | Il est neuf heures trois quarts. |
| ذا الوقت تضرب العشرة | Dix heures vont sonner. |
| العشرة ما زالت | Il n'est pas encore dix heures. |

| | |
|---|---|
| راهي العشرة و اكثر | Il est plus de dix heures. |
| راهي العشرة و نُصْف | Il est dix heures et demie. |
| الأحداش غير يضربت | Onze heures viennent de sonner. |
| راهي الاثناش | Il est midi. |
| نُصْب النّهار (الأوّل) à Tun. | Midi. |
| نُصْب الليل | Minuit. |
| راهي الواحدة مناع الليل | Il est une heure après minuit. |
| وقتاش يجي | Quand viendra-t-il? |
| يجي يمكن ع ساعة يمكن في ساعتين | Il viendra peut-être dans une heure, peut-être dans deux. |
| قُلْ له يجي على الثّلاثة قدّ قدّ | Dites-lui de venir à trois heures précises. |
| يجي ساعة بالّي راح | Il y a à peu près une heure qu'il est parti. |
| بطا بالزّاف برّا | Il est resté longtemps dehors. |
| يقعد يوم كامل في هذه البلد | Il restera un jour entier dans cette ville. |
| يمشي في يومين و إلّا ع ثلاث أيّام يمكن غدوة يمكن غير غدوة عند الصّباح | Il partira dans deux ou trois jours; peut-être demain, peut-être après-demain matin. |

| | |
|---|---|
| وصل البارح في الليل | Il est arrivé hier, dans la nuit. |
| راح اول البارح مَعَ الفجر | Il est parti avant-hier, au point du jour. |
| نُضْتِ اليوم بَكري | Tu t'es levé, aujourd'hui, de bonne heure. |
| خرجْتِ امس قبل طلوع الشَّمْس | Tu es sortie hier, avant le lever du soleil. |
| الغَدْوة من ذاك واين مشيتوا | Le lendemain, où êtes-vous allés ? |
| في الزمان كُنْدوا تروحوا عندهُمْ كُلّ يوم | Autrefois, vous alliez tous les jours chez eux. |
| تَمْشى شى تَحوّس هذه العشيّة | Irez-vous vous promener cette après-midi ? |
| ولِّ (آرجع) قبل المغرب | Revenez avant le coucher du soleil. |
| واين كُنتوا في هذا الوقت | Où étiez-vous à ce moment ? |
| ما نَنْجم شى نتمشّى في الظلام | Je ne peux pas marcher dans l'obscurité. |
| مُسْلم ملازم عليه يصلّي خمس مرّات (اوقات) فى النَّهار * صلاة الفجر * صلاة الظهر * صلاة العصر * صلاة المغرب * صلاة العشاء | Un musulman doit faire cinq prières par jour : la prière de l'aube, — celle de midi, — celle de quatre heures de l'après-midi, — celle du coucher du soleil, — celle de la soirée. |
| كان سَبْعة ايّام فى الجُمْعة | Il y a sept jours dans la semaine. |
| المَرّة بعد المَرّة يجي عندي نهار الاحَد | Il vient quelquefois chez moi le dimanche. |

| | |
|---|---|
| نهار الاثنين مرّة يجي يشوفنا مرّة ما يجي شي | Le lundi, tantôt il vient nous voir, tantôt il ne vient pas. |
| بَعْض المرّات ما يخدم شي نهار الثلاثاء | Parfois, il ne travaille pas le mardi. |
| يمشي دايمًا للسّوق نهار الاربعا | Il va toujours au marché le mercredi. |
| من هنا ليوم نروح عندهم نهار الخميس | A l'avenir, j'irai chez eux le jeudi. |
| يمشي للجامع مرّات عديدات نهار الجمعة | Il va souvent à la mosquée le vendredi. |
| حتّى اليوم ما بطّلنا شي الخذمة نهار السّبت | Jusqu'à ce jour, nous n'avons pas cessé de travailler le samedi. |
| يجي عن قريب | Il viendra sous peu. |
| في السّابق كان هنا سوق في كلّ جمعة | Autrefois, il y avait ici marché chaque semaine. |
| من ثمّ شويّة يكون هنا | D'ici quelque temps, il sera ici. |
| مات في الوقت | Il est mort sur-le-champ. |
| طاح في الحين | Il est tombé à l'instant. |
| كان اربعة جمعات في الشّهر | Il y a quatre semaines dans le mois. |

| | |
|---|---|
| Il y a douze mois dans l'année. | كان اثناش شهر في العام |
| Les mois de l'année sont: janvier, février, mars, avril, mai, juin, juillet, août, septembre, octobre, novembre, décembre. | شهور السنة هُمْ * يَنّار * فورار * مارس * أبريل * مايو * يونيو * يوليو * غشت * سَنَّبر * اكتوبر * نُوَنبر * دجنبر |
| Année hégirienne. | سنة هِجرِيَّة |
| Année julienne (propr<sup>t</sup>: persane). | سنة عَجَمِيَّة |
| Année grégorienne. | سنة اورْجِيَّة |
| Les mois arabes sont : | شهور العرب هُمْ |

| Dans les écrits : | | Chez le peuple : |
|---|---|---|
| مُحَرَّم | 1<sup>er</sup> | عاشورا |
| صَفَر | 2<sup>e</sup> | شايع عاشورا |
| ربيع الأول | 3<sup>e</sup> | المولود |
| ربيع الثاني | 4<sup>e</sup> | شايع(1) المولود |
| جُمادى الأولى | 5<sup>e</sup> | جهاد الأول |
| جُمادى الثانية | 6<sup>e</sup> | جهاد الثاني |

---

(1) En Tunisie, on dit ربيب المولود.

| | | |
|---|---|---|
| رجب | 7ᵉ | رجب |
| شعبان | 8ᵉ | شعبان |
| رمضان | 9ᵉ | رمضان |
| شوّال ou العيد الصغير ou عيد الفطر | 10ᵉ | شوّال |
| ذو القعدة ou الجلب ou بين الاعياد | 11ᵉ | ذو القعدة |
| العيد الكبير ou العيد الاضحى | 12ᵉ | ذو الحجّة |

(Ces mois ne correspondent pas à ceux du calendrier grégorien. Les Arabes calculent leurs mois sur la lune, de sorte que leur année se trouve être de onze jours plus courte que l'année solaire.)

## 98ᵉ LEÇON — الدّرس الثمانية و تسعين

### DU TEMPS (ATMOSPHÈRE)

| | |
|---|---|
| كان أربعة فصول في العام * الربيع * و الصّيف * و الخريف * و الشتآء | Il y a quatre saisons dans l'année : le printemps, l'été, l'automne et l'hiver. |
| رانا ذا الوقت في فصل الرّبيع | Nous sommes maintenant dans la saison du printemps. |
| الحال زاه مليح بالزّاف | Le temps est très beau. |
| الحال مستوي — معدّل | Le temps est égal (en équilibre). |

| | |
|---|---|
| Le temps est serein. | الحال صاحي |
| Le temps est doux. | الحال دافي |
| L'air est pur. | الهوا راه صافي |
| Le temps est brumeux. | الحال مضبّب |
| Hier, il y avait beaucoup de brouillard. | البارح كان الضّباب بالزّاف |
| Ce matin, il y avait de la rosée sur l'herbe et sur le fourrage. | هذا الصباح كان النّدا على الحشيش وعلى الفرط |
| Les plantes commencent à germer : la terre est couverte de verdure. | شفّ كيفاش يخرجوا النباتات من الأرض الدّنيا راهي مغطّية بالخضورة |
| Sentez-vous ce doux zéphyr ? | راك شي تحسّ بهذه النّسمة الحبيبة |
| On se porte toujours bien dans cette saison. | العبد يكون دايمًا صحيح في فصل الرّبيع |
| La chaleur, aujourd'hui, m'a accablé. | اليوم السّخانة غمّتني |
| Je croyais être dans un four. | كُنت نظنّ بالي أنا في كوشة |
| J'étais trempé de sueur. | العرق كان يسيل من جسدي كالواد – كُنت مكسي بالعرق |

| | |
|---|---|
| الحال راه سخون بالزّاف | Le temps est très chaud. |
| اش يظهر لك من هذا القبلي (الشهيلي à Tun.) | Que pensez-vous de ce siroco? |
| يا سيدي مرّضني | Il me rend malade. |
| وزِدْ كان الغبار ياسر ما ينجم شي بن آدم يتنفّس | En outre, il y a tellement de poussière, que l'on ne peut pas respirer. |
| ما نَنجم شي نَقعد في بلادكم القايلة تموّتني | Je ne puis pas rester dans votre pays : la chaleur me tuerait. |
| هذا فصل الخريف | Voici l'automne. |
| الحال فاسد | Le temps est gâté. |
| الحال ما منه شي | Le temps est mauvais. |
| الحال مبوّز | Le temps est affreux. |
| هبّ الريح هذه الليلة حتّى ما خلّاني شي نرقد | Le vent a été tellement fort cette nuit, qu'il m'a empêché de dormir. |
| السماء معمّر بالسحاب | Le ciel est couvert de nuages. |
| نخاف تكون براشكة لوكان ما يسكن شي الريح | Je crains qu'il ne fasse une tempête, si le vent ne s'apaise pas. |
| شفت شي البرق | Avez-vous vu les éclairs? |
| البرق شَوَّشني | Les éclairs m'ont ébloui les yeux. |

| | |
|---|---|
| اسمَع الرعد كيفاش يتكلّم | Écoutez gronder le tonnerre. |
| نخاف نطيح الصّاعفة | Je crains que la foudre ne tombe. |
| ما عندك ما تخاف الصّاعفة عُمرها ما طاحت في بلدنا | Vous n'avez rien à craindre : la foudre n'est jamais tombée sur notre ville. |
| بدا يصبّ النّو | La pluie commence à tomber. |
| يا الله نروحوا نتدرّفوا في واحد المضرب | Allons nous mettre à l'abri quelque part. |
| راه يصبّ التبْروري (الـحجر) | Il tombe de la grêle. |
| الغلّة بالكلّ تفسد لوكان ما يبطل شي التّبروري | Les fruits vont être perdus si la grêle ne cesse pas de tomber. |
| غدوة يحملوا الويدان | Demain, les rivières seront grosses. |
| راه يصبّ المطر مثل الطّوفان | La pluie tombe à verse (comme le déluge). |
| شُقَب فوس النّبي (زين قدح) | Regardez l'arc-en-ciel. |
| الطرفان راهم معمّرين بالغرفة (بالطّمعة) à Tun. | Les rues sont pleines de boue. |
| البحر راه هايج | La mer est mauvaise. |
| الأمواج راهم كبار | Les vagues sont grosses. |
| الحال راه بارد | Le temps est froid. |

| | |
|---|---|
| الحال راه مندّي | Le temps est humide. |
| البرد اليوم شديد | Le froid, aujourd'hui, est vif. |
| هذه الليلة كنت نرتعد و قلب براشي | Je grelottais au lit cette nuit. |
| الحال ناوي | Le temps est à la pluie. |
| الصباح كنـضّت شفت الجبال مغطيين بالثلج | Ce matin, en me levant, je vis les montagnes couvertes de neige. |
| مشيت نحوّس في جناني وصبّت ماء الصهريج مجلّد | Je suis allé me promener dans mon jardin, et j'ai trouvé l'eau du bassin glacée. |
| رميت حجرة على الجليد وما تكسّرشي | J'ai jeté une pierre sur la glace qui ne s'est pas cassée. |
| حتّى الزّيت صبته جمد في القرعة | L'huile même était gelée dans la bouteille. |

## 99ᵉ LEÇON — الدّرس التسعة و تسعين

## MAXIMES, PROVERBES ET DICTONS

| | |
|---|---|
| القليل من الحبيب كثير | Peu venant d'un ami est beaucoup. |
| حجرة من يد الحبيب تفّاحة | Une pierre venant de la main d'un ami est une pomme. |

21

| | |
|---|---|
| آلْعَقْبَة آلِّي توصّل للحبيب حدورة | La montée qui mène chez un ami (doit être regardée comme) une descente. |
| كلام آلْعدو يضحّك وكلام آلحبيب يبكّي | Les paroles de l'ennemi font rire; celles d'un ami font pleurer. |
| إذا كان حبيبك عسل ما تاكُله شي كامل | Si votre ami est (bon comme) du miel, ne le mangez pas complètement. |
| حبيبك القريب خير من خوك البعيد | L'ami qui est près de vous vaut mieux que votre frère qui est éloigné. |
| محبّة الشّارب والقلب هارب | Amitié des lèvres : le cœur est loin (fuyant). |
| آلّي يكثر آلْأحباب يبقى بلا حبيب | Celui qui augmente le nombre de ses amis restera sans ami. |
| الصّديق تعرفه في زمان الضّيق | On connaît les vrais amis dans le malheur. |
| صاحبك قابله وعدوّك جانبه | Votre ami, regardez-le en face; votre ennemi, laissez-le de côté. |
| عدو عاقل خير من صديق جاهل | Un ennemi intelligent vaut mieux qu'un ami ignorant. |
| آلعدو ما يرجع صديق والنّخالة ما ترجع دفيق | L'ennemi ne se changera pas en ami, pas plus que le son en farine. |

| | |
|---|---|
| حاسبني حساب عدوك وكلني ماكلة خوك | Règle mon compte comme si j'étais ton ennemi, et nourris-moi comme ton frère. |
| اللي ما يعاون خوه في الضيق ما يصيبه في الشدّة رفيق | Celui qui n'aide pas son frère dans la gêne ne trouvera pas en lui un compagnon dans l'adversité. |
| كيف تتفكّر الكلب حضّرله عظم | Quand tu te souviens du chien, prépare-lui un os. |
| ما تطرّد الكلب إلا ما تعرف سيده | Ne chasse pas un chien sans savoir quel est son maître. |
| اللي يحفر حفرة لخوه يطيح فيها | Celui qui creuse un trou pour son frère y tombe. |
| اللي يخلط في العسل لا بُدّ يلعق صبعه | Celui qui touche (se mêle) au miel est obligé de se lécher le doigt. |
| اللي يحبّ العسل يصبر على قرصة النحل | Celui qui veut avoir du miel doit supporter les piqûres des abeilles. |
| اللي بات مات | Ce qui est passé est mort (ne parlons plus du passé). |
| أشكر العرّوم ولوكان يكون عدوّك | Vante le brave, serait-il ton ennemi. |
| اللي يشكروه مايـة ما يـذمّوه اثنين | Celui que cent personnes louent ne saurait être calomnié par deux. |

| | |
|---|---|
| اَلْعِلْمُ خَيْرٌ مِنَ ٱلْمَالِ | La science vaut mieux que les richesses. |
| اَلتَّعْلِيمُ فِي ٱلصِّغَرِ كَيفَ ٱلنَّفْشِ فِي ٱلْحَجَرِ وَٱلتَّعْلِيمُ فِي ٱلْكِبَرِ كَيفَ ٱلنَّفْشِ فِي ٱلْبَحَرِ | L'étude dans la jeunesse ressemble à la gravure sur la pierre ; l'étude dans la vieillesse, à la gravure sur la mer. |
| اَلِّي يَحِبّ يَنَالُ ٱلْمَعَالِي يَسْهَرُ ٱللَّيَالِي | Celui qui veut arriver aux grandeurs doit passer les nuits. |
| اَلْمُسْتَحِي وَٱلْمُسْتَكْبِرُ مَا يَنَالُ شِي ٱلْعِلْمِ | Celui qui a honte et celui qui fait le fier ne peuvent obtenir la science. |
| اَلسُّكُوتُ مِنْ بَابِ ٱلرِّضَا | Qui ne dit mot consent. |
| اَلْكَلَامُ فِضَّةٌ وَٱلسَّكَاتُ ذَهَبٌ * اَلْهَذْرَةُ فِضَّةٌ وَٱلسَّكَاتُ ذَهَبٌ | La parole est d'argent, et le silence est d'or. |
| اَلتَّنَدُّمُ عَلَى ٱلسُّكُوتِ خَيْرٌ مِنَ ٱلتَّنَدُّمِ عَلَى ٱلْقَوْلِ | Il vaut mieux se repentir de s'être tu que d'avoir parlé. |
| كَلِمَةٌ وَاهْ تَجِيبُ ٱلْغَبِينَةَ كَلِمَةٌ لَا مَا تَجِيبُ ٱلْبَلَاءَ | Le mot *oui* amène le chagrin ; le mot *non* n'amène aucun mal. |
| إِذَا كَانَ ٱلْمُتَكَلِّمُ مَهْبُولٌ يَكُونُ ٱلْمُصْتِتُ عَاقِلٌ | Lorsque celui qui parle est insensé, celui qui écoute doit être sage. |
| اَلْفُمُّ ٱلْمَغْلُوفُ مَا تَدْخُلُهُ ذِبَّانَةٌ | La bouche qui est fermée ne laisserait pas entrer une mouche. |

| | |
|---|---|
| كيف يعرف الذيب فُلّ سلوقي من وراه | Lorsque le chacal sue, dites : « Il est poursuivi par un lévrier. » |
| اللي ما يشبع ما كان إلا يموت جيعان | Celui qui n'est jamais rassasié mourra certainement de faim. |
| القاضي يسمع من زوج | Le cadi doit entendre les deux parties. (Qui n'entend qu'une cloche n'entend qu'un son.) |
| لكلّ غدوة طعام | Chaque jour amène son pain. |
| من كثرت صنايعه مات بالجوع | Quand on a trop de métiers, on meurt de faim. |
| أنت عليك بالحركة وربّي عليه بالبركة | A toi de te donner de la peine (de te remuer) ; à Dieu de te bénir. |
| تسبّب وربّي يعينك | Cherche à te débrouiller, et Dieu t'aidera. |
| لكلّ دهر دولة ورجال | Chaque époque a son gouvernement et ses hommes. |
| كلّ كلب في بابه نبّاح | Chaque chien aboie fort à la porte de son logis. |
| كلّ صيد في جنفته فتّال | Tout lion est très courageux dans le défilé où il habite. |
| المارّة اللي يعطيك دراهمه كلب خير منه | Celui qui te donne son argent à intérêt vaut moins qu'un chien. |
| ما ينكر أصله غير البغل | Un mulet seul nie son origine. |

| | |
|---|---|
| مَعْروف كَالْبَرْد الأَبْقَع | Il est connu comme le bœuf blanc et noir. |
| الْخوف يعلّم السّباق | La peur apprend à courir. |
| البَرْد يعلّم سرْقة الفَحم | Le froid apprend à voler le charbon. |
| قَلْب الأَحْمق في فَمه وفَم العاقل في قَلْبه | Le cœur du sot est dans sa bouche; la bouche du sage est dans son cœur. |
| العاقل بالغَمْزة والجاهل بالدَّبْزة | Avec le sage, il suffit d'un signe; avec l'ignorant, il faut employer la force (le poing). |
| اولاد الحَمير بالرَّكْلة واولاد السّلطان بالسّكّين | Les fils des ânes sont menés à coups de pied; ceux des princes, à coups de sabre. |
| سبّق الحطب قبل ما يخطب | Il a fait sa provision de bois avant de faire sa demande en mariage. |
| لا تقول فول حتّى يكون في المَكْيول | Ne dis pas « j'ai des fèves » avant de les avoir dans le boisseau. |
| الضّحك بلا عجب من قلّة الأدب | Rire sans cause, c'est manquer de savoir-vivre. |
| اللّي خذانه أمّنا ينسمّى بابانا | Celui que notre mère a épousé doit être appelé notre père. |
| الفار الخبيب من سهم القط ياكل | Le rat alerte se nourrit sur la ration du chat. |

| | |
|---|---|
| الفطّوس اَلّي ما يَلْحَق شي الرية يقول ما أنتنها هِي | Le chat qui ne peut atteindre le morceau de mou (poumon), dit : « Qu'il sent mauvais ! » |
| اَلّي ما يَلْحَق شي الْعَنْفود يقول فارِص (حامض) | Celui qui n'atteint pas les raisins (grappes) dit qu'ils sont verts. |
| مولَى الذهب يْحَبّ ولوكان يكون كَلْب بن الكَلْب | Celui qui a de l'or est aimé, serait-il un chien, fils de chien. |
| هرب من الدَبّ طاح في الجَبّ | Il a fui l'ours et est tombé dans le puits. |
| هرب من الفَطْرة جاء تَحْت الميزاب | Il a voulu échapper à la goutte d'eau et s'est mis sous la gouttière. |
| جيت نَصْطاد صادوني | Je vins pour chasser, et j'ai été pris. |
| راح يَصْطاد ولَّى فَسْهية | Il est allé à la chasse et est revenu bredouille. |
| اَلّي ما بيه النفع اَدْفَعْ * بي هذِه ما يَنْفَعْ * في الآخرة ما يشْفَع | Celui qui ne peut t'être d'aucune utilité, repousse-le : dans ce bas monde il ne pourra te servir, et dans la vie future il ne pourra intercéder en ta faveur. |
| ظَنّ العاقل أصَحّ من يقين الجاهل | La supposition du sage a plus de valeur que la certitude du sot. |

## 100ᵉ LEÇON — الدَّرْس المايــتْ

### PROVERBES (Suite)

| | |
|---|---|
| خُذها مِن يدْ شَبْعان ولَوْ جاع وما تاخذْها شي مِن يدْ جِيعان ولَوْ شْبع | Accepte-le (le bienfait, l'objet) de la main d'un homme rassasié lorsqu'il a faim, mais ne l'accepte pas d'un homme affamé lorsqu'il est rassasié. |
| فَلْ لي يا سيدي وعَرِّني ولا تْقول لي يا كلْبي بعدْ ما تْغَنِّيني | Dépouillez-moi en m'appelant « monseigneur », mais ne m'enrichissez pas en me disant « mon chien ». |
| اَلّي يَسْرَقْ إبْرة يَسْرَقْ بَقْرة | Celui qui vole une aiguille vole une vache. |
| النَّاسي والبَدَّاح يفتّش على اللَّحم المَمْلَح | Le mendiant et le vagabond recherchent encore la viande soigneusement assaisonnée (salée). |
| كَالأبْرة تكْسي النَّاس وهي عَرْيانة | Semblable à l'aiguille qui habille les gens et qui est toujours nue. |
| الشَّمْعة تْضَوي وتَحْرَقْ نَفْسَها | La chandelle éclaire en se brûlant. |
| المَوْت أقْرَبْ لنا مِن الجَفْن للعَين | La mort est plus près de nous que la paupière de l'œil. |

| | |
|---|---|
| تعدّ على واد هدّار و ما تتعدّى شي على واد ساكت | Passez près d'une rivière qui fait du bruit en coulant, et ne passez pas près d'une rivière silencieuse. (Méfiez-vous de l'eau qui dort.) |
| آلّى وفى أجله يمدّ رجله | Celui dont le terme est arrivé doit étendre le pied. |
| كلّ بلاء دون الموت عافية | Tous les maux, hormis la mort, sont un bien (tranquillité). |
| الموت راحة | La mort est un repos. |
| كلّ نفس ذايقة الموت | Tout homme doit goûter la mort. |
| الموت في أخذ الثار خير من العيشة مع العار | Mourir en se vengeant vaut mieux que vivre dans la honte. |
| يا مزوّق من برّا اش حالك من داخل | O toi dont l'extérieur est si bien peint, comment vas-tu à l'intérieur ? |
| يا لاهي بهمّ النّاس و همّك كيتدير له | O toi qui te préoccupes des chagrins d'autrui, et tes propres chagrins, comment les calmeras-tu ? (que leur feras-tu ?) |
| ما يتحسّ بالجمرة غير اللى انكوى بها | Celui seul qui a été cautérisé avec la braise en connait la douleur (en a senti). |
| ما يحسّ بالمزود إلّا اللى انضرب به | Ne se fait une idée du poids du *mezoued* que celui qui en a reçu des coups. |

| | |
|---|---|
| اللي وجعتّه ضرْستُه يبتّش على الكلّاب | Celui dont la dent le fait souffrir cherche une clé (des tenailles). |
| اللي ما عنده شي سكّين بين الخراشب مسكين | Celui qui n'a pas de couteau au milieu des chardons est bien malheureux. |
| مولى النيّة يغلب مولى الحيلة | Celui qui agit avec bonne foi l'emporte sur celui qui agit avec ruse (le possesseur de...) |
| صنعة بوك لا يغلبوك | (Exerce) le métier de ton père, tu ne seras pas surpassé. |
| مصيبة تورّث مصيبة | Un malheur ne vient jamais seul (fait hériter). |
| إذا نطق طير الحرّ ما بقى ديك يأذّن | Lorsque le faucon se fait entendre, aucun coq ne chante plus. |
| إذا نطق طير البرني ما بقى عصفور يغنّي | Lorsque le faucon s'est fait entendre, il n'y a plus un seul oisillon qui ose chanter. |
| خالط الحدّاد تنال الحموم خالط العطّار تنال الشموم | Fréquente le forgeron, tu gagneras de la suie; fréquente le parfumeur, tu gagneras la bonne odeur. |
| ولدك وعبدك على قدر سعدك | Ton enfant et ton esclave se guideront sur ta fortune. |
| عشر معاصي تحت ربّي ولا واحدة تحت العبد | (Il vaut mieux commettre) dix péchés sous les yeux de Dieu, qu'un seul sous les yeux de l'homme. |

| | |
|---|---|
| يـتـعـلّـمـوا الحجّـامـة (النجامة) في رُوس اليتامى | Les perruquiers apprennent leur métier sur la tête des orphelins. |
| السّباع يهرّس والذّياب تاكل | Le lion met en pièces, et les loups dévorent. |
| بَتْ في غيظ لا تصبح في ندامة | Passe la nuit avec la colère, tu n'auras pas lieu de te repentir au matin. |
| مَنْ علا شانه كـثـرَت أحزانه | Celui dont le rang est élevé voit s'accroître ses chagrins. |
| أنا نشتكي له بخلا الدّار (بالعقم) وهو يقول لي شحال اولاد عندك | Je me plaignais à lui du vide de la maison (de la stérilité), et il me dit : « Combien d'enfants avez-vous ? » |
| لا تفرح لـمَن يروح حتّى تنظر من يجي | Ne te réjouis pas du départ de l'un avant d'avoir vu celui qui le remplacera. |
| البخيل كالحمار يحمل الذهب والفضّة ويتعلّق بالتـبـن | L'avare ressemble à l'âne qui porte de l'or et de l'argent, et qui se nourrit de paille. |
| طوّل الغيبة وجاء بالخيبة | Il a prolongé son absence, et il est revenu les mains vides. |
| كـلّ غيبة تزيد هيبة | Chaque nouvelle absence augmente la crainte respectueuse qu'on inspire. |
| الدّنيا جيفة وطلّابها كلاب | Les biens de ce monde ressemblent à une bête morte : ceux qui la recherchent sont des chiens. |

| | |
|---|---|
| الّي تصيبه راكب على حمار قُل له يا سيدي مبروك العود | Dites à celui que vous rencontrerez monté sur un âne : « Monseigneur, je vous fais mon compliment sur ce cheval (béni soit...). » |
| بُس الكلب من فمه حتّى تقضي حاجتك منه | Embrassez le chien sur sa bouche jusqu'à ce que vous ayez obtenu de lui ce que vous désirez. |
| الكلب بدراهمه يقولوا له سي الكلب | Au chien qui a de l'argent, on dit : « Monsieur le chien. » |
| كما تزرع تحصد | Comme vous semez, vous moissonnerez. (Comme on fait son lit, on se couche.) |
| الّي يزرع الشّرّ يحصد النّدامة الّي يزرع الخير يحصد السّلامة | Celui qui sème le mal moissonne le repentir ; celui qui sème le bien moissonne le salut. |
| الخير بالخير والبادي أكرم * الشّرّ بالشّرّ والبادي أظلم | (Faites) le bien pour le bien : celui qui commence est le plus généreux ; (faites) le mal pour le mal : celui qui commence est le plus coupable. |
| الّي ينسى الخير والشّرّ ما شي حُرّ | Qui oublie le mal et le bien n'est pas un homme de race (libre). |
| الغابة ما يحرقها غير عود منها | La forêt n'est brûlée que par son propre bois. (On n'est jamais trahi que par les siens.) |

| | |
|---|---|
| الدّومة تحرف خوتها | Le palmier nain brûle ses frères. |
| الجمل ما يشوف شي حذبته ويشوف حذبة خوه | Le chameau ne voit pas sa bosse et voit celle de son frère. |
| يا الطّبيب داو نفسك فبل ما تداوي النّاس | Docteur, guérissez-vous avant de (songer à) guérir les autres. |
| يا طبيب النّاس يا حاير في روحه | Médecin des autres, mais ne sachant comment se traiter lui-même. |
| اللّي يفول السّباع حمار يروح يرصّنه (يرسّنه) | Que celui qui dit que le lion est un âne aille lui mettre un licol. |
| ذيب يشمشم (يشمشط) خير من فسور راقد | Un loup qui cherche en flairant vaut mieux qu'un lion endormi. |
| كمشة نحل خير من شواري دبّان | Une poignée d'abeilles vaut mieux qu'un sac de mouches. |
| عصفور في اليد ولا عشرة على الشّجرة | Un moineau à la main vaut mieux que dix sur l'arbre. |
| وفيّة في الكبّ خير من سلطاني في التّلف | Une obole dans la main vaut mieux qu'un sultani (monnaie d'or) qui peut se perdre. |
| درهم في الصّرة خير من عشرة برّا | Un dirhem en poche vaut mieux que dix dehors. |

اللّي ما عنده فلوس ما يعَنِّفْ ما يبوس

Celui qui n'a pas d'argent ne peut ni donner l'accolade, ni embrasser.

اللّي عنده سميده كلّ يوم عيده

Celui qui a de la semoule est tous les jours en fête.

اللّي عنده القمح يسالف الدّقيق

Celui qui a du blé peut emprunter de la farine.

اذا شُفْتْ النّمل في الدّروج قُلْ السّميد في الغرفة

Lorsque tu vois des fourmis dans les escaliers, tu peux dire qu'il y a de la semoule au premier étage.

الكلب ما يتعكّر غير باين كلّا طريحة والّا باين شبعت كرشه

Le chien ne se rappelle que l'endroit où il a reçu une raclée, et celui où il a rassasié son ventre.

العمشاء في دار العميان تظهر كحلاء العين (¹)

La femme aux yeux malades (chassieux) passe pour avoir de beaux yeux noirs dans une maison d'aveugles.

ما تسمّن شي كلبك ياكلك خلّه بالجوع يتبّعك

N'engraisse pas ton chien, il te mangera ; laisse-le souffrir la faim, il te suivra.

لعبنا مع الكلاب صاروا بني عمّنا

Nous avons joué avec les chiens, et ils sont devenus des nôtres (fils de notre oncle). (Familiarité engendre le mépris.)

---

(1) On prononce *kah'lat-el-'aïn*.

## 101ᵉ LEÇON — الدَّرْس المايَة وواحد

### PROVERBES (Suite)

| | |
|---|---|
| بات ليلة في المَرْجة اصبح بن عم الجِران | Il a passé une nuit dans le marais, et s'est réveillé le cousin des grenouilles. |
| اَلِّي يديرْ راسُه في النخَّالة يبرّيشوه (ينفبوه) الجاج (الدجاج) | Celui qui met sa tête dans le son est picoté par les poules. |
| اَلِّي تصاحبه لا تلاعبه واَلِّي تخاويه لا تلاويه | Ne te joue pas de celui dont tu as fait ton compagnon, et ne circonviens pas celui dont tu as fait ton frère. |
| ذنب السلوقي ما تنتسقَّم شي ولوكان تديرها في الجعبة (في القالب) عشرين سنة | La queue du lévrier ne se redressera pas, quand bien même vous la mettriez vingt ans dans un tube (moule). |
| ولد الفار لا يطلع إلاّ حقّار | Un fils de rat ne saurait être qu'un rongeur (creuseur). |
| اَلِّي يترجَّى خير من اَلِّي يتمنَّى واَلِّي يتمنَّى خير من قاطع الايَاس | Celui qui patiente vaut mieux que celui qui souhaite; ce dernier vaut mieux que celui qui a perdu tout espoir. |

| | |
|---|---|
| الْمُنْيَة راس مال المفلَّاس | Faire des souhaits est le capital de l'homme ruiné. |
| كلّ ضيقة يبعدها فَرَج | Après la gêne, la délivrance. |
| الصَّبْر مفتاح الفَرَج | La patience est la clef de la réussite. |
| الدَّوام يثقب الرخام | Le temps (durée) troue le marbre. |
| إذا كُنْت ملزم اصْبُر ومن اين ترجع مهرو دقّ | Si tu es piquet, patiente; lorsque tu seras maillet, frappe. |
| صباح الخير يا جاري أَنْتَ فى دارك وأَنا فى داري | Bonjour, voisin; restons, toi dans ta demeure, et moi dans la mienne. |
| إذا بغضك جارك حوّل باب دارك | Si ton voisin te hait, déplace la porte de ta maison. |
| اطلب الجار فبل الدار والرفيق فبل الطريق | Informe-toi du voisin avant d'habiter une maison, et du compagnon de voyage avant de te mettre en route. |
| اَلّي يتكَّل على جاره يبات بلا عشا | Celui qui compte sur son voisin se couche sans souper. |
| الجار يكثِّر الزبل ويخرِّج الخبر | Le voisin (n'est bon qu'à) augmenter les ordures et à faire courir des bruits. |
| البَس فدّك وخالط ضدّك | Mets des habits à ta taille, et fréquente des gens de même condition que toi. |

| | |
|---|---|
| على قدْر بِساطَك مدّ رجْلَك | Allonge le pied suivant la grandeur de ton tapis! (Où la chèvre est attachée, il faut qu'elle broute.) |
| المذعور من الحنش من الحبل يخاف | Celui qui a été mordu par un serpent a peur même d'une corde. |
| اللي لدغَتُه الحيّة من ظلّ الحبل يفزع | Celui qui a été mordu par une vipère a peur même de l'ombre de la corde. |
| زين الرجل في عقله وعقل المرأة في حسنها | La beauté de l'homme est dans son intelligence; l'intelligence de la femme est dans sa beauté. |
| المرأة كيف المشموم من اين تمشي تشعشع رايحتها | La femme est comme un bouquet: aussitôt qu'elle bouge, elle répand son odeur. |
| ركوب الأفراس وطلسوف الأفراس وتفرقيب الاخراص يقلع الدود من الراس | Monter des coursiers, lâcher des meutes de chiens et entendre le cliquetis des bijoux (des boucles), enlèvent les soucis (le ver) de la tête. |
| الحرّية مع القلّة خير من الكثرة مع الذلّة | La liberté avec l'indigence vaut mieux que l'abondance avec la honte. |
| صدور الأحرار قبور الأسرار | Les cœurs (poitrines) des hommes libres sont les tombeaux des secrets. |
| اللي يكتم سرّه يبلغ مُراده | Celui qui cache son secret arrive à l'objet de ses désirs. |

| | |
|---|---|
| إذا كان القمر معك ما عندك حاجة فى النجوم | Lorsque la lune est avec toi, que t'importent les étoiles ! |
| إذا حبّك القمر بكماله واش عليك من النجوم إذا مالوا | Si la lune t'aime tout à fait, que t'importe si les étoiles s'éclipsent ! |
| علّمناه العوم سبقنا للبحر | Nous lui avons appris à nager, et il s'est jeté à la mer avant nous. |
| القط يعلّم بوه النطّ | Le chat apprend à sauter à son père. |
| الحبّة تدور وللرّحا ترجع | Le grain tourne et revient au moulin. |
| يدور القمح ويولّي لزبر (قلب) الرّحا | Le blé roule et revient toujours à la trémie. |
| اللى يقطر من الزّيتونة يجي فى جدرها | Ce qui coule de l'olivier tombe sur le tronc. |
| كلّ بلاد عند أهلها شام | Chaque pays, aux yeux de ses habitants, est une Syrie. |
| كلّ خنبوس عند أمّه غزال | Tout scarabée, aux yeux de sa mère, est (beau) comme une gazelle. |
| كلّ قرد فى عين بوه غزال | Tout singe, aux yeux de son père, est une gazelle. |
| اللى ينفل لك ينفل عليك * اللى يقذب لك يقذب عليك | Celui qui médit auprès de toi médira de toi. |

| | |
|---|---|
| فِي الْوَجْه مرايةْ وفِي القَفا مقَصّ | En face, il est comme une glace; derrière (dans la nuque), c'est une paire de ciseaux (il vous déchire). |
| نوالةْ من الكلخ ولا مولَى الدّار يتنفّخ | (Il vaut mieux habiter) une cabane en férule que de voir le propriétaire faire l'arrogant. |
| القليل مَعَ العافية خير من الكثير مَعَ البلا | L'indigence avec la tranquillité vaut mieux que l'abondance avec le malheur. |
| القليل مَعَ التّدبير أبقَى من الكثير مَعَ التّبذير | Petite fortune bien employée est plus durable que la richesse avec la prodigalité. |
| الرّاعي والخمّاس يتضاربوا عَلَى رزق النّاس | Le berger et le fermier se battent pour avoir le bien d'autrui. |
| سَل المجرّب ولا تسال الطّبيب | Consulte l'homme expérimenté plutôt que le médecin. |
| ما يرجع فارس حتّى يتهرّس | On ne devient cavalier qu'après s'être fait briser. |
| الفارس بلا سلاح كيف الطّير بلا جناح | Un cavalier sans armes est comme un oiseau sans plumes. |
| إذا شفت زوج من النّاس متعاشرين قُلْ الدّرك عَلَى واحد | Lorsque tu vois deux personnes qui se fréquentent, dis: « L'une des deux est dupe de l'autre. » |

| | |
|---|---|
| كَثْرَة المال مِحنَة لِلإنسان | L'abondance de richesses est une calamité (épreuve) pour l'homme. |
| الخمر مِفتاح كُلّ شَرّ | Le vin est la clef de tous les maux. |
| اَسْقِه وسَقْصِه | Fais-le boire et questionne-le. |
| الشّوب ما يبرّد الجوب | La vue ne rafraîchit pas le ventre. |
| حلاوة الرّاحة من مرارة التّعب | (On sent) la douceur du repos à l'amertume de la fatigue. |
| ما يتمنّى لا فراش لا فتاشة | Il ne possède ni tapis ni chandelier (absolument rien). |
| سُلْطان غَشوم خيـر من فِتنة تدوم | Mauvais prince vaut mieux que longue anarchie (discorde, sédition). |
| سُلطان بلا عدل كيواد بلا ماء | Un prince sans justice est comme une rivière sans eau. |
| طير اللّيل يقول للفيران أنا خوكم وبقول للطّيور أنا منكم ۰ يجيوا الفيران يورّي لهم سنِيه ويجيوا الطّيور يورّي لهم جناحيه | La chauve-souris dit aux rats : « Je suis votre sœur ; » elle dit aux oiseaux : « Je suis votre parente. » Viennent les premiers, elle leur montre ses dents ; viennent les seconds, elle leur montre ses ailes. |
| هو كيف التعاش ياخُذ وما يردّ شي | Il est comme la civière qui reçoit toujours et ne rend jamais. |

| | |
|---|---|
| الكذب سلاح الفاجر | Le mensonge est l'arme du pervers. |
| المؤمن يبدا بنفسه | Le croyant commence par sa personne. (Charité bien ordonnée commence par soi-même.) |
| ما تخرج شي الصدقة حتى يشبعوا العيال | L'aumône ne doit sortir de la maison que lorsque la famille est rassasiée. |
| الله يجعل مرض الباي صحتي | Fasse le Seigneur que la maladie du Bey (assure) ma santé ! |
| خذ اللص قبل ما ياخذك | Prends le voleur avant d'être pris par lui. |
| ما حك جلدك مثل ظفرك | Il n'y a pas comme ton ongle pour te gratter. |
| ما يبكيك الّا شبرك وما يحكك لك الّا ظفرك | Ta paupière seule pleurera pour toi, de même que ton ongle seul te grattera. |

## الدرس الماية واثنين — 102ᵉ LEÇON

### PROVERBES (Suite)

| | |
|---|---|
| طير الحر يشكر مبانه | Le faucon fait l'éloge de son gîte. |
| طير الحر من اين ينقبض ما يتخبط | Le faucon une fois pris ne se débat plus. |
| كل ذيب في غابته سلطان | Chaque loup est roi dans sa forêt. |

| | |
|---|---|
| الفار في غاره سلطان | Le rat est maître dans son trou. |
| العبد يأمّل وربّي يكمّل | L'homme propose (espère), et Dieu dispose (achève). |
| لعنة الله على الكاس الذهب إذا نتفيّا فيه المرار | Maudite soit la coupe d'or si je dois y vomir de la bile ! |
| نرضع سنّي ونبات مهنّي | (J'aime mieux) sucer (teter) ma dent et passer la nuit tranquille. |
| بتّ بلا لحم تصبح بلا دين | Couche-toi sans manger de viande, tu te lèveras sans dette. |
| الدّين يشدّ الإنسان كيو الحزام يشدّ الحصان | Les dettes tiennent l'homme enlacé comme la sangle serre le cheval. |
| الدّين همّ ولوكان درهم | Une dette est un souci, ne serait-elle que d'un dirhem. |
| الدّين يهدم الدّين | Les dettes détruisent la religion. |
| الدّين يسوّد الخدّين ولوكان درهمين | Une dette, même de deux dirhems, noircit les joues (couvre de honte). |
| بلا الإنسان من اللسان | Les maux de l'homme viennent de sa langue. |
| جرح الكلام أصعب من جرح الحسام | Les blessures de la langue sont plus dangereuses que celles du sabre. |
| كلّ جرح ينبرا ويتناسى من غير جرح اللسان | Toute blessure se guérit et s'oublie, hormis les blessures de la langue. |

| | |
|---|---|
| زَيَّنْ لسانك تنال مُرادك | Pare ton langage, tu arriveras à l'objet de tes désirs. |
| لا يَعْرِف الفستق من البندق ولا الحمّام من الفندق | Il ne sait pas discerner la pistache de la noisette, ni l'établissement de bains du fondouk (hôtellerie). |
| اللسان الحلو ترضعه اللبوة | (Celui dont) le langage est doux se ferait allaiter par une lionne. |
| الّي ما عنده عسل في أركانه يجعله على طرطوشة لسانه | Celui qui n'a pas de miel chez lui (dans les coins de sa maison) doit en avoir dans son langage. |
| دقّ ولا تقول كلام العار | Frappe, mais ne dis pas de paroles obscènes, malhonnêtes. |
| الهديّة بليّة ومكافيتها جمل | Le cadeau est peu de chose (un malheur), et il faut le payer (en donnant) un chameau. |
| الّي يأكل جاج الناس يسمّن جاجه | Celui qui mange les poules des autres doit engraisser les siennes. |
| خذّ المرأة الاصيلة ونمّ على الحصيرة | Épouse une femme de noble origine, et couche sur une natte. |
| شاور مراتك ودرّ رايك | Consulte ta femme, et fais à ta tête. |
| شاور مراتك وخالف على رايها | Consulte ta femme, et fais le contraire de ce qu'elle te dit. |

| | |
|---|---|
| طَاعَةُ النِّسَاءِ تُدخِل لِلنَّار | L'obéissance aux femmes fait entrer dans l'enfer. |
| المَراة تَهرُب من الشّيب كيف النّعجة من الذّيب | La femme fuit les cheveux blancs, comme la brebis fuit le loup. |
| ريح في قَفَص | Vent en cage. |
| الأواني تُرَشَّح بآلّي فيها | Il ne peut suinter d'un vase que du liquide qu'il renferme. (On ne peut pas tirer de la farine d'un sac à charbon.) |
| ما يولدْ الفار غير حفّار | Un rat ne peut donner le jour qu'à un rongeur (creuseur). |
| الولد نُسخة من بوه | L'enfant est une copie de son père. |
| يَحْرق النّوالة ويبكي مع مولاها | Il met le feu à la cabane, puis vient pleurer avec celui qui la possédait. |
| ضَربني وبَكى وسبقني واشتَكى | Il m'a frappé, s'est mis à pleurer, a pris les devants et s'est plaint. |
| البلَد اللّي يتمسخروا عليك فيها خَلّيها ولوكان مبنيّة بالياقوت | Abandonne la ville où l'on s'est joué de toi, quand bien même elle serait bâtie en rubis. |
| حصَلت بك يا جَربة فمي حَكّيتك سال دمي خَلّيتك طال همّي | Je suis fort embarrassé avec toi, ô mal de ma bouche : si je te gratte, mon sang coule ; si je te laisse, je n'y tiens plus. |

كلّ سارق مشكاك وكلّ مجراب حكّاك | Tout voleur est soupçonneux, de même que tout galeux est habitué à se gratter.

العجلة أخت النّدامة | La précipitation est sœur du repentir.

الوعد دين | Chose promise, chose due.

لا يضرّ السّحاب نباح الكلاب | Les aboiements des chiens ne font pas de tort aux nuages.

خلّها م جواها حتّى تصيب دواها | Laisse (l'affaire) dans sa gaine jusqu'au moment où tu trouveras le remède qui lui convient.

أكبر منك بيوم أعرب منك بسنة | Quiconque est plus âgé que toi d'un jour est plus expérimenté que toi d'une année.

اللّي فاتك بليلة جارك بحيلة | Celui qui a une nuit de plus que toi l'emporte sur toi d'une ruse.

الطّمع يفسد الطّبع | La convoitise gâte le naturel.

أرنب تنذوض خنزير | Un lièvre peut faire lever un sanglier.

إذا عندك كثير أعط من مالك وإذا عندك قليل اعط من قلبك | Si tu as de nombreuses richesses, donne de ton bien ; si tu possèdes peu, donne de ton cœur.

كنت بين الصّفيحة والحابر | J'étais entre le fer et le sabot.

| | |
|---|---|
| أشرف الناس اللي ينفع كلّ الناس | L'homme le plus noble est celui qui est utile à tous les hommes. |
| من غاب غاب سهمه معه | Celui qui est absent, sa part (flèche) est absente avec lui. (Les absents ont toujours tort.) |
| الغايب غريب | L'absent est étranger. |
| اللي حاضر أعطوه ٭ اللى راقد غطّوه ٭ واللى غايب أنسوه | Donnez à celui qui est présent; couvrez celui qui dort; oubliez celui qui est absent. |
| من ايش الذيب يجوع ينام بـروحـم ع الرحبة | Lorsque le loup a faim, il rêve qu'il est au marché. |
| الفرح سبعة ايام والحزن طول العُمْر | La joie dure sept jours; la tristesse, le reste de l'existence. |
| اللي سمن يهزل واللى طار ينزل | Celui qui est devenu gras, maigrira; celui qui s'est élevé dans les airs, descendra. |
| الدار دار بونا والكلاب طردونا | La maison est bien celle de notre père, mais les chiens nous en ont chassés. |
| العود الحرّ يقول وكلّني كيخوك وركّبني كيعدوك | Le cheval de race dit : « Nourris-moi comme ton frère, et monte-moi comme ton ennemi. » |
| حريق ابداني ولا خروج من أوطاني | Plutôt voir mon corps brûler que de quitter mon pays ! |

| | |
|---|---|
| اِلَّي تحبّه لنفسك حبّه لغيرك | Ce que tu désires pour toi-même, désire-le pour les autres. |
| ما شآء اللّٰه لا بُدّ يكون | Ce que Dieu veut arrive nécessairement. |
| كلّ شي مكتوب عند ربّي | Tout est écrit auprès de Dieu. |
| كلّ شي في يد ربّي | Tout est entre les mains de Dieu. |
| لا رَبّ غيره سُبحانه | Il n'y a pas d'autre Dieu que lui; que sa gloire soit proclamée ! |
| لَا حَوْلَ وَلَا قُوَّةَ إِلَّا بِاللّٰهِ الْعَلِيِّ الْعَظِيمِ | Il n'y a de force et de puissance qu'en Dieu, l'Elevé, le Grand. |
| لَا إِلٰهَ إِلَّا اللّٰهُ مُحَمَّد رَسُولُ اللّٰهِ صَلَّى اللّٰهُ عَلَيْهِ وَسَلَّم | Il n'y a de Dieu que Dieu; Mohammed est le prophète de Dieu; que Dieu répande sur lui ses bénédictions et qu'il lui accorde le salut ! |

# ABRÉVIATIONS

| | |
|---|---|
| *adj.* | adjectif. |
| *adv¹* | adverbialement. |
| *coll.* | collectif. |
| *dim.* | diminutif. |
| *f.* | forme. |
| *fém.* | féminin. |
| *fut.* | futur ou aoriste. |
| *imp.* | impératif. |
| *n. d'un.* | nom d'unité. |
| *pl.* | pluriel. |
| *prép.* | préposition. |
| *pron.* | prononcez. |
| *rac.* | racine. |
| *rég¹* | régulièrement. |
| *subs.* | substantif. |
| *syn.* | synonyme. |
| *Tun.* | Tunisie. |
| *v.* | verbe. |
| *Voy.* | Voyez. |

F. I, (futur I), indique que le verbe doit se conjuguer à l'aoriste avec un ي ; Ex. : مشى F. I, *futur* يَمْشِى.

F. O, (futur O), indique que le verbe doit se conjuguer à l'aoriste avec un و ; Ex. : فال F. O, *futur* يَفُول.

F. A, (futur A), indique que le verbe doit se conjuguer à l'aoriste avec un ا ; Ex. : خاب F. A, *futur* يِخَاب ;
— ou avec le son A ; Ex. : بقى F. A, *futur* يِبْقَى.

II, III, IV, *etc.* — Ces chiffres romains indiquent les numéros des formes du verbe dérivé.

# VOCABULAIRE

des

## MOTS ARABES EMPLOYÉS DANS LES TEXTES COURANTS

---

ا

اِبْن et بن‎ fils.

اِتَّفَق VIII (rac. وفق)‎, il a convenu.

أُجْرَة‎ récompense, salaire.

أَحَد (pron. H'AD) un seul, personne.

أُخْت pl. خَوَاتَات et أَخَوَات‎ sœur.

أَخَذ‎ prendre (Voyez p. 215).

أُخْرَى fém. أَخَرِين pl. أَخَر‎ autre. آخِر‎ dernier.

أَدَّى II, fut. يُدِّي imp. إِدِّ‎ emporter, emmener, payer.

إِذَا‎ si, lorsque.

أُذُن duel أُذُنَيْن‎ oreille.

أَرْض fém., pl. أَرَاضِي‎ terre.

اِسْم pl. أَسَامِي‎ nom : اِسْمَك‎ comment vous appelez-vous ? اِسْم هٰذَا بِالعَرَبِيَّة‎ comment s'appelle ceci en arabe ? (Voy. سَمَّى).

اِشْتِهَى (rac. شها) appétit.

أَكَل‎ il a mangé (Voy. p. 215). مَأْكَلَة‎ nourriture. أَكَّال ou وَكَّال‎ mangeur, grand mangeur.

وَٱللّٰه Dieu. آٱللّٰه par Dieu!
إِلَّا, إِذا pour, si. (Employé surtout à Alger.)
وَإِلَّا ou إِلَّا si ce n'est. bien.
أَمَّا quant à...
أَمَر il a ordonné. pl. أُمُور ordre, affaire. أَمِير pl. أُمَرَاء chef, émir.
تَأَمَّل V, examiner avec attention.
أَمَن il a cru. أَمَّن II, il a confié, mis en dépôt. أَمَانَة dépôt. أَمَان protection. مُومِن croyant, fidèle.
أَوَّل fém. أُولَى premier. أَوَّلَانِي premier.
أَيْضًا aussi, également.

ب

بَاذِنْجَال aubergine.
بَاشَا pacha, pl. بَاشَوَات.

بَاس mal. لَا بَاس (pas de mal) cela ne sera rien.
بَحْرِي mer. بَحْر pl. بُحُور. بَحْرِي marin. بَحِيرَة pl. بَحَايِر jardin potager (à Tunis). بَجَّار jardinier.
بَخَص (بَخَص) (pour) faire un affront. VII, être blessé, mortifié. بُخْصَة affront. مَبْخُوص mortifié, honteux, dupé; synon. مُزَبْلَح.
بَخَل être avare. بَخِيل avare; à Tunis, paresseux. بُخْل avarice.
بَدَا يَبْدَا fut. il a commencé. بَدَا commencement.
بَدْوِي Bédouin.
بُدّ empêchement. لَا بُدّ il faut que... (pas d'empêchement).
بَدَّل II, il a changé. تَبْدِيل changement. V,

تبدّل il s'est changé, il s'est altéré.

برّي territoire champêtre. برّاني étranger, qui est du dehors (de برّا dehors).

براة pl. براوات et بريّة lettre.

برا fut. يبرا il a été guéri, il a guéri.

برد subs., froid. بارد adj., froid. مريض بالبرد poitrinaire. بردان qui a froid.

بارود poudre; à Tunis, كسكسي.

برنس pl. برانس بر نوس, manteau.

بزيمة pl. برايم agrafe, boucle.

بطا fut. يبطا il a tardé.

بطل être nul; rater; syn. كذب. II, بطّل annu-ler, cesser, faire cesser. باطل nul, vain; advt: pour rien, gratis.

بطن pl. ابطان ventre; syn. جوف, كرش.

بعث envoyer.

بعد prép., après. بعّد s'éloigner. II, بعّد éloigner. بعيد من بعد loin. بعد ensuite, après.

بقى fut. يبقى il est resté. الباقي le restant.

بكري de bonne heure.

بكى fut. يبكي il a pleuré. بكاء pleurs. بكاي pleurnicheur.

بلد pl. بلدان ville, pl. بلاد pays. بلدي citadin. البليدة Blida.

بلع avaler. بلعان et بلع action d'avaler.

بلّيون pl. بلادين seau.

بنت pl. بنات fille.

بَنَى fut. يَبْنِي bâtir. | بَيْن guer, discerner.
بِنَاي bâtisse. بِنَا maçon. | et بَيْنَات entre.
بَهَر maltraiter, rudoyer.
بَهْلُول pl. بَهَالِل sot, | ت
niais, naïf.
بَاب pl. بِيبَان porte. | تَبِع suivre.
بُوَيِّب dim., petite porte. | تَاجِر pl. تُجَّار négociant.
بَوَّاب portier, concierge. | تِجَارَة négoce.
بَات fut. يَبَات passer | تَحْت prép., sous.
la nuit. بِيت pl. بِيُوت | تَرْجَم traduire. تَرْجُمَان
tente, chambre, pl. أَبْيَات | pl. تَرَاجِم et تَرْجُمَانَات
vers (poésie). | interprète, traducteur ;
| syn. مُتَرْجِم.
بَاع fut. يَبِيع vendre. | تَرَّاس pl. تَرَارِسَة piéton ;
بَايِع vendeur. بِيع vente. | s'emploie aussi dans le
البِيع والشِّرَا le commerce | sens de : quelqu'un, un
(la vente et l'achat). | individu.
بِير pl. بِيَار puits. | تَرَك laisser, aban-
بَاض F. I, pondre. | donner. تَرْكَة succession,
بِيض coll., œufs. أَبْيَض fém. | héritage.
بَيْضَا pl. بِيض blanc. | تَافِي qui craint Dieu
بَان fut. يَبِين il a été | (formé de اِتَّقَى VIII f.
évident. II, بَيَّن distin- | de وَفَى).

تلميذ pl. تلاميذ élève, disciple.

تمسخر se moquer (Voy. مسخر).

تهم soupçonner, accuser (formé de أتهم, VIII° f. de وهم). المتهوم l'accusé.

## ث

مشرد pl. مشارد vase dans lequel on sert le couscous.

تربيتة pl. ات lustre.

ثقب trouer; ثقبة trou; syn. نقب.

ثقيل lourd, pesant; qui retarde (montre). II, ثقّل appuyer, alourdir.

تلج neige, et aussi: glace.

ثعلب pl. ثعالب renard.

## ج

جذب tirer (rég<sup>t</sup>: جذب).

جابذة pl. جوابذ charrue (comme mesure de superficie: 10 hectares environ).

جبل pl. جبال montagne.

جبايلي montagnard.

جبن fromage.

جدي pl. جذيان chevreau.

جرّ traîner. جرّة pl. جرّات trace.

جرّب II, éprouver. تجربة épreuve.

جرح blesser. VII, أنجرح être blessé. جرح blessure.

جرى fut. يجري courir, couler; arriver, surve-

chameau. جمل pl جمال.
chamelier. جمّال.

jardin; pl. جنّات جنّة.
paradis. pl. جنان جنائن.
jardin.

coll., génies. جنّ. مجنون
possédé du démon, fou.
côté (Voy. وجه). جهة.

voisin. جار pl. جيران.
voisine. جارة.

passer; fut. يجوز جاز. II, جوّز faire
passer. العام الجايز l'an-
née dernière, l'an passé.
canal, égout. مجوز.

F. O, avoir faim. جاع.
faim, famine; syn. جوع.
شر — . جيعان affamé, qui
a faim.

venir. جا fut. يجي.
venant, prochain. جاي.
العام الماجي ou العام الجاي

coureur. جاري coureur. nir.
coulant, courant.

corps. جسد pl. اجساد.

coll., troupeau جلب
de moutons.

coll., petits pois. جلبان.

peau. pl. جلود جليد.
glace.

s'asseoir. جلس جلسة
séance. مجلس pl. مجالس
lieu des séances, assem-
blée, commission, con-
seil.

crâne, جمجمة pl. جماجم
os du crâne.

rassembler, réu- جمع
nir. VIII, اجتمع se réunir.
mosquée, جامع pl. جوامع
école. جمعة réunion.
vendredi. نهار الجمعة.
assemblée. جميع
tout, totalité, ensemble. جماعة

l'année prochaine, *syn*. العام الآتي.

جاب *fut.* يجيب (réunion des deux mots جاء بـ il est venu avec) apporter, amener.

جاوب III, répondre. جواب réponse *(on pron. souv[t] en Algérie :* وجاب, واجب).

جوهر *pl.* جواهر pierre précieuse, perle.

## ح

حبّ il a voulu *ou* aimé ; il a failli ; il s'est apprêté à. حبيب *pl.* أحباب ami. محبّة amitié. محبوب aimé. حبّة un grain, un clou (tumeur).

حبس mettre en prison. حبس *pl.* أحباس prison. محبوس *pl.* محابيس emprisonné, prisonnier.

حبل *pl.* حبال corde. حبّال cordier.

حتّى jusqu'à, jusqu'à ce que, au point que.

حجّ faire le pèlerinage de la Mecque (مكّة). حاجّ pèlerin.

حجر *pl.* حجرة pierre.

حديد fer. حدّاد forgeron.

حارّ piquant, poivré. حرّ chaleur.

حرث labourer. حرّاث laboureur. محراث *pl.* محارث charrue.

حرز garder, surveiller ; *syn.* حرز — . حرس, حفظ. (ce qui préserve) amulette.

حرص insister, presser.

حرف brûler. حريفة cher. حصاد moisson,
حرايف incendie. ortie. حصّاد moissonneur,
pl. محاصد faux.
حرك être agité. II, Faucille se dit منجل pl.
حرّك remuer, agiter. مناجل.
V, تحرّك se remuer.
حصل arriver, survenir
حزم lier, attacher. (en parlant d'un événe-
حزمة liasse, ment fâcheux), tomber
ceinture. dans un mauvais pas,
fagot.
être pris. الحاصل enfin,
حزن s'attrister, pren- en dernier lieu.
dre le deuil. حزين triste.
حزن tristesse. حصان pl. حصن cheval.

حسب compter, calcu- حضر être présent, se
ler; croire, se figurer. présenter. حاضر présent;
حسبة somme, compte. prêt, apprêté. حضرة pré-
حساب calcul. علم الحساب sence.
science du calcul, arith-
métique. حطّ placer, poser, se
poser.
حسن beau, bon. حسن
beauté. X, استحسن ap- حطب pl. أخطاب bois.
prouver. حطّاب pl. حطابة bûcheron.
حشيش pl. حشايش
herbe. حقّى II, raser. حقب

حصد moissonner, fau-

barbier, perruquier; *en Tun.*, حجّام et حجم.

حجر creuser. حُفْرة fosse, trou, creux. حفّار fossoyeur.

حفظ conserver, garder; savoir (par cœur).

تحفّق V, être évident, devenir évid*t*. X, استحقّ avoir besoin de..., avoir droit à.... (*se construit avec le complém. dir. de la chose* : نستحقّه *j'en ai besoin*). حفيقة réalité. في حقّ vérité; droit : هذا *pour le prix de cela.* تحقيق *adv*t, en vérité, est-il vrai que...?

حفر mépriser, détester.

حكم commander; juger; prendre, saisir, tenir. VI, تحاكم aller en justice, se présenter devant le juge. أحكام *pl.* حُكْم jugement. حاكم *pl.* حكّام juge, chef. محكمة tribunal. المحكوم عليه le condamné, — celui contre lequel le jugement est rendu, la partie déboutée.

حكى *fut.* يحكي raconter. حكاية histoire.

حلّ délier, dénouer, ouvrir. حلال qui est permis, qui est licite. أولاد الحلال enfants de bonne famille; honnêtes gens.

حلف عليه jurer : حلّفه *il lui fit promettre de venir.*

حلق anneau; gosier.

حمد louer, louanger. حمد louange; *de là les noms propres :* حميدة, محمّد, احمد, *etc.*

حمار *pl.* حمير âne. حمّار ânier; muletier (*en Tun.*).

حمر pl. حَمْراء fém. أَحْمَر rouge. محمّر rôti, roussi.

حمل porter. حِمْل fardeau. حَمّال portefaix.

حنّ avoir pitié de (على), syn. شــفـق.

حانوت pl. حوانت boutique.

حاجة pl. حاجات chose; pl. حوايج effets.

مــحــوّر sorte de couscous fin, soigneusement roulé. مشموم couscous fin, au sucre et au beurre.

حوّس II, se promener; دوّلش (en Tun.). — (avec على) chercher; يركس et تخويس (en Tun.). — لوّج promenade ; syn. دولاش (en Tun.).

حوش pl. أحواش ferme, propriété rurale; هنشير (à Tunis).

حي pl. حيّين vivant. اِسْتَحى X, avoir honte, rougir.

حيّة pl. حيّات couleuvre.

حيلة ruse. حيلي rusé. اِحْتَال VIII, employer la ruse.

حين moment. و آلحين à l'instant.

حال pl. أحوال état; حالة temps. condition. في حاله en paix (dans son état).

## خ

خبر II et أخبر IV, informer. اِسْتَخْبَر X, s'informer, interroger. خبر pl. أخبار nouvelle.

خبّى II (pour خبأ), fut. يخبّي cacher. V, تخبّى se cacher.

خُبَّز pain. خَبَّاز bou- langer.

خبط battre, frapper. V, تخبّط se débattre.

ختم cacheter, sceller; finir. خاتم pl. خواتم bague, cachet, sceau.

تختّل V, marcher à pas de loup.

خدم servir, travailler; خديم pl. خدّام serviteur. خادم pl. خدم négresse; servante. خدمة travail, service.

خذا (Voy. أخذ).

خرج sortir. خارج à l'extérieur, dehors.

خروف pl. خروفان agneau; علّوش (à Tunis). خريف automne.

خزن cacher, ranger, serrer. خزانة armoire, trésor. مخزن pl. مخازن

خزناجي trésorier. خزنة écurie.

خشين pl. خشان gros, épais, grossier.

خصّ manquer. مخصوص dépourvu de...

خصم ou خصيم pl. خصماء adversaire (en justice).

أخضر pl. خضرا fém. خضر vert. خضرة légume.

خاطر pensée. على خاطر parce que. خطرة pl. خطرات fois. VI, تخاطر parier, faire un pari.

خطف ravir, enlever. خطّابية hirondelle. مخطاف ancre (de navire).

خفّ être léger. II, خفّب alléger. خفيف léger; qui avance (montre). خفّة légèreté.

خلخال pl. خلاخل anneau de pied, en argent.

خَاصّ II, achever, finir; délivrer; syn. تَمّ, كَمَّل, وفِي.

خَلَّط II, mêler, mélanger. خَلاط mélange.

خَلَع donner un vêtement d'honneur (roi). اِنْخَلَع VII, être épouvanté.

خَلَق créer. خَالِق créateur, Dieu. مَخْلُوق créé, créature.

خَلَّى II, fut. يَخَلِّي imp. خَلّ laisser.

خَمَّم II, il a réfléchi. تَخْمِيم ou خَمَام réflexion.

اخْوَان, خُوَة frère, pl. خو.

خَاب F. A, craindre. خَوَّب II, épouvanter. خَايِب craintif. خَوْف crainte, peur. خَوَّاف peureux.

خَان fut. يَخُون tromper. II, خَوَّن voler, dérober. خَوَّان et خَايِس voleur.

خَيْر bien. II, prendre ce qui est bon, choisir. اِخْتَار VIII, id. خير من meilleur que.

خَيَال image. خَيَال ombrageux.

خَيْمَة tente. pl. خِيَام.

د

دَجَاجَة (pron. DJADJA) poule. دَجَاج coll., poules. وَلَدِ الدَّجَاج œuf, syn. بَيْض et عَظْم.

دَخَل entrer. II, دَاخَل introduire دَاخَل dans l'intérieur de..., dedans.

دُخَّان fumée, tabac à fumer. شَمَّة (Tun., نَقَّة) tabac à priser. مَدْخَنَة

دخاخني cheminée. marchand de tabac; fumeur.

درّس II, enseigner, instruire. تدريس enseignement. مدرّس professeur. مدرسة leçon. pl. درس مدارس collège, lycée.

درهم derhem pl. دراهم (pièce de monnaie), employé au pluriel dans le sens de argent; en Tun., on emploie le mot فلوس.

دشرة village, pl. دشر syn. فرية.

دعوة affaire. ادّعى VIII, fut. يدّعي prétendre.

دفع pousser; remettre, payer. مدفع pl. مدافع canon.

دفن enterrer. دفينة enterrement, syn. جنازة.

دقّ دفّ frapper à la porte.

دلال crieur public, commissaire-priseur.

دهش être stupéfait, rester interdit.

دهن oindre; peindre (Tun.). دهان graisse, syn. سمن ; couleur (Tun.). دهّان peintre (Tun.).

دار F. O, se tourner. دوّر II, tourner. مدوّر arrondi. دار pl. ديار maison. دوار pl. دواور douâr, bourgade. دويرة dimin., petit douâr. دايرة cercle.

دار fut. يدير faire; mettre, placer.

دالة بالدالة tour, rôle. à tour de rôle.

دام F. O, durer. داينًا toujours.

داوى III, guérir; soigner un malade. دَوَاء médicament, remède.

دِينَار pl. دَنَانِير dinâr (pièce de monnaie).

## ذ

ذَبَح pl. مَذبَح égorger. مَذَابِح lieu où l'on égorge, abattoir; syn. مَسْلَخَة lieu où l'on écorche (du verbe سلخ).

ذِرَاع bras. بِالذِّرَاع en employant la force, la violence.

ذَهَب aller, s'en aller, partir.

ذَهَب or (métal). مُذَهَّب doré.

ذَاب F. O, fondre. II, ذَوَّب faire fondre.

ذِيب pl. ذِيَاب loup, chacal.

## ر

رَاس pl. رُوس tête; cap. رَاس الشَّهر le commencement du mois. رَايس capitaine (surtout de navire); chef.

رَاى voir (empl. en Tunisie): رَيتُه je l'ai vu.

رَأي avis, conseil. خَذَا رَايَه il a accepté son conseil. خُذ رَايَه acceptez son conseil; croyez-le. صَاحِب رَأي homme de bon conseil.

رَبّ pl. أَربَاب maître, seigneur.

رَبَح gagner. رِبح gain, bénéfice.

رَبَط attacher. مُرَابِط marabout. مَربَط écurie, lieu où l'on attache. رِبَاط lien.

ربّى II, élever un enfant. تربية éducation.

رجع revenir, devenir. رجوع retour.

رجل fém., pied.

رجل pl. رجال homme.

رحى fut. يرحي moudre. رحا moulin, syn. طاحونة. رحّاي meunier.

ردّ rendre.

ردّب II, mettre en croupe, prendre en croupe. رديف pl. ردايب anneau de pied, en or.

رسل IV, envoyer. رسول pl. رسل envoyé, prophète. رسالة missive, envoi.

رشّ arroser, syn. سقى. F. I. رش الماء uriner. مرش arrosoir.

رضع teter. II, allaiter. رضاعة nourrice.

رضى fut. يرضى consentir. رضّى II, satisfaire, contenter. رضا consentement.

رعب être effrayé, avoir peur. مرعوب effrayé, épouvanté.

رعد tonnerre. ارتعد VIII, trembler, grelotter.

رعى fut. يرعى paître. راعي pl. رعيان berger. مرعى pâturage.

رفد porter, ramasser, lever.

رقّع II, réparer, raccommoder.

رفعة pl. رفايع champ.

ركب monter (un cheval, un mulet, etc.). ركبة pl. ركايب genou.

مُرْكَب étrier. pl. رِكابات
مراكب pl. navire.

مَرْمي F. I, jeter. رَمَى
jeté, étendu.

راح fut. يَـروح partir, s'en aller. رايح partant. II, رَوَّح s'en retourner. أَرْوَح fém. أَرواحـي pl. أَرْواحوا viens, venez. روح pl. أَرواح âme, esprit, personne.

ريح vent, souffle. pl. رياح II, رَيَّح reprendre haleine, se reposer. أَرْتاح VIII, id. راحة repos. مَسْتَراح odeur. pl. روايح lieux d'aisances.

مُراد intention, désir, dessein (chose désirée): مُراده يَدْخل dans le but d'entrer.

plume رِيش pl. رِياش (n. d'un. رِيشة). II, رَيَّش plumer.

ز

زُبْدة beurre.
سْفنّارِيّة carotte; زَرودِيّة (Tun.).

زَعَم prétendre.
زَفى crier. زَفا cris (n'est pas employé à Tunis); syn. صيَّح, عيَّط.

في الزَّمان temps. زَمان autrefois.

زَنْقة pl. زَنَق rue.

زَوْج deux, pl. أَزْواج زَوجـة épouse. II, زَوَّج marier. V, تزوَّج se marier. زويجة paire. زَواج et تَـزْويج mariage.

زال fut. يَزول cesser.

بورد, ساحل *pl.* سواحل rivage.

زُلْ s'en aller d'un lieu. va-t'en.

سجّن emprisonner.

سجن prison, *syn.* حبس.

زايلة *pl.* زوايل bête de somme, monture.

سخن être chaud. II, سخّن chauffer. سخون chaud : الحال سخون le temps est chaud. سخانة chaleur ; fièvre, *syn.* حمّة : مريض بالسخانة qui a la fièvre.

زيت huile. زيّات marchand d'huile.

زاد *fut.* يزيد augmenter, ajouter. زيادة ce qui est ajouté, surplus.

سدرة jujubier sauvage. — Le fruit se nomme نبق. — Le jujubier ordinaire se nomme عنّاب.

## س

سال *fut.* يسال demander, interroger. سايل mendiant. سؤال demande, information.

سرج *pl.* سروج selle. II, سرّج seller. سرّاج sellier.

سبّ insulter.

سرّح II, autoriser, permettre ; lâcher, mettre en liberté. تسريح permission, congé.

سبب *pl.* اسباب, سبّة raison, motif, cause.

سبع *pl.* سبوعة *et* سبوعة lion ; bête féroce.

سوع être prompt, se

سبولة *pl.* سبولات *et* سبايل épi.

سُرْعة hâter. promptitude. سريع prompt.

سرف vol. سَرْفة voler. سارف id. سرَّاف voleur.

سبر voyage. pl. اسبار سابر III, voyager. مسابر voyageur.

سفصي inter- fut. يسفصي roger, demander. سفصاه il lui a demandé, il l'a interrogé. سفصى عليه il l'a demandé (tiré de اسْتَفْصى aller jusqu'au bout, jusqu'au fond).

سفط tomber, syn. طاح F. I, et وقع.

سقّم mettre en ordre, arranger, réparer (venant de اسْتَفْقام, X$^e$ f. de فام).

سكت se taire, garder le silence. سكوت silence. ساكت silencieux.

سكن demeurer, habiter; se calmer (vent, colère). ساكن pl. سُكّان habitant.

سكين pl. سكاكين couteau, sabre.

سلسلة pl. سلاسل chaîne.

سلطان pl. سلاطن roi, sultan, empereur.

سلّب II, prêter.

سلّك II, délivrer.

سلّم II, livrer; saluer (avec على); admettre. سلام salut. مسلم musulman, pl. مسلمين.

سامح et III, par- سمح donner, excuser. سماح pardon.

سمع entendre.

سمين gras.

سمّى II, nommer, appeler: كيفاش يسمّوا هذا

comment appelle-t-on ceci ؟

سَمَاوَات pl. سَمَاء ciel. سماوي céleste.

أَسْنَان pl. سِنّ dent. كبير السِّنّ d'un âge avancé.

سِنِين pl. سَنة année.

ساعات et سَوايع pl. ساعة heure, moment; horloge, montre. ساعة على ساعة de temps à autre. ذيك الساعة alors. في كلّ ساعة à chaque instant. ساعة répété signifie TANTÔT..., TANTÔT. ساعتجي horloger.

أسواف pl. سوف marché.

سؤال (Voy. سأل).

يَسْوَى fut. سَوَى valoir, coûter.

سياسة calcul, politique.

بالسياسة (avec calcul, réflexion) doucement.

مسايس pl. مسياس bracelet; syn. مقياسة.

سيوف pl. سيف sabre. بالسيف forcément. سيّاف bourreau, exécuteur.

## ش

شَبّان pl. شَات jeune, jeune homme; joli.

شانمة plomb de chasse (on pron. aussi صاشم).

شواوش pl. شاوش châouch, garçon de bureau.

تشبّط V; s'accrocher.

شبع être rassasié. شبعان rassasié.

شباك pl. شبكة filet. شبّاك grillage; croisée.

— 368 —

شبه ressembler à...
شجرة pl. شجور arbre.
شح pl. مشحاح avarice.
شحاح et بن avare, syn.
شحيح

شاحب efflanqué, maigre.
شدّ tenir; être intense.
شدّة intensité, force.
شديد intense, violent.
شرّ pl. أشرار mal; faim.
مشراو querelleur.
شرب boire. pl. شارب
شوارب lèvre. شاربات
boisson rafraîchissante, limonade. شراب vin.
شرك être associé.
VIII, اشترك s'associer.
شركة association. شريك
associé. شركا pl.
شرى fut. يشري acheter.

مشتري acheteur. شاري
pl. مشترية pratique, client.
شطّ pl. شطوط bord, rivage.
شعر coll., pl. شعار et شعور
cheveu, poil, crin. شعير
orge.
شعل allumer. مشعول
allumé.
شيف avoir pitié, compassion; plaindre quelqu'un; syn. حنّ.
شكّ douter, soupçonner. شكّ doute, soupçon. بلا شكّ sans aucun doute.
شكر louer, flatter; remercier. شكّار flatteur.
شكوة plainte. اشتكى
VIII, se plaindre. شكاي
شكاية pl. plaignant.

شهـا vouloir, désirer; *part. prés.* شاهي VIII, اشتهى désirer, vouloir (ce verbe est souv.t prononcé *fut.* يشتي شتى). اشتهاها شهوة désir, envie. appétit.

شاور III, consulter : شاور راسك (consultez votre tête) voyez ce que vous avez à faire. مشاورة consultation.

شاب *fut.* يشوب voir. شوّاو espion.

شوك *coll.*, épine (n. d'un. شوكت).

شوى *fut.* يشوي rôtir. مشواة gril. مشوي rôti.

شايب vieux; âgé.

شي *pl.* أشياء chose; *dim.* شوية (petite chose) un peu. بالشوية douce-ment. شوية شوية tout à l'heure.

شيخ *pl.* شيوخ vieillard; maître, professeur.

شينة (*pron.* TCHINA) *pl.* شينات orange (en Tun., بردفان).

## ص

صابون savon.

أصبح IV, se trouver au matin. صباح matin. صبحة *pl.* مصابح matinée. مصباح lampe.

صبر attendre, patienter. صبر patience.

صبع *pl.* أصابع *et* صوابع doigt.

صحيح sain, solide. صحة santé. صح vérité. بالصح

en vérité, c'est vrai ; mais.

صُحْبَة compagnie.

صاحب pl. اصحاب compagnon, camarade, ami.

صحاري pl. صحرا désert, Sahara.

et صحاب pl. صحبة صحبات plat ; bol.

صحن pl. صحون plat, assiette.

صدّ partir, se mettre en route.

صدق dire vrai, avoir raison. II, صدّق regarder comme vrai, croire, ajouter foi. V, تصدّق faire l'aumône. صدافة aumône. صديق pl. اصدفا ami sincère.

صرع assommer. VII, انصرع être assommé ; perdre connaissance.

سطلة ou صطلة sorte de vase dans lequel on met ordinairement l'eau, le lait.

صغر jeunesse. صغر petit, jeune. II, صغر rapetisser. X, استصغر mépriser.

صلج pl. صاجآ fém. صلج chauve, syn. برطاس, اصلع, اقرع.

صلح convenir à... (av. ب). اصلح IV, réparer, arranger.

صلّ imp. يصلّي fut. صلّى prier. صلاة prière.

صندوف pl. صنادف coffre, caisse, malle.

صتّت écouter (régt. نصتت).

صنع faire. صنعة métier,

ص

profession ; صِنَاعَة .pl صُنَّاع .id صَانِع .pl صَنَايِع ouvrier, artisan.

صُورَة forme, image, dessin. II, صَوَّر dessiner. تَصْوِرَة dessinateur. صَوَّار .pl تَصَاوِير dessin, image.

صَاب .fut يَصِيب trouver (rég¹ : أَصَاب) atteindre). مُصِيبَة accident, malheur, événement fâcheux (qui atteint).

صَاد .fut يَصِيد chasser. VIII, اِصْطَاد chasser, pêcher. صِيَادَة chasse, pêche. صَيَّاد chasseur.

صَاغ F. I, façonner un bijou. صَايِغ .pl صاغة et صَيَّاغِين bijoutier. صِيَاغَة bijouterie, bijoux.

صِيد .pl صُيُودَة lion.

صَيْف été.

صَار F. I, il est devenu.

ض

ضَبْع .pl ضِبَاع et ضُبُوع hyène.

ضَحِك rire. II, ضَحَّك faire rire. ضُحْكَة risée.

ضَرَب frapper. VI, تَضَارَب se battre. ضَرْب coll., coups (nom d'un. ضَرْبَة). مَضْرَب .pl مَضَارِب lieu.

ضَعِيف faible.

ضَوْء F. I, briller. clarté.

ضَيْف .pl أَضْيَاف hôte, convive. II, ضَيَّف donner l'hospitalité. ضِيَافَة hospitalité.

ضَاق .fut يَضِيق il a été étroit. II, ضَيَّق mettre à l'étroit, rétrécir. ضِيق gêne; ce qui est étroit. ضَيِّق .pl ين .adj, étroit.

## ط

طاجِين plat, assiette.

طَبِيب pl. اطبّاء médecin. علّم الطّبّ la médecine.

طَبَخ faire cuire. طَبَّاخ cuisinier. مَطْبَخَة cuisine, syn. خِيَامَة.

طَبَع faire une empreinte, cacheter, sceller. طابَع pl. طَوابِع cachet, sceau. طَبِيعَة pl. طَبَائِع caractère, naturel; syn. اخْلاف.

طَرَد repousser. II, chasser, repousser. VI, تَطَارَد se combattre, se faire la guerre. طِرَاد guerre.

طَرَّز II, broder. مُطَرَّز brodé. طَرَّاز brodeur.

طَرَش pl. اطْرَاش fém. طَرَشاء sourd.

طَرَف pl. اطْرَاف morceau; côté, bord; dimin. طَرَيف.

طَرَف frapper.

طَرِيق pl. طَارِق bâton. طُرُف et طُرْفان pl. route, chemin.

طَعَام nourriture, manger. طَعْمَة goût, saveur.

طِفْل pl. اطْفال enfant, garçon.

طَفِى fut. يَطْفِى éteindre. IV, اَطْفَى éteindre.

طَلَب demander. طَالِب pl. طَلَبَة qui demande, qui recherche. (En sous-entendant le mot علم science, طالِب signifie étudiant, et, en Algérie, homme instruit, savant.)

طْلَع monter.

طْلَق lâcher, mettre en liberté. II, طَلَّق divorcer, répudier. بالطَّلوق à crédit.

طْمَع être avide, convoiter. طَمَع envie. طَمَّاع envieux.

طاح F. I, tomber; طاح به الحال il devint malheureux; le sort lui fut contraire. طايح tombant ou tombé. II, طَيَّح faire tomber.

طال F. O, être long, se prolonger. II, طَوَّل allonger. طول longueur. طويل long.

طار F. I, voler (oiseau). II, طَيَّر faire envoler. pl. طيور oiseau.

طَيَّش II, jeter. *مَطْيوش jeté, étendu; syn. لَوَّح (Tun.).

ظ

ظريب poli, gentil. ظرافة politesse, gentillesse.

ظَلّ passer la journée. ظِلّ ombre. مَظَلَّة ombrelle. مِظَلّ grand chapeau.

ظَلَم être injuste, traiter avec injustice. ظُلْم injustice. ظالم injuste. ظُلْمة pl. ظَلام ténèbres, obscurité.

ظَنّ penser.

ظَهَر paraître, être évident. II, ظَهَّر faire paraître. ظَهْر pl. ظُهور dos.

## ع

عَبَدَ adorer Dieu. pl. عِباد serviteur; adorateur; pl. عبيد esclave.

عجب être surpris; surprendre; plaire. عجبني il m'a plu. اسْتَعْجَبَ X, être surpris, s'étonner. عجيبة pl. عجايب chose étonnante. عجب étonnement.

عجل se presser, se hâter. عجلة, عجل promptitude, célérité.

عدس lentilles.

عدّى II, passer, faire passer. تعدّى V, passer, traverser.

عذب II, punir, châtier; fatiguer, syn. تعب. عذاب peine, châtiment.

عرب Arabe. الأعراب les Arabes. عربي Arabe.

عرض inviter, exposer, réciter.

عرف savoir, connaître, reconnaître. II, عرّف faire savoir, informer.

عزل révoquer, destituer.

عسّ veiller, monter la garde. عسّة garde. عسّاس gardien, homme de garde.

عسكر pl. عساكر soldat.

عسل miel.

عصابة pl. عصائب diadème de femme.

عضّ mordre, syn. قدم.

أعطى IV, fut. يعطي donner.

عظم pl. عظام os (n. d'un). عظم coll. عظمة (عظيمة). œuf.

عظيم magnifique, grand, considérable.

عـافب III, châtier, punir. عـقـوبة punition, châtiment.

عقل connaître, savoir. pl. عاقل intelligence. عُقّال intelligent, sage.

عقّون pl. عقّافن muet.

علم savoir. II, علّم enseigner. V, تعلّم apprendre, s'instruire. علم science. عالم pl. عُلَماء savant. معلّم patron. تعليم enseignement, leçon.

علامة marque, syn. إمارة.

عالم pl. عالمين monde.

على sur, suivant, d'après.

علي élevé, haut.

عمّر II (av. بـ), remplir; coloniser, cultiver. معمّر plein, rempli.

عمل faire. X, استعمل employer.

أعمى pl. عميان fém. عميآء aveugle. II, عمّى aveugler.

عنق pl. أعناق cou. III, عانق prendre au cou; embrasser.

عنى F. I, signifier. يعني cela signifie, c'est-à-dire. معنى pl. معاني signification, sens.

عاد F. O, devenir. III, عاود répéter.

عادة pl. عادات, عوايد coutume, habitude: من عوايده ou من عادته il a l'habitude de...; كما هي عادته selon son habitude.

عوض ما au lieu de...

عون pl. أعوان aide, secours; huissier. III, عاون aider, secourir.

عيّان fatigué. عيا fatigue.
II, عيّا fatiguer.

عاش F. I, vivre, عيش
vie, existence. معيشة id.

عيّاط cri. II, عيّط crier.

عيال famille, femme.

عين pl. عيون œil;
source. II, عيّن viser;
تعيّن faire distinguer. V,
تعيّن sembler, paraître:
لي il me semble que...

## غ

غبار poussière.

غبن tromper, décevoir.
مغبون trompé; chagriné,
attristé. غبينة peine,
chagrin.

غدا déjeuner. V, تغدّى
déjeuner, verbe.

الغدوة ou غدوة demain.

الغدوة من ذاك le lendemain.

غرّ tromper, syn. زلبح
ou غشّ زلبح.

غرب s'en aller, s'absenter. غريب pl. غرباء
étranger. مغرب occident,
ouest.

غراب pl. غربان corbeau.

غرق se noyer, faire
naufrage.

غسل laver. غسّالة
laveuse.

غشّ colère. II,
irriter. V, تغشّش se
fâcher.

الغاشي la foule, la multitude; syn. à Tun. حضنة.

غصن pl. أغصان branche.

غضب s'irriter. غضب
colère. غضبان en colère,
irrité.

غفل négliger quelque chose, ne pas faire attention. II, غقّل profiter de l'inattention. غابل négligent, inattentif, étourdi. غفلة négligence, inattention. على غفلة à l'improviste, subitement.

غمّ pl. غموم chagrin. مغموم chagriné. غامرين في النعاس plongés dans le sommeil.

غمز cligner de l'œil, faire de l'œil.

غمّص II, fermer les yeux.

غمق profond. profondeur, syn. عمق.

غنم coll., bêtes de l'espèce ovine, brebis, mouton (on pron. dans certaines localités : غلم. pl. غليم). لحم غنمي viande de mouton. غنيمة proie, butin.

غنّى fut. يغنّي II, chanter. غناء chant. غني riche.

غار pl. غيران antre, grotte, caverne.

غايص plongé dans... غاص fut. يغوص plonger, عوّاص syn. غطس. plongeur.

غاول III, se presser. مغاولة promptitude.

غول pl. أغوال ogre.

في غايته excès. غاية de toute beauté, الحسن excessivement beau.

غاب F. I, être absent, s'absenter. غيبة et غيابة absence. غايب absent. غابة pl. غيب forêt, bois.

غيّر II, changer, altérer. تغيّر V, être changé, s'altérer; se chagriner. غيــو changement (*ce mot est employé dans le sens de: autre que.., si ce n'est.., excepté*). وغيرهُم et autres, وغير ذلك et cætera. *id.*

### و

فاين (وَ اين *mis pour*) où...? en quel endroit...?

فتح ouvrir, ouvrir une issue, accorder une faveur. مَفْتاح pl. مفاتيح clef.

فتّــــش II, chercher (*Voy.* حــوّس).

فجر aurore, aube.

فاجر pl. فُجّار pervers, imposteur.

فحَــص environs, banlieue (*en Tun.*, صوّا).

تفرّج V, regarder, examiner. فُرْجة spectacle.

فرح se réjouir, être content. فرَح joie. فَرْحان joyeux, content.

فــرد une pièce, une unité. فَرْدة *id.*

فرس pl. أفْراس cheval, فارس pl. فُرْسان cavalier. jument.

فريسة pl. فرايس bête morte, cadavre.

فِرْطاس pl. فراطس teigneux, chauve.

فرع pl. فروع branche.

فرغ être vide. II, vider. فارغ vide.

فــرق II, partager, diviser. VIII, افْترق se diviser, se séparer. فرق partage, séparation, différence. فرقة fraction.

فَزَع être épouvanté.

فَسَد être gâté. II, فَسَّد gâter. فَاسِد gâté, corrompu. فَسَاد dégât, faute.

فَصْل pl. فُصُول saison.

فَضْل bonté. V, تَفَضَّل agir avec bonté à l'égard de quelqu'un ; être généreux envers... فَاضِل bon.

فَطُور déjeuner. فَطَر déjeuner, *subs*.

فَقْر pauvreté. فَقِير pl. فُقَرَاء pauvre.

فِكْر pl. أَفْكَار réflexion, pensée. V, تَفَكَّر réfléchir, se rappeler.

فُلُوس obole ; argent, monnaie (*en Tun*.).

فُلْفُل poivre, piment.

فَلَق II, fendre. V, تَفَلَّق se fendre, se crever.

فَلُوكَة pl. فَلَايِك barque.

فَم pl. أَفْوَام *et* أَفْوَاه bouche, orifice.

فَنَار pl. فَنَارَات lanterne.

فَهِم comprendre. II, فَهَّم expliquer, faire comprendre.

فَوْق dessus, sur. فَوْقَانِي supérieur, qui est au-dessus.

فُول fève.

تَفَهْوَه V, bâiller.

فَار pl. فِيرَان souris, rat.

ف

فَبَض saisir, attraper ; toucher de l'argent.

فَبِل accepter, admettre.

فَبْل avant. مِن فَبْل avant. فِبْلَ مَا avant

فـرب être proche. II,
تفرّب approcher. V,
فرّب s'approcher. فربة proxi-
mité; proche parenté.
فريب pl. فراب proche,
près de...

أفرع chauve, teigneux;
syn. برطاس.

فشر II, éplucher, enle-
ver la peau. فشرة pl. فشور
peau (d'un fruit).

فصد se diriger vers;
se proposer de, avoir
l'intention de. فصد intention, désir. مقصود ce que
l'on se propose, chose
désirée, but que l'on a
en vue.

فصير court.

فصر pl. فصور palais.

فضى F. I, accomplir;
juger. فاضي pl. فضاة cadi,
juge. فضية affaire.

فبيلة que..., avant de...
tout à l'heure, tantôt,
المستقبل l'avenir.

الفبايل les Kabyles.
بلاد الفبايل la Kabylie.

فتل III, فاتل tuer. III,
combattre. VI, تفاتل
s'entretuer. فاتل pl. فتال
assassin, meurtrier.

فدر pouvoir. فادر pou-
vant, puissant.

فدّر pl. أفدار quantité,
somme.

فدرة pl. فدور marmite.

فدّم aller devant. II,
s'avancer; avancer, pré-
senter. V, تفدّم s'avancer.
فديم pl. فدام vieux, an-
cien. فدّام devant, prép.

فرا lire. يفرا fut. فاري
lecteur. فرايت lecture.
الفرآن le Coran.

فطع couper. فطع النفس retenir sa respiration ; interrompre ; traverser une rivière. II, فطّع couper. V, تفطّع se couper, se rompre. فاطع coupant, qui coupe bien. فطعة une fraction, une partie, un peu de... مفطع gué.

فطن coton.

فعد s'asseoir ; rester. فاعد assis.

فعّة pl. فعب panier, couffe.

فعل fermer ; agrafer. فعلة bouton. pl. مفعولة et مفعولات boucles d'oreilles.

فلت petite quantité. فليل pl. فلاليل pauvre ; peu, en petite quantité. أفلّ moins, moindre.

فلب pl. فلوب cœur, intérieur. II, فلّب retourner, mettre sens dessus dessous.

فلع II, enlever, arracher. مفلع pl. مفالع fronde.

فمح blé.

فمر masc., lune.

فماش étoffe.

فمتم pl. فمافم bec (d'oiseau), syn. منفار.

فندورة pl. فنادر sorte de grande chemise.

فوت pl. أفوات nourriture.

فال F. O, dire, parler. فول parole. فوّال parleur, narrateur.

فام F. O, se lever, se mettre debout. II, فيّم éveiller. IV, أفام mettre debout, lever. فوم pl. أفوام goum, réunion de cavaliers. فيامة résurrection ; révolte.

فَوَى être fort, devenir fort. فُوَّة force. فوي fort. بَالْفِتوّة fortement.

## ك

كَ comme. كَما comme. كَآلِّي comme si.

كبر être grand, grandir. II, كبّر agrandir. X, اسْتَكْبَر se regarder comme grand, s'enorgueillir. كُبَر vieillesse. كبير grand ; âge.

كبش bélier, mouton. pl. كباش. VI, تكابش se battre.

كتم cacher, garder le secret.

كشّر II, augmenter. X, اسْتَكْشَر souhaiter l'augmentation : اسْتَكْشَر بخيرو il le remercia. كَشْرة abondance, augmentation. كشير nombreux. أكْتر plus nombreux, davantage.

كذا وكذا telle et telle chose.

كذب mentir ; rater (arme à feu). II, كذّب traiter de menteur, regarder comme menteur. كذاب mensonge. كذب menteur.

كرش fém., pl. كروش ventre. مكراش gourmand.

كريم généreux. II, كرّم traiter avec générosité. V, تكرّم se montrer généreux. كرم générosité.

كسب posséder.

كسّر II, casser. V, تكسّر se casser, être cassé.

كَسْرَة pain d'orge.

تكتّل V, s'étirer, *syn*. تمطّى (*On pron. aussi* : نفتّل).

كسى F. I, vêtir. كسوة *et* كساوي *pl*. كسّاء vêtement.

يكفي F. I, suffire. كفى cela suffit. III, كافى *fut*. يكافي récompenser, rémunérer.

كلب chien. كلاب *pl*. مكلوب enragé.

كلّم parole. II, adresser la parole, parler à... V, تكلّم parler. كلمة un mot, une parole.

كلا (*Voy*. أكل).

كما comme, de même que.

كمل être complet. II, كمّل compléter. كامل

عام كامل complet, entier. tout un an, une année entière.

كيسة *pl*. اكياس bourse.

كيـ *ou* كيـ lorsque.

## ل

لالّة dame. يا لالّة madame.

لبس revêtir, s'habiller, mettre un vêtement. II, لبّس habiller. لباس habit, vêtement. لابس revêtu.

لبن *pl*. ألبان lait (*en* Algérie, lait aigre).

لجام *pl*. لجامات bride. II, لجّم brider.

لحس lécher.

لحق atteindre, rejoindre.

لحم *pl*. لحوم viande.

— 384 —

لــزم être nécessaire, obligatoire. يلــزم il faut. لازم obligatoire, il faut لازم تخدم (syn : لا بدّ). *il faut que tu travailles.* ملازم obligatoire : عليك تخدم *vous devez travailler.*

لسع mordre (serpent), piquer (scorpion).

لسان langue, langage, langue, syn. لغة.

لطب agir avec douceur, bonté. لطب douceur, bonté. لطيب doux, agréable. يا لطيب ô le Doux par excellence ! (c.-à-d. Dieu) ; *exclamation qui correspond à peu près aux expressions :* Par exemple ! Que dites-vous là ! Serait-il vrai ! Loin de là ! *etc.*

لطم se frapper contre, cogner, heurter.

لفّ enrouler, envelopper.

لفت navet.

تلفّت V, se tourner vers.

لفعى pour أفعى vipère, pl. لفاعي.

لقمة pl. لقمات bouchée.

لفى F. A, rencontrer. III, لافى aller à la rencontre de. VI, تلافى se rencontrer.

لمّ réunir, ramasser, rassembler.

ولو si ; لو quand même.

لوبية haricot.

لوى F. I, rouler. ملوّي enroulé.

ليه pour اليه vers lui, à lui.

# م

ما ne pas. ما ce que. ما quoi...? que...? ما tant que. ما combien...!

جآ *rac.* ماجي venant, prochain. الـعـام الـمـاجـي d'année prochaine.

مآء *pl.* مياه eau. مويهة *dimin.*, un peu d'eau.

مثل ressemblance, similitude (*Voy. leçon 82e*). مثل *pl.* أمثال proverbe, fable.

مدّ tendre.

مدّة espace de temps. مدّة من الزمان un certain temps.

مدينة *pl.* مدن, مداين ville, cité. مدينة النبي *ou simplt* المدينة ville du Prophète, Médine.

مرّ amer. مرورة amertume. مرارة fiel, bile.

مرّة *pl.* مرّات fois.

مراة *ou* امراة femme, *pl.* نساء.

مرض être malade, tomber malade. II, مرّض rendre malade. مرض maladie. مريض *pl.* مراض; et mieux مرضى, malade.

مرقة sauce, jus, bouillon.

مزيّة service (que l'on rend à quelqu'un), plaisir : اعمل لي هذه المزيّة rendez-moi ce service ; *syn.* : اعمل لي هذه المروّة.

تمسخر se moquer, *rac.* سخر.

مشى *fut.* يمشي aller. II, مشّى faire marcher. V, تمشى marcher. مشاي marche. مشّاي marcheur, bon marcheur.

25

مَضْغ mâcher. مَضْغ mastication, action de mâcher.

مَضَى *fut.* يَمْضِي partir, s'en aller. مَاضِي étant parti ; prétérit, passé. العَام المَاضِي l'année dernière, l'an passé.

مَعِدَة *pl.* مَعِد estomac.

مَاعُون *pl.* مَوَاعِين ustensile de cuisine, vase, plat, écuelle.

يُمْكِن il se peut, il est possible, peut-être.

مَكَان *pl.* أَمَاكِن lieu, place. II, مَكَّن donner la possibilité de..., avoir la possibilité de... مَا يمكِّني شِي il ne m'est pas possible.

مَلّ être dégoûté de..., se dégoûter de...

مَلَا *fut.* يَمْلَا remplir,

emplir. مَلْيَان plein, rempli.

مَالِح salé. مِلْح sel.

مَلِيح bon.

مَلَك posséder. مِلْك propriété, possession. مَالِك propriétaire, possesseur. مَلِك *pl.* مُلُوك roi.

مِن هَذَا *prép.*, de : مِن الوَقْت depuis ce moment...

مَنَع préserver, empêcher.

تَمَنَّى V, souhaiter, faire un souhait, désirer.

مَاهِر habile, expérimenté.

مَهْمَم balbutier.

مَيْدَة *ou* مَايْدَة petite table, ronde et basse.

مَات *fut.* يَمُوت mourir. II, مَوَّت faire mourir. مَوْت

*subst.*, mort. مَيّت *adj.*, mort.

مَال *pl.* امْوَال bien, richesse ; troupeau.

## ن

نَاس gens, foule ; *syn.* خَاطِر *et* غَاشِي.

نَبَت pousser, germer. مَنْبَت plantes. نَبَاتَات incrusté de...

نَجَم *et* II, pouvoir. نَجْمَة *pl.* نُجُوم étoile.

نَحَل *coll.*, abeille (*n. d'un.* نَحْلَة).

نَحَّى II, *fut.* يِنَحِّي enlever, ôter.

نَزَل descendre. II, faire descendre. مَنْزِل *pl.* مَنَازِل lieu où l'on descend, demeure, habitation. نَزْلَة rhume de cerveau, coryza. مُسْتَنْزِل enrhumé (*Tun.*).

تَنَازَع VI, discuter, se disputer.

نِسْوَة *et* نِسَاء femmes.

نَسِي *fut.* يِنْسَى oublier.

نَشَر étendre.

نَصِيب une portion : اَعْطِنِي نَصِيب مِنْ الدَّرَاهِم donnes-moi quelque argent, un peu d'argent.

نُصّ (*pron.* noss), *pl.* انْصَاب moitié.

نَطَح donner des coups de cornes.

نَظَر regarder. نَظْرَة vue, regard. نَوَاظِر lunettes.

نَعَاس sommeil. نَعْسَان qui a sommeil.

نِعْمَة bonheur ; aisance, fortune, opulence. (*Ce mot est souvent employé avec le sens de :* productions de la terre, blé, orge.)

نَفَخ enfler, gonfler.

نَاصْ F. O, se lever. II, نَوَّصْ faire lever, éveiller.

نَوْع pl. اَنْوَاع espèce, sorte.

نَال fut. يْنَال obtenir.

نَام F. O, dormir. نَوْم sommeil. مْنَام songe, rêve.

نِيَّة innocent; innocence.

نَاب pl. اَنْيَاب dent, dent canine.

هَانِي voici. هَانِيمَا me voici.

هَاهُو voici; prends. le voici.

هَات donne; fém. هَانِي pl. هَانُوا.

هَبّ souffler (vent). هْبُوب souffle.

هْبَط descendre.

مَهْبُول devenir fou. هبل

بَاْنَفْخَة enflure. avec enflure, fièrement : يتَمْشى بِالنَّفْخَة il marche avec fierté.

نَفَس pl. نْفُوس souffle, âme, personne. V, تْنَفَّسْ respirer (par altération; on dit : تْنَشَّعْ).

مْتْفَوِّشْتَر graver. نَفَش pl. نَافِش pendants d'oreilles.

نْقَص diminuer, retrancher. II, نَفَّصْ id. نَاقِص manquant.

نْكَرْ nier.

نْمِرْ pl. نْمُورَة tigre, panthère.

نْهَرْ repousser, chasser.

نْهَار pl. نْهَارَات jour (opposé de la nuit).

نُوبَة tour. بِالنُّوبَة à tour de rôle. II, نَوَّبْ remplacer. نَايِبْ remplaçant.

نَار fém., pl. نِيرَان feu.

مهابل pl. fou, insensé. هبال folie.

هدية pl. هدايا cadeau, présent.

هرب se sauver. هربان qui fuit, fugitif.

هكذاك id. هكذا ainsi.

هلك périr. II, هلك faire périr. هلاك perte.

هم pl. هموم chagrin, souci. مهموم chagriné, attristé.

هنا, هناك ici, là (à Tun., on pron. HOUNI).

هود II, descendre.

هايشة pl. هوايش animal.

## و

و et...; و par... والله ! par Dieu!

واجب répondre (régt. جاوب).

واجب obligatoire : واجب عليك vous devez...

وجّد II, préparer, apprêter (syn. حضّر) : وجّد نفسه il s'est apprêté, préparé. موجود prêt. واجد qui se trouve; prêt.

وجع faire mal, faire souffrir. وجع douleur.

وجه pl. وجوه figure; coup de feu. جهة pl. جهات côté.

وحش pl. وحوش animal sauvage; d'où l'expression : توحّشتك je m'ennuyais de ne pas vous voir.

ودع II, déposer, mettre en dépôt. وديعة dépôt.

ورق pl. اوراق feuille (n. d'un. ورقة).

وسّخ II, salir. موسّخ sale. وسخ saleté.

وسط مُتَوَسِّط milieu, moyen.

وصيف pl. وصْبان serviteur; nègre.

وصل il est arrivé.

وصّى II, recommander.

وقت pl. أوقات moment.

وقف se tenir debout, s'arrêter. واقف debout.

وكّل (Voy. V, أكل). توكّل mettre sa confiance en quelqu'un, s'en remettre à...

ولد il a enfanté. ولد pl. أولاد fils, enfant. والد père. والدين les parents (le père et la mère).

ولّى revenir, retourner, devenir. مولى maître, pl. موالين.

## ي

يبس sécher; syn. شاح F. I (Tun.). يابس sec, dur; syn. شايح.

يتيم pl. يتامى orphelin.

يد main.

يمين main droite; qui est à droite; serment.

يما mère (أمّ).

يوم pl. أيّام et إيّامات jour. يوم من الأيّام un certain jour. هذوا الأيّام ces jours-ci. إيّامات quelques jours.

# LISTE

## PAR ORDRE ALPHABÉTIQUE

## DE QUELQUES IDIOTISMES

### LOCUTIONS PRÉPOSITIVES, EXPRESSIONS FAMILIÈRES

ETC., ETC.

## A

راني ماشي للبلد     Je vais à la ville.

جا ليه (إليه pour)     Il vint à lui.

طبطب في الباب — دقّ الباب     Il frappa à la porte.

جا على ساقيه — جا تراس     Il est venu à pied.

عند الفجر — مع الفجر     A l'aube du jour.

كيظلم الحال — عند الليل — مع الليل     A la nuit.

بعد ما قال هذا الكلام — وذيك الساعة     A ces mots.

هذاك مصنوع باليد     Ceci est fait à la main.

| | |
|---|---|
| Une maison à trois étages, — à un seul étage. | دار بثلث طبقات — بطابق واحد (Tun.) |
| J'ai à vous parler. | عندي ما نقول لك — حاجتي بك — عندي كلام معك |
| A le voir, on le croirait malade. | اللي يشوفه يقول هو مريض |
| A toi ! | بالك — عندك |
| **Abondamment.** | بالكثرة — بالزاف — ياسر — بالقوة — نزهة — بروشة (Tun.) |
| Tout d'**abord**, de prime-abord. | أوّلاً — اول الشى — في أول الأمر |
| D'**accord.** | بالإتفاق مع — بالموافقة |
| D'un commun accord. | رأي واحد — صفقة واحدة |
| Il a travaillé **active-ment.** | خدم بالجهد |
| **Actuellement.** | في الوقت — في التأريخ |
| C'est mon **affaire.** | هذا شغلي — انا ندبّر راسي |
| Tire-toi d'affaire. | سلّك راسك — دبّر راسك |
| J'ai affaire à lui. | حاجتي معه |

| | |
|---|---|
| سَلَّكْت — ذا الوقت هذا خاطيني | Je suis hors d'affaire. |
| أنتَ تعرُف مصلحتك — هذه حاجتك | C'est votre affaire (cela vous regarde). |
| في جهة أخرى — في مضرب آخر | **Ailleurs.** |
| وزِدْ — وزيدوا — ومع هذا | D'ailleurs. |
| هو محسوب خوي — هو كخوي | Il est pour **ainsi** dire mon frère. |
| يظهر مريض — لونه مريض | Il a l'**air** malade. |
| زيه زيّ الغريب | Il a l'air d'un étranger. |
| كلام زايد ناقص — كلام فارغ | Propos en l'air. |
| في الخلا — للتّصفيع | En plein air. |
| في غرضك — على مهلك | A votre **aise**. |
| راه في خير — في نعمة | Il est à l'aise. |
| كُنْت باغي نخرج — كُنْت معوّل نخرج | J'**allais** sortir. |
| كان قريب يغرق — رايح يغرق — يحبّ يغرق | Il allait se noyer. |

| | |
|---|---|
| Il va venir. | ذا آلوقت يجي — قريب يجي — عدّه جاء — تـوّا يجي (Tun.) |
| Il va avoir fini. | ذا آلوقت يخلّص — قريب يخلّص — ما زال له شويّة باش يخلّص — تــوّا يوفّى (Tun.) |
| Ce gilet me va bien. | هذه الصدريّة جات فدّي |
| Cela va sans dire. | معلوم — بلا شكّ |
| **Alors** il lui dit... | قال له ذيك الساعة — وقتها قال له (Tun.) |
| A **l'amiable.** | بوجه المحبّة — بالأخويّة — على طريق الصّلح — على طريق المودّة |
| **Annuellement,** d'**année** en année. | سنة بسنة — في كلّ عام — من العام للعام |
| **Appelez**-le. | عيّط له — ناده (Tun.) |
| Comment t'appelles-tu ? | آشمك — كيفاش يسمّوك |

| | |
|---|---|
| L'un **après** l'autre. | هٰذا بعد هٰذا — واحد بعد واحد — هذا ورا هذا — هذا فى جرّة خوه |
| D'après ce que vous dites. | على قولك — على حساب قولك — على ما راك تقول |
| **Arrière** ! | وخّر — وخّروا |
| S'il **arrive** que... | إذا جاب ربّي بالّي — اعطى ربّي — كتب ربّي — قدّر ربّي |
| Que lui est-il arrivé ? | اش جرى له — اش وقع له |
| A l'**article** de la mort. | عند الموت — ساعة الموت — فى حالة الموت — عند الغرغرة — عند النزع |
| **Assez**. | بركة — يزّي (يجزي) — يكفي |
| J'ai assez de ce travail. | ملّيت (فلفت) من هذه الخدمة |
| **Attentivement**. | بالبال — برد البال |
| **Aucunement**. | بالكلّ — خلاص |

Auprès de... بحذا – في قرب – عند – قدّام

Lui aussi m'a laissé. حتّى هُوَ تركني

Autant (Voir فدّ, p. 283).

On n'est heureux qu'autant qu'on est bon. ما يكون الإنسان سعيد إلّا إذا كان طيّب

D'autant plus que... وزِدْ هُوَ...

Autrefois. بكري – في الزّمان – في السّابق

Autrement. في زيّ آخر – نوع آخر – في شكل آخر – في كيفية أُخرى

A autrui. للغير

D'avance, par avance. بالتّسبيق – بالتّعجيل

A mon avis. على رأيي – يظهر لي – لوكان تاخُذ رأيي

# B

Grand bien te fasse ! صحّة ليك

Il y a bientôt deux mois. يجي فريب شهرين

| | |
|---|---|
| يجي عن قريب | Il viendra bientôt. |
| بالجُملة — بالمكاورة | En **bloc**. |
| هذا ما يصلح شي — ما ينفع شي | Cela n'est **bon** à rien. |
| يا سعدي (بختي) لوكان تلفاه | Quel **bonheur** si je pouvais le rencontrer ! |
| جاب لي ربّي لفيته — اعطاني سعدي لفيته | J'ai eu le bonheur de... Par bonheur, je l'ai rencontré. |
| يحيط هذا نصبة عين — كاليآ | Il sait cela sur le **bout** du doigt. |
| راس للراس — طروب لطروب | Bout à bout. |
| كيف كمل العام — في تالي العام — في اخر العام | Au bout de l'année. |
| ما بقى لي صبر | Je suis à bout de patience. |
| خرجم من عقله | Il l'a poussé à bout. |
| حدّ الدنيا | Le bout du monde. |
| راس الصبع | Le bout du doigt. |
| هذه الكلمة راهي على طروف لساني (طرطوشة لساني Tun.) | J'ai le mot sur le bout de la langue. |
| راني في اخر خدمتي | Je suis au bout de mon travail. |

| | |
|---|---|
| Bravo ! | يعطيك الصحّة – صحيت – أحسنت |
| Bref ! | الحاصل |
| Faire courir un **bruit**. | زرع خبر – طلق خبر |
| Sans bruit. | بالسكات – بلا حسّ |
| Dans le **but**. | في قصد – بقصد – قصده – مُراده |

## C

| | |
|---|---|
| En **cachette**. | بالسرقة – بالتّخبانية – بالخفية – بالتّدريق – من تحت التحت |
| En tout **cas**, dans tous les cas. | على كلّ حال |
| A **cause**… A cause de… | على خاطر – في شان – لاجل |
| Cependant. | ومَع هذا |
| Certainement. | بالصح – بلا شكّ – قطعًا (Ton.) |
| Sans cesse. | دايمًا – في كلّ ساعة – بلا هتمقة – بلا فترة – بلا تبطيل |

| | |
|---|---|
| Sur-le-champ. | في الساعة — في الوقت والساعة |
| | — في الحين — من وقته — |
| | به في — على الفور |
| Il est à la charge de son frère. | هو في كلبة خوه — تحت ظل خوه — في ذمة خوه |
| C'est la même chose. | شي واحد — واحد فريد |
| C'est autre chose. | هذه حاجة أخرى — طبع آخر |
| Et cætera. | وغير ذلك — وغيرهم |
| En un clin d'œil. | في رمشة عين |
| Il le sait par cœur. | يحفظه من راسه |
| De grand cœur, de tout mon cœur. | على راسي وعيني — من قلبي — على الراس والعين |
| De bon cœur. | بقلب صافي — من قلبي |
| Vous m'avez déchiré le cœur. | حرقت لي قلبي — مزقت لي قلبي |
| A contre-cœur. | بلا رضاي — من فوق قلبي |
| Il travaille avec cœur. | يخدم بالفريحة — بالقلب |
| Au cœur de l'hiver. | في جحل الشتا — في طحط الشتا |

| | |
|---|---|
| Du **coin** de l'œil. | بزغكة عينه — بطروب عينه |
| Sans **comparaison** | بلا تشبيه ولا تمثيل |
| **Complètement**. | بالتمام — بالكمال |
| Tout **compris**. | بالجموع — بالجملة |
| Acheter au **comptant**, — argent comptant. | شرى بالدراهم مدوبوعين — دراهم ناضّة — بالحاضر |
| Vendre au comptant. | باع بالقبض — بالحاضر |
| A ton **compte**. | على بالك — على حسابك |
| Payer par acomptes. | سقط — دفع بالتشفيط — بالمسافطة |
| **Consulte** tes forces. | شفّ جهدك — انت وجهدك |
| Par **contrainte**. | بالفهر — بالجبر — بالغضب |
| **Contrairement** à l'usage. | بخلاف العادة |
| Au contraire. | بالعكس |
| Sans **contredit**. | بلا شكّ — ما بيه شى كلام |
| **Coup** sur coup. | هذا ورا هذاك — واحد فى جرّة خوه — ورا بعضهم |

| | |
|---|---|
| Sur le coup. | على ارضه — في الساعة — و وقته |
| Après coup. | بعد الشي — بعد ما فات الوقت |
| A coup sûr. | بلا شكّ — من كلّ بُدّ |
| A court de... | مخصوص في... — ناقص في... |
| Il m'en coûte de... | يصعب عليّ — يعزّ عليّ — غاطني الحال |
| Il l'a achetée à crédit. | شراها بالدين |
| Il l'a vendue à crédit. | باعها بالطّلف — بالطّلوف |
| Vous pouvez m'en croire | خُذها منّي — تقدر تامنني |
| Je crois qu'il ne viendra pas. | راني نخمّم (نظنّ) بالّي ما يجي شي — في بالي ما يجي شي |
| Je n'aurais jamais cru cela. | كان هذا بعيد على ظنّي — عمره ما كان يخطر في بالي هذا |

## D

| | |
|---|---|
| A la date de... | بتاريخ... |
| Et davantage. | واكثر — وزيادة |

De par le roi. — بأمر السلطان

La ville d'Oran. — مدينة وهران

De cette façon... — بهذه الحيلة — بهذا التأويل

C'est un homme de 49 ans. — هو رجل مولى تسعة واربعين سنة

Bon **débarras** ! — يا خي راحت — البحر عليه — ما لها من راحت (Tun.) (1)

Il se tient sur la **défensive**. — هو على حذره — واقف على حذره — واقف على روحه

Je suis en **dehors** de cela. — هذا خاطيني — هذا بعيد علي

Il est **déjà** parti. — راح بعدا

Je vous ai **déjà** dit. — قلت لك فميلة

En **dépit** de... — نقمة فيه — يي نكاية — رغما عليه

A **dessein** (*Voy.* But). — بالقصد — بالذمة — بالعاني

En **dessous**. — من تحت

―――――
(1) L'expression يا لها ما لها ou ما لها se prononce habituellement *mellâ...*

| | |
|---|---|
| Regarder en dessous. | خزر من تحت الطّرف |
| Je me mets au-**dessus** de tout. | عندي كلّ شي زايد نافص |
| Au-dessus de... | فوق |
| Ci-dessus. | اعلاه |
| Là-dessus, il s'en alla. | وبعد هذا راح — وبعد هذا الحال راح — كالساعة راح |
| Vendre en **détail**. | باع بالفشارة — بالتفصيل |
| Dans tous ses détails. | من الاوّل إلى الاخر — بالباء والتّاء — من المبتدا إلى المنتهى |
| Mon **devoir** est de l'avertir (je dois...) | واجب علىّ نخبره — لازم نخبره |
| Tu devrais écrire au cadi. | من حقّك تكتب للقاضي |
| **Devoir** (*Voy. p. 253*). | |
| Au **diable** ! Va-t'en au diable ! | امش للبحر — البحر عليك — رُحْ الجهنّم عليك — البحر والشكارة عليك |
| Sans **différer**. | بلا تأخير |
| Résoudre la **difficulté**. | حلّ العقدة — فكّ الحبلة |

| | |
|---|---|
| Cela va sans **dire**. | مَعْلُوم |
| Votre enfant a de bonnes **dispositions**. | ولدك يخرج منه الخير — يجي منه |
| Le soleil **donne** dans ma chambre. | الشَّمْس تدخل في بيتي |
| Cette fenêtre donne sur la rue. | هذه الطاقة تطلّ على الزنقة |
| Il m'a **doré** la pilule. | حلّى لي هذه الحاجة — زيّن لي الشي |
| A bon **droit**. | بالحقّ — بوجه الحقّ |
| Il est de mon droit. | من حقّي — من طريقي |
| Il est dans son droit. | راه في حقّه |

### E

| | |
|---|---|
| A l'**écart**. | على جهة |
| En **échange** du livre. | بدل الكتاب — في عوض الكتاب |
| En **effet**. | بالصّحّ — بالمجدّ (Tun.) |
| A cet effet. | لهذا الشان — لِذَلك |

C'est un **effronté**. — هذا الرجل وجهه مبلّط — هو عداسي (1)

Cela m'est **égal**. — اش عندي فيه — ما عندي حاجة — اش يغنيني (Tun.)

Eu **égard** à... — و خاطر...

Par **égard** pour vous. — لوجهك — في خاطرك

Tire-moi d'**embarras**. — افتح لي باب — دبّر علي

**Encore** (Voy. p. 158).

**Enfin**. — الحاصل

Est-il enfin venu ? — جاء شي ولّا ما زال

C'est **entendu**. — قبلت — رضيت — حاجة مقضية — كلمة واحدة

Par l'**entremise** du caïd. — على يد القايد — بواسطة القايد

A l'**envers**. — بالمقلوب

J'en ai **environ** dix. — عندي يجي عشرة — وقبيل عشرة — تقريب عشرة

---

(1) Mot à mot : « Il est des *Beni-'Adâs* (gens effrontés et sans pudeur). »

| | |
|---|---|
| Il y a environ trois mois. | يجي (يعمل) ثلث شهور |
| Éternellement. | على الدوام |
| A la belle **étoile**. | في الخلا — برّا |
| C'est **évident**. | معلوم. — هذا الشي يبان — حاجة ظاهرة |
| A l'**exception** de... | دون — من دون — من غير |
| Avec **excès**. — Excessivement. | بوفي الحدّ — بزيادة |
| Dans l'excès de son chagrin. | في شدّة حزنه — من كثرة حزنه |
| **Exprès** (Voy. DESSEIN). | |

## F

| | |
|---|---|
| A la **façon** de... | شغل الـ |
| Faire des façons. | تعزّز |
| Il ne **fait** qu'à sa tête. | ما يعمل إلاّ رايه — ما ينتبع إلاّ هواه — إلاّ على كيفه |
| Il ne fait que rire. | من غير يضحك — دايمًا يضحك — بافي يضحك |
| Il ne fait que de venir. | هذا وين جاء — راه غير كيجاء — ذا الوقت (Tun. توّا) جاء — ما زال كيف جاء |

| | |
|---|---|
| يظلّ يحوس | Il ne fait que se promener. |
| لازم يتألّف (يتّنانس) الإنسان بكلّ حاجة | Il faut se faire à tout. |
| حاجتي ما شي معك | Je n'ai point affaire à vous. |
| واش عندي بيه — ما عندي حاجة بيه | Cela ne me fait rien du tout. |
| كان الريح — الريح يخدم — ينسب | Il fait du vent. |
| اش به ما جاء شي — كيباش جرى به ما جاء شي | Comment se fait-il qu'il ne soit pas venu ? |
| سكتت النّاس | Le silence se fit. |
| سمعنا حسّ كبير | Un grand bruit se fit entendre. |
| من عدم الوقت | **Faute** de temps. |
| ما نجّمت شي نخلّصها غرّني (فاتني) الوقت | Je n'ai pas pu l'achever, faute de temps. |
| الحاصل قال له | Il **finit** par lui dire. |
| وآى (عاد) يفرّ — فرّ بعد | Il a fini par avouer. |
| على وجه الارض | A **fleur** de terre. |

**Fois** (Voy. p. 220).

| | |
|---|---|
| A la fois, tout à la fois. | في وِرْد مَرّة |
| Une fois qu'on est habitué. | اِلّي يكون مْوالِف (مستأنس) — كِيف يْوالِف واحد |
| Une fois parti, je ne reviendrai plus. | كِيف نكون رُحْت ما نرجع شي |
| Sans **fondement**. | من غير صحّ — ما فيه صحّ — من غير اساس |
| Elle a **fondu** en larmes. | صبّوا دموعها |
| A **force** de bras. | بقوّة الناس |
| Dans la force de l'âge. | في الطّخط — في عنصر شبابه |
| De force, à force ouverte, de vive force. | بالذراع — بالسّيف — بالزبط — بالزور — بالغصب — بالقهر |
| A force d'étudier. | من كثرة التعليم — بعد ما كثر التعليم — بالحرص على التعليم — بالمواظبة على التعليم |
| De toutes ses forces. | بجهده |
| Dans le **fort** de la chaleur. | في شدّة (في حرّ) القايلة |

| | |
|---|---|
| Dans le fort de l'hiver. | في قوّة الشتا |
| A mes **frais**. | بمصروفي — من مكتوبي |
| Il a eu le **front** de me dire. | قال لي وما آستحى شي |
| Parlez **franchement**. | تكلّموا فبالة — بالنيّة — جهار (Tun.) |
| **Furtivement** (Voy. CACHETTE). | |

## G

| | |
|---|---|
| Prenez **garde**! | ردّ بالك — عندك |
| Je m'en **garderai** bien. | أعوذ بالله — يا حفيظ |
| Je me garderai bien de descendre tant que... | ما نجي نهوّد حتّى... |
| **Grâce! grâce!** | العفو العفو |
| Rendez grâce à Dieu. | أشكر ربّي — أحمد ربّي |
| Il me l'a donné **gratis**. | عطاه لي باطل — بلا شي — مجّانًا |
| Il a fait cela de bon **gré**. | عمل هذا بالرّضا — برضاه — بغرضه — بطيّب الخاطر |
| Contre mon gré. | بالغصب عليّ — بالسّيف عليّ |

| | |
|---|---|
| اخدم على غرضك | Travaillez à votre gré. |
| بالحل وإلّا بالسيب — بالمروّة وإلّا بالسيب | De gré ou de force, bon gré mal gré. |
| انجرح جرح ثقيل | Il a été **grièvement** blessé. |
| بالجملة | En **gros**. |

## H

| | |
|---|---|
| العادة — الغالب | **Habituellement, d'habitude.** |
| عادتي — عوايدي نروح نتفسّح | J'ai l'habitude d'aller me promener. |
| على جري عادته | Selon son habitude. |
| صادفته | Je l'ai rencontré par **hasard**. |
| إذا كتب ربّي تلقاه | Si par hasard vous le rencontrez. |
| خذ واحد من طروف | Prenez-en un au hasard. |
| ساويته بلا تخميم | Je l'ai fait au hasard. |
| الجوف — من جوف | En **haut**, — du haut de... |
| طلّ من | Regarder d'en haut. |
| يا حسرة | **Hélas !** |
| حضر أجله — خلاص أجله | Son **heure** est venue. |

فيبيلا | Tout à l'heure.
في الوقت المعين | A l'heure dite.
ما له نظير — ما عنده شبيه | **Hors** de comparaison.

# I

الّي كان — الّي بغى — الّي يجي | **N'importe** lequel.
من اين ما كان — من اين يجي | De n'importe où.
ما كان حاجة — اش بيه | Qu'importe, peu importe.
بالظّلم — بالباطل — بالزّور — بلا حقّ | **Injustement.**
خفية من بوه | A l'**insu** de son père.
في منفعتك — في صلاحك | C'est dans votre **intérêt.**
بالانفراد — بالفرد | **Isolément.**

# J

ابدا — بالكلّ — محال | **Jamais.**
على البوراغ — على الخوا — على الرّيق | A **jeun.**

En plein **jour**.     في وسط النهار

Jour de l'an.     راس العام

**Juge** des autres sur celui-là.     قِس الآخرين على هذا

## L

Pour un **laps** de temps.     لمدّة

En premier lieu.     في أوّل الأمر — أوّلًا

En dernier lieu.     الحاصل — في آخر الأمر

Il me tient lieu de père.     هو كيف بابا — محسوب بابا

Cela a eu lieu devant vous.     وقع هذا الشي قدّامك

A la **longue**.     مع طول الزمان — مع الزمان

## M

J'ai **mal** à la tête. — Ma tête me fait **mal**.     راسي يوجعني — راني مريض من راسي

Il n'y a pas de mal.     لا باس — سلامات

Il s'est donné du mal.     عذّب نفسه — تعّب نفسه — شقى نفسه — فاسى

| | |
|---|---|
| C'est mal à vous de... | عيب عليك — ما شي حق عليك — ذنب عليك |
| Malgré cela... | ومع هذا |
| Malgré vos longues paroles... | مع كثرة كلامك |
| Il l'a fait malgré lui... | عمله رغمًا عليه — من غير رضاه |
| Par malheur. — Malheureusement. | من قلّة سعدي (بختي) |
| Je ne manquerai pas de lui dire... | ما نفرّط شي ونقول له |
| Ne manque pas de venir. | بالك ما تجي شي |
| Je l'ai acheté à bon marché. | شريته رخيص |
| Du matin au soir. | من الصباح حتى العشيّة |
| Du matin au soir, il se promène. | يصبح ويظل يحوّس |
| Le meilleur des hommes. | خير الناس — أحسن الناس |
| Il n'y a rien de meilleur. | ما كان حتّى حاجة خير من هذه — ما ثمّ شي ما أحسن منها (Tun.) |
| De quoi vous mêlez-vous ? | اش يضلك (دخلك) — اش كلّفك — باش راك تدخّل نفسك |

| | |
|---|---|
| Il est venu lui-**même**. | جاء هو بنفسه — بعينه — بروحه — بذاته |
| Il l'a écrite lui-même. | كتبها بيده |
| J'y suis allé moi-même. | مشيت أنا عنده برجلي |
| Il se dit en lui-même. | قال في نفسه |
| Je pensais en moi-même. | كنت نخمّم في قلبي — في راسي |
| Nous habitons le même quartier. | رانا ساكنين في فرد حومة |
| De même espèce. | من جنس واحد (فريد) |
| Cela revient au même, c'est la même chose. | شي واحد — حاجة فريدة |
| La fenêtre s'est ouverte d'elle-même. | الطاقة انحلّت وحدها |
| Il n'est pas à même d'en juger. | ما يقدرشي يحكم في هذا |
| Il a puni même son fils. | عاقب حتّى ولده |
| Je ne l'ai pas vu même de loin. | حتى من البعد ما شفتهش |
| Il se **mit** à courir (Voy. p. 229). | قام (ناض) يجري |
| J'aime **mieux** rester ici. | عندي خير (أحسن) نقعد هنا |
| J'ai fait de mon mieux. | عملت باحسن ما عندي — على قدر جهدي — هكّا حدّ الجهد (Tun.) |

| | |
|---|---|
| Pour le mieux. | على أحسن حال — على حسن المراد — كالّي يحبّ الخاطر |
| Quoi de mieux ? | أما خير — أما حاجة خير من هذيك |
| Tant mieux pour toi ! | صحّة فيك |
| Le **moindre**. | الأقلّ |
| Il en a **moins** que moi. | عنده أقلّ منّي |
| Il est moins savant que lui. | هو ما شي عالم كيفه |
| En moins d'une heure. | في أقلّ من ساعة |
| Je ne peux pas vous le laisser à moins de 30 francs. | ما نقدرش نخلّيه لك أقلّ من ثلاثين فرانك |
| A moins de le renvoyer. | غير إذا طرّدته |
| Il en a au moins 100. | بالقليل عنده مية |
| Plus ou moins. | زايد ناقص |
| Je me **moque** du qu'en-dira-t-on. | أش عندي في كلام الناس |
| Il l'a coupé par **morceaux**. | قطعه أطراب أطراب |
| Par ce **moyen**. | بهذه الحيلة — بهذا التاويل — بهذه الكيفيّة |
| Chacun selon ses moyens. | كلّ واحد على قدره |

## N

Naïvement. — بالنّيّة

Cela **nécessite** de grandes dépenses. — يستحقّ له مصروف قوي — يلزم له مبلغ وافر

Au nom du roi. — بأمر السلطان — باسم السلطان

## O

Avez l'**obligeance** de me dire... — ترى قل لي — تفضّل عليّ وقل لي — أمانة الله قل لي

Je suis votre **obligé**. — بقيت لك عندي مزيّة

Dans un clin d'**œil**. — في رمشة عين — في طرفة عين — في لحظة

A vue d'œil. — على نظرة العين

J'ai l'œil sur lui. — راني نحرس فيه

Il a peur du mauvais œil. — يخاف من العين

Comme à l'**ordinaire**. — كالعادة

D'ordinaire. — من عادته — من عادتهم etc. — عوايدهم

| | |
|---|---|
| Outre cela. | غير هذا — يوق هذا |
| En **outre** (de plus). — Il en a deux en outre. | وزِدْ — عنده زوج زيادة |

## P

| | |
|---|---|
| Il l'a jeté **par** la fenêtre. | رماه من الطاقة (الشباك .Tun) |
| Cela est arrivé par ta faute. | هذه الحاجة جات من خطاك |
| Il est tombé par terre. | طاح على الارض |
| Je partirai par terre, par mer. | نروح في البرّ — في البحر |
| Envoyez la lettre par la poste. | ابعث البريّة مع البوشطة |
| Il me donne trente francs par mois. | يعطيني ثلاثين فرانك في الشهر |
| Il a été tué par son frère. | قتله خوه |
| Je te rendrai la **pareille**. | نبدّيها — نخليها منك |
| Il **parle** à mots couverts. | يتكلّم باللّغز — بالمعاني |
| Sans parler de... | وخلّ — خلّي — بلا ما نتكلّم |
| Voici votre **part**. | هذا سهمك — قسطك |
| Ma part de succession. | مَنابي من الميراث — (نصيبي) (حظّي) |

| | |
|---|---|
| حزَنْت لحزْنِك — فرحْت لفرحِك | Je prends part à votre chagrin, — à votre joie. |
| عنْدَك ربْطة (يد) في هذه القضيّة — حضرْت في... | Vous avez pris part à cette affaire ? |
| خبّرتهُ باللي تزوّجْت | Je lui ai fait part de votre mariage. |
| من الجهتين | De part et d'autre. |
| جعلْتهُ على جهة | Je l'ai mis à part. |
| تخالى معهُ | Il l'a pris à part. |
| من الجنب للجنب — من الجهة للجهة | De part en part. |
| وبالتخصيص — بالخصوص — بالاخصّ | Et en **particulier**. |
| تعلّق بفلان | S'attacher aux **pas** de quelqu'un. |
| ولِّ على اقدامك — ارجعْ على مثل طريقك | Retournez sur vos pas. |
| خطوة خطوة | Pas à pas. |
| رحْ في حالَك — جُزْ في طريفك | **Passez** votre chemin. |
| يحسبوهُ الناس عالم | Il passe pour savant. |

| | |
|---|---|
| وجعّت خاطري — غيّرتني | Vous m'avez fait de la **peine**. |
| غاظه الحال | Cela lui a fait de la peine. |
| راني مغموم عليه | Je suis en peine de lui. |
| ما تعطّل شي نفسك — ما تشفى شي | Ne vous donnez pas cette peine. |
| ما يتمشّى إلّا بالتسيب عليه | Il a de la peine à marcher. |
| شويّة بشويّة — واحدا واحدا | **Petit** à petit. |
| في مُدّة قليلة | En **peu** de temps. |
| بعد مُدّة قليلة | Dans peu de temps. |
| شويّة بشويّة | Peu à peu. |
| عندي يجي عشرة — بالوهي عشرة — بالتقريب عشرة | J'en ai à peu près dix. |
| قلّة عقلي | Mon peu d'esprit. |
| باكعبا — حفيان | **Pieds**-nus. |
| اسفل الحيط | Au pied du mur. |
| البحر عليه — البحر والشكارة عليه — الشاه فيد | Tant **pis** pour lui ! |
| ما عليه — على الراس والعين | Avec **plaisir** ! |
| اعمل لي هذه المزيّة | Faites-moi ce plaisir. |

| | |
|---|---|
| امانة الله (توربح) قل اي واين... | Dites-moi, s'il vous plaît, où... |
| أكثر الناس – الكثر من الناس – غالب الناس | La **plupart** des gens. |
| عنده بالأكثر عشرين – وفيل عشرين – بالاخرى عشرين | Il en a tout au **plus** vingt. |
| زايد نافص | Plus ou moins. |
| فدّ ما يكون الإنسان غني فدّ ما يكون مشحاح | Plus on est riche, plus on est avare. |
| عندي من الخيل أكثر من البغال | J'ai plus de chevaux que de mulets. |
| وزد – وزيادة | De plus (en outre). |
| ما عدت شي نروح عنده | Je n'irai plus chez lui. |
| ما عاد شي يجي يكلمني | Il ne viendra plus me parler. |
| ما نبقى شي نخدم عندهم | Je ne travaillerai plus chez eux. |
| ازيد وازيد | De plus en plus. |
| علاش ما جيت شي قبل هذا الوقت | Pourquoi n'êtes-vous pas venu **plus tôt**? |
| الموت خير عندي مالي نبقى معه – نموت خير مالي نرضى بالموت ولا نقعد | **Plutôt** mourir que de rester avec lui. |

| | |
|---|---|
| | Être sur le **point** de…. (*Voy.* ALLER). |
| كلمة بكلمة | Mot **pour** mot. |
| لمُدّة شهر — لطول عمره | Pour un mois, — pour toute sa vie. |
| أمّا أنا | Pour moi (quant à moi). |
| ما تلوم إلّا نفسك | Ne t'en **prends** qu'à toi-même. |
| يقرّب البلد | **Près** de la ville. |
| بالتقدير — بالتقريب — بالوقّى — بالقياس كِتمّ للبليدة | A peu près comme d'ici Blida. |
| اقعد بحذاي | Asseyez-vous près de moi. |
| ما نشفى شي — ما نتفكّرش — ما نثبت شي | Cela n'est pas **présent** à ma mémoire. |
| ما عنده فيمت | Sans **prix** (précieux). |
| عمل هذا في وقته — من غير وقته (مضربه) | Il a fait cela à **propos**, — mal à propos. |
| ما فيه ما يصلح — ما فيه صلاح | Il n'est **propre** à rien. |
| عنده الاكتناو | Il a des **protections**. |
| قدّام الناس — بالجهار | En **public**. |

## Q

| | |
|---|---|
| Quand bien même. | ولـوكـان |
| Quant à moi. | اما أنا — من جـهـتـي |
| Je ne sais que faire. | ما نـعْـرف اش نـعْـمل |
| Je n'en ai que faire. | ما عندي ما نعمل بـه |
| Que son langage est agréable ! | ما احسن كـلامه |
| Il ne demande qu'à jouer. | ما يحـوّس إلَّا على اللَّعَب |
| C'est se tromper que de croire... | يغلط اللي يـظـنّ |
| Qu'il en ait ou qu'il n'en ait pas... | بغى عنـده بغى ما عـنده شي |
| Donnez-m'en un, quel qu'il soit. | اعـطـنـي واحد اللي كان (من دون) — اللي يجي |
| Quelle que soit ton intelligence, tu ne pourras pas réussir. | مع عقْلك ما تنجم شي توصل لهذه الحاجة |
| Laissez-le tel quel. | خلِّـه كيما راه |
| Prenez un livre quelconque. | خُذْ كتاب اللي كان |
| Demandez à un homme quelconque. | سقْص (اسأل) واحد اللي حبيت |
| Nous voilà quittes. | ما بيننا لا طالب لا مطلوب |

| | |
|---|---|
| Je vous tiens quitte du reste. | راني سامحتك في الباقي |

## R

| | |
|---|---|
| Sans **raison**. | بلا سبّة — بلا حقّ — بالباطل — من غير سبّة |
| Vous avez raison. | عندك الحقّ — معك الحقّ — صدقت |
| **Rapidement**. | بالخفّة — بالزربة — بالسرعة — بالعجلة — بالمغاولة |
| A **rebours**. | بالعكس — بالمقلوب |
| Cela ne me **regarde** pas. | هذا خاطيني |
| Il est tombé à la **renverse**. | طاح على ظهره — على قفاه |
| Je l'ai fait avec **répugnance**. | عملته من جوف قلبي |
| **Résolument**. | بالعزم |
| Du **reste**. | الباقي |
| En **résumé**. | بالجملة — الحاصل |
| Ce ne sera **rien**. | لا باس — سلامات |
| Ce n'est rien (c'est chose facile). | ما عليه — ما كان حاجة — حاجة ساهلة |

## S

| | |
|---|---|
| Je suis de **sang**-froid. | راني بعقلي – راني محضّر |
| Il est parti **sans** me dire adieu. | راح وما بقّاني شي على خير |
| J'ai passé la nuit sans dormir. | بتّ فاطس – سهران |
| A votre **santé**! | بصحّتك |
| Cela **saute** aux yeux. | هذه الحاجة تبان – هذه الحاجة ظاهرة |
| Qu'en **sait**-on? | اشكون يعرف – الله أعلم |
| Au **secours**! | الغيث الغيث – غيثوني |
| Crier, appeler au secours. | استغاث – عيّط الغيث |
| **Secrètement**. | بالسرّ – تحت السرّ |
| **Selon** lui. | على قوله – على ما يحكي |
| Comme bon vous **semblera**. | كما حبّ كيفك – كما حبّ خاطرك – كما يظهر لك – على كيفك |
| **Séparément**. | كلّ واحد وحده – بالإنفراد |
| **Sérieusement**. | بالرزكيم – بالرزانة |
| Garder son **sérieux**. | شدّ الرزكيم |

| | |
|---|---|
| Rendez-moi ce **service**. | اعمل فيّ هذه المزيّة — هذه المروّة |
| Je suis à votre service. | راني تحت يدك — راني نتخدّم لك |
| **Soit** ! | ما عليه — قبلت |
| Soit aujourd'hui, soit demain. | حبّيت اليوم حبّيت غدوة |
| Toute **sorte** de livres. | كتب من كلّ نوع |
| De telle sorte que je n'ai plus voulu y rester. | حتّى عدت ما حبّيت شي نزيد نقعد |
| **Sous** ses yeux. | تحت عينيه |
| Sous son règne. | كيف كان سلطان — في مدّته |
| A la **suite** de... | في اثر — في جرّة — في ثنا |
| A ce **sujet**. | على هذا الشان |
| **Supposé** que... | إذا جاب ربّي... — فرضنا بالّي |

### T

| | |
|---|---|
| **Tant** que je vivrai. | ما دامني حيّ — ما دمت في قيد الحياة |
| Tant qu'il sera malade. | ما دام مريض |

| | |
|---|---|
| Tant riches que pauvres. | الغنيين كالمساكن |
| Tant votre frère que votre ami. | كخوك كصاحبك |
| Tant je suis en colère. | من قوّة الغش الّى في قلبي |
| Il est venu **tantôt**. | جاء قبيلا |
| Je viendrai tantôt. | ذا الوقت نجي |
| Il est venu **tard**. | جاء بعد ما فات الوقت — ما جاء شي بكري — جاء موخّر |
| Au plus tard, dans deux heures. | إذا بطا في ساعتين — بالأكثر بعد ساعتين |
| Acceptez-les **tels** quels. | اقبلهم كما راهم |
| Je n'ai jamais rien vu de tel. | عمري ما شفت دعوة كهذيك |
| J'en ai un tel qu'il vous le faut. | عندي واحد الّى يلديف بك |
| Un homme tel que vous. | رجل كيبك — مثلك |
| Telle était la force du vent que... | والريح كان شديد حتّى... |
| Il m'a dit telle et telle chose. | قال لي كذا وكذا |
| Telles furent ses paroles. | وهكذاك تكلّم |
| Il est **tellement** bon qu'il leur a pardonné à tous. | هو مليح حتّى سمح لهم الكلّ — من كثرة ملاحته |

Du **temps** de… في إيّام — في زمان

Il est arrivé à temps. وصل في الوقت

En temps et lieu, en temps opportun. في الوقت الموالم — المناسب

Avec le temps. مع طول الزمان

Il est temps de partir. هذا وقت الرواح

Faites-le à temps perdu. اعمله وقت الى تكون فارغ الشغل — متهاجي (Tun.)

A contre-temps. من غير وقته

Le temps me manque. — **Temps** (ATMOSPHÈRE), Voy. p. 317. فاتني الوقت

Il passe son temps à lire. يظلّ يقرا — يجوّز (يعدّي) وقته بالقراية

**Tirer** au sort. ضرب الفرعة

Il ne pourra pas se tirer d'affaire. ما ينجم شي يسلّك راسه

A **titre** de… على وجه — بحكم — برسم

A juste titre. بالحقّ — بوجه الحقّ

A **tort**. في الباطل

A tort ou à raison. بغى حقّ بغى باطل

Vous avez tort de… ما شي حقّ عليك — عيب عليك

| | |
|---|---|
| Cela arrivera **tôt** ou tard. | فريب ولّا بعيد هذه الحاجة — ما كان إلّا تصير |
| **Toute** la journée. | النهار كامل — طول النهار |
| Tous les hommes sont venus. | الرجال كلّهم جاوا |
| Pas du tout. | بالكلّ — خلاص |
| Tout à fait. | بالكلّ — بالكلّية |
| En tout. | بالمجموع — بالجملة |
| De tout temps. | من قديم الزمان |
| Tous les deux jours. | كلّ يومين |
| Je suis tout à vous (Voy. SERVICE). | |
| Vous écrivez de **travers**. | تكتب معوّج |
| **Trêve** de paroles ! | بطّل (فصّ) علينا هذا الكلام |
| **Trop**, — par trop. | بالزيادة — بالزايد |
| Trop tôt, — trop tard. | قبل وقته — بعد وقته |
| Trop parler nuit. | كثرة الكلام تضرّ |
| Il serait trop long de... | يطول عليّ الحال |
| A ses **trousses**. | في أثره — في جرّته — مردوب عليه |

## V

Cela ne **vaut** rien. — هذا ما يسوَى شي — ما منه شي

Chacun sait ce qu'il vaut. — كُلّ واحد يَعْرِف قيمته

Il en **vint** à regretter ce qu'il avait fait. — حتّى عاد يندم على ما عمل

S'il **vient** à apprendre que... — إذا وصل له الخبر بالّي...

Il **vient** de partir. — ذا الوقت راح — هذا واين راح — ما زال كيــب مشى — توّا مشى (Tun.)

Il m'est **venu** un clou au pied. — ناضَت لي حبّة في رجلي

Le premier **venu**. — الّي يجي — الى كان — واحد من دون — واحد من طروف

**Vers** le levant. — جِهة الشَرق

En **vertu** de tel règlement. — بحكم القانون الفُلاني (بموجب)

A **vie**... — على طول حياته

Avec **violence**. — بالزّور

**Vis-à-vis** de la maison. — فبالة الدار

| | |
|---|---|
| Au plus **vite** (*Voy.* RAPIDEMENT). | في أسرع ما يكون |
| Qui **vive** ? | من هو |
| **Vive** le roi ! | منصور (*victorieux !*) |
| Le **voici** qui s'en va. | هاء ماشي |
| **Voilà** tout. | هذا ما كان |
| De vive **voix**. | باللسان — بالكلام |
| A haute **voix**. | بالجهر — بالعالي — بالصوت |
| Parler à voix basse. | تكلّم بصوت واطي — بالخفالية |
| A **volonté**. | على غرض — بغرض |
| Je l'ai fait de bonne volonté. | عملته بغرضي — بطيب خاطري |
| **Volontiers** (*Voy.* PLAISIR, GRÉ). | |
| **Vraiment** ! | بالصحّ — بلا شكّ |
| Cela ne s'est jamais vu. | هذه الحاجة عمرها ما صارت |
| Au vu et au su de tout le monde. | في بالة الناس |

# LIVRE QUATRIÈME

## LISTES DE MOTS
SOUVENT EMPLOYÉS DANS LE LANGAGE

### La Religion
(الدّين)

Dieu, الله ✶ رتّ العالمين

Ange, ملك pl. ملايكة

Prophète, نبي pl. أنبيا ✶ رسول pl. رسل

Le Paradis, الجنّة

L'Enfer, الجهنّم

Démon, شيطان pl. شياطين

Prière, صلاة pl. صلوات

Musulman, مسلم pl. مسلمين

Chrétien, نصراني coll. النصارى

Israélite, يهودي pl. يهود

Mosquée, جامع pl. جوامع

Minaret, صمعة pl. صمع

Mufti, مفتي pl. مفاتي

Ablution, وضوء

### L'Univers
(العالم)

Air, هوا

Ciel, سما pl. سموات

Étoile, نجمة pl. نجوم

Lune, قمر

Lumière, نور \* ضوء

Ténèbres, ظلام pl. ظلمة

Le Monde, العالم \* الدّنيا

Soleil, شمس *fém.*

Terre, أرض *fém.*

Le Nord, الجوي

Le Sud, القبلة

L'Ouest, الغرب

L'Est, الشرق

**Le Globe terrestre**
(كرة الأرض)

Cap, رأس pl. رؤوس

Chaleur, جرّ \* سخانة

Col (défilé), جّ pl. جووج
\* ثنية pl. ثنايا

Fleuve, نهر pl. انهار

Forêt, غابة pl. غيب

Golfe, جون pl. أجوان

Gorge, خنفة pl. خنف

Ile, جزيرة pl. جزاير

Mamelon, كدية pl. كديات

Mer, بحر

Vague, موج pl. أمواج

Ombre, ظلّ

Pays, بلاد \* وطن pl. أوطان

Port, مرسى pl. مراسي

Poussière, غبار

Plaine, وطا

Ravin, شعبة pl. شعاب

Rocher, صخرة \* كاو pl.
كيوان

Sable, رمل

Terre, تراب

Tremblement de terre, زلزلة

| Les Minéraux (المعادن) | Les Plantes et les Fleurs (النباتات والأنوار) |
|---|---|
| Acier, دكير | Absinthe, شجرة مريم * شيح |
| Alun, شب | Avoine, قصّيبة * خرطال (Tun.) |
| Argent, فضّة | |
| Argile, طين * صلصال * طوبل (Tun.) | Basilic, حبق |
| | Blé, قمح |
| Arsenic, رهج | Bouquet, مشموم |
| Chaux, جير | Capucine, شابير باشا * شبور الفارس (Tun.) |
| Cuivre, نحاس | |
| Fer, حديد | Cassie, بان |
| Marbre, رخام | Chanvre, قرنب * حشيش |
| Or, ذهب | Chardon, خرشف * بونغار |
| Plâtre, جبس | Coquelicot, بن نعمان * بوقرعون (Est) |
| Plomb, رصاص | Fenouil, بسباس |
| Porcelaine, قرووري | Foin, قرط |
| Rouille, صديد | Fleur d'oranger, زهر |
| Sel, ملح | Garance, فوة |
| | Géranium, عطرشاة |

| | |
|---|---|
| Giroflée, خيلي | Orge, شعير |
| Guimauve, خُبّيزة ٭ مُجّير | Pavot, خشخاش |
| Halfa, حلفة | Rose, ورد |
| Jacinthe, سُنبل | Sorgho, بشنة |
| Jasmin, يَسمين | Violette, بلسبنج (rég¹) |
| Jasmin d'Arabie, فلّ | بنفسج |
| Jonc, سمار | **Les Arbres** |
| Jonquille, بهيرة ou بهار | (الشّجور) |
| ٭ عوينة فلّوس (Tun.) | Arbre, شجرة pl. شجور et أشجار |
| Lavande (sauvage), حأحال | |
| Lavande, خزامة | — Feuilles, ورفة coll. اوراق pl. ورق |
| Lierre, لوّاي | |
| Lin, كتّان | — Branche, عروب pl. اعراب |
| Lis, سيسان ٭ سوسان (Tun.) | |
| Maïs, ذرع ٭ فطانية (Tun.) | — Tronc, جدرة pl. جدور |
| Mauve, خُبّيز ٭ مُجّير | — Écorce, فشرة pl. فشور |
| Menthe, نعناع | — Racine, عرف pl. عروف |
| Mousse, خزّ | Acacia, طلح |
| Narcisse, نرجس | Aloès, صبّارة |
| Œillet, فرنبل | Arbousier, خلنج |

Azerolier, زعرور
Buisson, خشّة
Buis, بقس * شمشير (Tun.)
Caroubier, خرّوبة
Cèdre, أرزة
Chêne-vert, فرّوش * شجرة البلّوط
Chêne-liège, برنان
Chêne-zéen, زان
Cyprès, سرول
Chèvrefeuille, سلطان الغابة
Frêne, درّدار
Figuier, كرمة
Genévrier, عرعار
Genêt (épineux), فنـدول
Genêt (du Sahara), رتـم
Jujubier, عنّابة
Jujubier sauvage, سدرة pl. سدور
Laurier, رنـد

Laurier-rose, دفـلة
Lentisque, ذرو
Liège, برنان * برج التّيس * حقّاوي (Tun.)
Myrte, ريحان
Olivier sauvage, زبّوج * زبّوس (Tun.)
Palmier, نخلة
Palmier nain, نخل * دوم * برعون
— Cœur de palmier, جُمّار
Peuplier, صفصاو
Pin, صنوبر
Roseau, قصب
Ronce, عليـق
Saule pleureur, أمّ السوالف
Vigne, دالية pl. دوالي

## Les Fruits
(الفاكية)

Abricot, مشماش

— 436 —

Amande, لوز

Arbouse, بوجبيبة \* ساسنو \* حمراء (Tun.)

Banane, موز

Cerise, حبّ الملوك

Cédrat, ترنج

Châtaigne, فيُطل

Citron, ليم فارس

Coing, سفرجـل

Datte, تمر

Figue, تين \* باكور \* بيثر \* كرموس

Figue de Barbarie, كرموس \* هندي \* النصارى (Tun.)

Fraise, توت الارض \* فراولو (Tun.)

Gland, بلّوط

Grenade, رمّان

Mûre, توت

Noisette, بو نـدق \* فريوة (Tun.)

Noix, جوز

Olive, زيتون

Orange, بردقان \* شينة (Tun.)

Pêche, خوخ

Poire, انجاص

Pomme, تفّاح

Prune, برقوق \* عين بقر \* عوينة (Tun.)

Raisin, عنب

Raisin sec, زبيب

Grappe de raisin, عنقود pl. عناقيد

Grappe de dattes, عرجون pl. عراجين

Aigre, فارص

(Les noms d'arbres fruitiers se forment en mettant le mot شجرة devant le nom du fruit : شجرة التفّاح pommier, etc.)

## Les Légumes
(الخُضَر)

|  |  |
|---|---|
| Ail, | ثوم |
| Anis, | حبّة حلوة |
| Artichaut, | * قرنون |
| | (Tun.) قنّارية |
| Asperge, | سكّوم |
| Cannelle, | قرفة |
| Carotte, | * زروديّة |
| | (Tun.) سفنّارية |
| Cerfeuil, | * اطريلال |
| | (Tun.) كسبر |
| Céleri, | كرافس * كلافس (T.) |
| Campignon, | فقّاع |
| Chardon, | خرشف |
| Chou, | كرنب * كرنبيت |
| Chou-fleur, | قنبيط |
| | (Tun) بروكّالو |
| Citrouille, | كابوية * |
| | (Tun.) قرع كوبي |
| Concombre, | خيار |
| Courge, | قرع |
| Cresson, | * قرنونش |
| | (Tun.) حبّ رشاد |
| Épinard, | سبناخ |
| Fève, | فول |
| Haricot, | لوبية |
| Laitue, | خسّ |
| Lentille, | عدس |
| Melon, | بطّيخ |
| Melon vert, | فقّوس |
| Navet, | لفت |
| Oignon, | بصل |
| Oseille, | * حمّايضة |
| | (Tun.) قرّيصة |
| Pastèque, | دلّاع |
| Persil, | معدنوس |
| Petits pois, | جلبان |
| Piment, | فلفل |

| | |
|---|---|
| Pois chiches, حمّص | Agneau, خروف pl. خرفان |
| Poireau, براصة | (Tun.) علّوش |
| Poivre noir, فلفل أحمر | Anguille, coll. سلباحة |
| Pomme de terre, باطاطة | (Tun.) سلبواحة * سامباخ |
| Réglisse, عرق السوس | Ane, دات * حمار pl. حمير |
| Radis, فجل * مشتهي (Tun.) | (Tun.) بهيم pl. بهايم * |
| Riz, رزّ | Anon, جحش pl. جحوش |
| Salade, شلاضة | Bœuf, بقر pl. أبقار |
| Tomate, طماطم * طماطش | — Corne, قرن pl. قرون |
| Thym, زعتر | Bouc, عتروس pl. عتاريس |
| Flétri, fané, ذابل | Brebis, نعجة pl. نعاج |
| | Caméléon, تانة * أمّ البويّة (Tun.) |
| **Les Animaux** | Chacal, ذيب pl. ذياب |
| (الحيوانات) | Chameau, جمل pl. جمال |
| | بعير * إبل coll. |
| Abeille, نحل | Chameau coureur, مهري pl. مهارى |
| — Ruche, جبح pl. أجباح | Chamelle, ناقة pl. نياق |
| — Miel, عسل | Chat, قطّ pl. قطوط * |
| — Cire, شمع | (Tun.) قطّوس |
| — Rayon de miel, شهد | Chèvre, معزة pl. معيز |

| | |
|---|---|
| Cigale, ابزيز * وزواز * بَرزيط (Tun.) | Hyène, ضبع pl. ضبوع |
| Crabe, أمّ جنيبة | Langouste, فرنيط |
| Crapaud, أمّ قرفر | Lapin, قنين pl. قنينات (Alg.) |
| Éléphant, فيل pl. فيلة et افيال | Lévrier, سلوقي pl. سلاق |
| — Trompe, خرطوم pl. خراطم | Lézard (jaune), زرمومية |
| Escargot, جغلال pl. جغالل | Lièvre, ارنب pl. ارانب |
| Étalon, فحل pl. فحول | Limaçon, ببّوش |
| Fourmi, نملة coll. نمل | Lion, سبع * اسد * صيد pl. سبوعة |
| Génisse, عجلة pl. عجلات | Lionne, لبوة pl. لبوات |
| Gerboise, جربوع pl. جرابع | Lionceau, شبل pl. شبال |
| Grenouille, جرانة coll. جران | Mouche, ذبانة coll. ذبّان |
| Guépard, فهد pl. فهود | Mulet, بغل pl. بغال |
| Guêpe, بوزززو * بوزنزل (Tun.) | Ours, دبّ pl. دبوب |
| Hérisson, قنفود pl. قنافد | Panthère, نمر pl. نمورة |
| Huître, محارة | Papillon, برططّو |
| | Poisson, حوت |
| | Porc, حلّوف pl. حلاليف |

| | |
|---|---|
| Porc-épic, ضربان | Vache, pl. بڨرات بڨرة |
| Pou, قمل | Veau, pl. وكارف وكريف * عجل |
| Poulain, pl. مهار مهر | |
| Puce, pl. براغث برغوث | Ver à soie, دود التوت |
| Punaise, بق | Ver de terre, دود |
| Raton, pl. زرادي زردي | Vipère cornue, pl. لفع لفعة |
| Renard, pl. ثعالب ثعلب | Aboyer, نبح |
| Rhinocéros, فرفدان | Bêler, * صيح يبعبع |
| Sanglier, pl. خنازر خنزير | Beugler, fut. يخور خار |
| Sangsue, علق | Hennir, * نحنح نهم |
| Sauterelle, coll. جرادة | Hurler, عول |
| جراد | Miauler, بغوف |
| Scorpion, pl. عقارب عقرب | Mugir, روك |
| Serpent, pl. احناش حنش | Rugir, زهر |
| Singe, pl. شوادي شادي | |
| pl. فرود فرد * | **Les Oiseaux** |
| Souris, pl. فيران فار | (الطّيور) |
| Taureau, pl. عجامي عجمي | Aigle, pl. نسور نسر |
| pl. ثيران ثور * | Alouette, قوبع |

| | |
|---|---|
| Autruche, نعام | Grive, ترد * مرقوب (Tun.) |
| Caille, سمانة | Grue, غرنوق |
| Canard, براك | Hirondelle, خطايفة |
| Chardonneret, مقنين | Merle, جحموم |
| Chauve-souris, خفاش * طير الليل | Moineau, زواوش pl. زاوش * عصفور السطح (Tun.) |
| Chat-huant (hibou), بوم | Oie, وزّ |
| Chouette, هامة | Outarde, حبارة |
| Cigogne, بلارج | Paon, طاوس |
| Colombe, حمامة | Perdris, حجل pl. حجلة |
| Coq, سرادك pl. سردوك * ديك | Perroquet, بابا غايو |
| | Pigeon, حمام |
| Corbeau, غربان pl. غراب | Poussin, فروخ pl. فرخ |
| Corneille, فاي | Rossignol, بلبل * أمّ الحسن |
| Dindon, دجاج الهند | |
| Etourneau, زرزور | Tourterelle, قمري * إمام |
| Faucon, باز | Vanneau, بيابط pl. بيبط |
| Flamant, شبروس (Tun.) | Vautour, عقاب |

— Serre, griffe, مخالب pl. مخالب

Bec, منقار ٭ فمفوم

Aile, جناح

Nid, عش pl. عشوش

Gazouiller, غرّد

Chanter, غنّي pl. يغنّي

Plumer, ريّش

### La Campagne
(الخلا)

Aire, مندرة

Arrosoir, مرش

Berger, راعي pl. رعيان ٭ سارح pl. سرّاح

Barrage, سدّ pl. سدود

Cabane, نوالة ٭ قُربي pl. ٭ كيب ٭ قرابي (Tun.)

Canal, قادوس pl. فوادس

Culture, فلاحة

Cultivateur, فلّاح

Charrue, محراث pl. محارث

Creuser, حفر

Dépiquer les grains, درس

Étang, غدير pl. غداير

Étable, زريبة ٭ خربة

Échelle, سلّوم pl. سلالم

Faucille, منجل pl. مناجل

Fronde, مقلع ٭ وصب (Tun.)

Fermier, خمّاس

Gardien, عسّاس ٭ حرّاس

Gerbe, فتّة pl. فتت

Lac salé, سبخة

Laboureur, حرّاث

Mangeoire, مذوّد pl. مداود

Marais, فلتة pl. فلت

Meule, نادر pl. نوادر

Moisson, حصاد

Moissonner, حصد
Moissonneur, حصّاد
Noria, ناعورة
Planter, غرس
Prairie, pl. مروج مرجة
Rigole, pl. سوافي سافية
Semer, زرع
Semence, زريعة
Silo, pl. مطامر مطمورة
Soc, pl. سكك سكّة
Treille, عريش
Troupeau (de moutons), pl. غنيم غنم
— (de bœufs), سَغي
Traire, حلب
Vanner, pl. يذرّي ذرّى

## La Ville
(المدينة)

Arcade, pl. افواس فوس
Boutique, pl. حانوت حوانت

Cloche, pl. نوافس نافوس
Église, pl. كنايس كنيسة
Fortification, pl. اسوار سور
Halle, pl. رحب رحبة
Mur, pl. حيوط حيط
Palais de justice, دار الشّرع
Pont, pl. فناطر قنطرة
Tribunal, محكمة

## La Maison
(الدار)

Balcon, pl. درابز درابوز
Bitume, زفت
Cabinet, مقصورة
Carrelage, تبليط
Cave, دهليز
Chambre, pl. بيوت بيت
Château fort, قصبة

Cheminée, مدخنة  
Citerne, جب * ماجن  
Colonne, عرصة  
Cour, وسط الدار  
Escalier, دروج  
Étage, طبقة * طاف pl.  
(Tun.) طيفان  
Latrines, كنيف * شيشما  
Locataire, كاري  
Plafond, سفب pl. سقوب  
Plancher, فاعة  
Serrure, فعل pl. فعال  
Terrasse, سطح pl. سطوح  
Tuile, قرمود pl. قرامد  
Voûte, ساباط pl. سوابط  

**Les Meubles  
et les Ustensiles**  
(آلات الدار والمواعن)  
Anneau, حلف  

Assiette, plat, طبسي pl. أطبقة * صحن * طباسى  
Balai, مكنسة * مصلحة  
Canne, خيزرانة * عكّاز  
(Tun.)  
Casserole, طاجين  
Chaise, كرسي pl. كراسى  
Chandelier, حسكة  
Couverture, غطا  
Crible, غربال * صيّار  
Cruche, قلّة pl. قلل  
Coussin, وسادة pl. وسايد  
Étagère, مرفع pl. مرافع  
Flacon, سبولة  
Fourneau, نافج * كانون  
Gril, مشوى  
Lampe, مصباح * فنديل  
(Tun.) فاز  
— Mèche, بتيلة  
Lit, سرير * فراش

— 445 —

Marmite, طنجرة ✱ فدرة
Matelas, مصرية ✱ مطرح (Tun.)
Mortier, مهراس
Natte, pl. حصاير حصيرة
Oreiller, مخدّة
Serviette, منديل (T.) ✱ فوطة
Tabatière, حكّة
Tapis, pl. زرابي زربية
Tiroir, pl. فجورة فجر
Verre, pl. كيسان كاس ✱ pl. أت بلّار (Tun.)

### Les Vêtements et les Bijoux

(اللباس والصياغة)

Burnous, pl. برانس برنوس
Capuchon, ✱ قلمونة طربوشة (Tun.)
Pantalon, سروال
Haïk, حايك

Turban, عمامة
Corde (en poil de chèvre), بريمة
Calotte, pl. شواشي شاشية
Gland de calotte, ✱ شرابة كبّيتة (Tun.)
Gilet, بدعية ✱ صدرية
Veste, غليلة ✱ جبادولي (Tun.)
Bas, كلاسط ✱ تفاشير
Bottes, تماق ✱ جزمات
Bouton, فعيلة
Galon, شريط
Souliers, صبّاط
Corset, بريملة
Jupe, جبّة
Soie, حرير
Chemise, pl. فمايج فميجة ✱ سورية (Tun.)
Chemise (sans manches) pl. فنادر فندورة

| | |
|---|---|
| Drap, مَلْف | Parer, orner, زَيّن |
| Velours, فطيعة * مو بر (Tun.) | Tresse de cheveux, ضفيرة |
| Henné, حنّة | **La Famille** |
| Ruban, حاشية pl. حواشي | (اهل الدار) |
| Voile, عجار pl. عجاير * ايزار | Fils, ابن pl. بنين |
| Boucle (de cheveux), سالف pl. سوالف | Fille, بنت pl. بنات |
| | Frère, خو pl. اخوة |
| Boucles d'oreilles, منفوشة | Sœur, اخت pl. خواتات et اخوات |
| Agrafe, بزيمة pl. بزايم | Cousin, ولد العمّ * ولد الخال |
| Collier, فلادة | |
| Bracelet, مسياسة pl. مسايس | Gendre, نسيب pl. انساب |
| | Époux, بعل * زوج |
| Anneau de jambe, خلخال | Père, أب * بو * بابا |
| Bague, خاتم pl. خواتم | Mère, أمّ * يمّا |
| Épingle, مسّاك | Grand-père, جدّ pl. اجداد |
| Brosse, شيتة | Grand'mère, جدّة pl. جدّات |
| Peigne, مشطة | |
| Glace, مرايت | |

Veuf, عازب

Veuve ou divorcée, هجالة

Oncle (paternel), عمّ pl. عموم

Oncle (maternel), خال pl. اخوال

Orphelin, يتيم pl. يتامى

Beau-fils (fils de la femme ou du mari), ربيب

Beau-frère, صهر

### Les Métiers
(الصنايع)

Armurier, سلاحجي * شافمَخجي

— Fusil, مكحلة pl. مكاحل * (Tun.) مقرون

— » Le canon, الجعبة

— » Le bois, السرير

— » La crosse, الفندّاق

— » La batterie, الزنـاد

— Pistolet, كابوس pl. كوابس * برد pl. برود (Tun.)

— Sabre, سكّين pl. سكاكين * سيب pl. سيوب

— » La poignée, القبضة

— » Le fourreau, الجوى

Bijoutier, صايغ * جواهري

— Pierre précieuse, جوهر * درّة

— Perle, لؤلؤ pl. لآلى

— Corail, مرجان

— Rubis, ياقوت

— Ambre, عنبر

Boucher, جزّار

— Abattoir, مذبح

Boulanger, خبّاز

— Pétrin, فلفال

| | |
|---|---|
| — Levain, خميرة | Droguiste, عطّار |
| — Farine, دقيق | Epicier, سكّاكري ٭ عطّار (T.) |
| — Semoule, سميد | — Vinaigre, خلّ |
| — Son, نخالة | Ferblantier, فرادري |
| — Pain, خبز | Forgeron, حدّاد |
| Cafetier, قهواجي | — Enclume, زبريرة ٭ زبرة |
| Cardeur, فرادشي | — Soufflet de forge, كير |
| — Carde, pl. فرداس فرادش | Interprète, ترجمان ٭ مترجم (Tun.) |
| Chanteur, غنّاي ٭ مدّاح | — Traduire, ترجم |
| Charpentier, نجّار | — Registre, pl. دفاتر دفتر |
| Chasseur, صيّاد | Acte, pl. عقود عقد |
| Chaudronnier, صقّار ٭ نحّاس | Maçon, بنّاي |
| Cordier, حبّال | — Mortier, عجنتر ٭ بغلي (Tun.) |
| Cordonnier, دغمولجي ٭ بلاغجي ٭ صبابطي | — Chaux, جير |
| | — Plâtre, جبس |
| | — Truelle, جرمة |
| Dessinateur, مصوّر ٭ صوّار | — Brique, ياجور |

| | |
|---|---|
| Peintre, دهان * زواق (T.) | Maréchal ferrant, صبّاح * سمّار, صبعايجي (Tun.) |
| — Couleur, لون pl. الوان | Marin, بحري |
| — Blanc, ابيض | — Navire, مركب * شفو * سفينة |
| — Bleu, ازرق | |
| — Rouge, احمر | Mât, صاري pl. صواري |
| — Vert, اخضر | — Rame, مقذاي |
| — Jaune, اصفر | — Voile, قلع pl. قلوع |
| — Noir, اكحل * اسود | — Gouvernail, دمان |
| — Brun, اسمر | Meunier, رحّاي * (Tun.) طواحني |
| — Roux, اشقر | — Moulin, طاحونة * رحاء |
| — Violet, بنبسجي * مور | Pêcheur, صيّاد |
| — Marron, فسطلي | — Pêche, صيادة |
| — Rose, وردي | — Poisson, حوت |
| — Amarante, عكري * ديدي | Potier, فخّار |
| Menuisier, نجّار | Savetier, خرّاز * ملّاح |
| — Planche, لوح pl. الواح | Tanneur, دبّاغ |
| — Marteau, مطرقة | Teinturier, صبّاغ |

| | |
|---|---|
| Tonnelier, برامِلي | — Scie, منشار |
| — Baril, برميل | — Tenaille, *pl.* كلّاب كلاب |
| Vitrier, زجّاج | |
| — Vitre, زجاج * جمّ بلّار (Tun.) | — Vrille, بَرّينة |
| Architecte, مهنّدس | — Clou, مسمار |
| Arpenteur, قيّاس | — Vis, لولب * بشلْت |
| Soldat, *pl.* عساكر عسكر | — Colle, لصق |
| — Canon, مدفع *pl.* مدافع | Compas, دابر * بركان |
| — Fort, برج *pl.* أبراج | — Ciseau, منقار |
| — Caserne, قشلة | Tailleur, خيّاط * تارزي (T.) |
| **Le Corps humain** (جسد بن آدم) | — Aiguille, إبرة *pl.* اباري |
| | — Fil, خيط |
| Aisselle, إبط * طابق *pl.* طوابق | — Dé, حلقَ * قسطبينة (Tun.) |
| Barbe, لحية | — Ciseaux, مقصّ |
| Moustache, شلاغم | Tisserand, نسّاج * حوكي |
| Bile, مرار * صفار | — Tisser, نسج |
| Bouche, فم *pl.* افوام | — Navette, مكّوك |

| | |
|---|---|
| Bras, ذراع | Dos, ظهر |
| Cheveu, شعر | Entrailles, أحشا |
| Cervelle, مخّ | Épaule, كتف pl. اكتاف |
| Cœur, قلب pl. قلوب | Estomac, معدة |
| Colonne vertébrale, سلسلة الظهر | Foie, كبد |
| | Front, جبين |
| Côté, جنب pl. أجناب | Genou, ركبة pl. ركايب |
| Côte, ضلع pl. ضلوع | Gorge, فرجومة |
| Cou, رقبة | Gosier, حلق |
| Coude, مرفق pl. مرافق | Hanche, ورك pl. اوراك |
| Crachat, بزقة | Intestins, مصارن |
| — Cracher, بزق | Jambe, ساق pl. سيقان |
| Crâne, جمجمة | Joue, خدّ pl. خدود |
| Cuisse, فخد pl. افخاد | Langue, لسان |
| Dent, سنّة pl. أسنان | Larme, دمعة pl. دموع |
| Molaire, ضرسة pl. ضروس | Lèvre, شفة pl. شفهات et شوارب |
| Doigt, صبع pl. صوابع et أصابع | |

| | |
|---|---|
| Mâchoire, حنك pl. حنوك | Ongle, ظفر pl. اظفار |
| Mamelle, بزة pl. زوايز | Oreille, أذن |
| Main, يد | Os, عظم pl. عظام |
| — Paume de la main, كف | Palais, سقف الفم |
| Morve, خدونة | Peau, جلد pl. جلود |
| Nerf, عصب pl. اعصاب | Phalanges, مفصل pl. مفاصل |
| Nez, نيف * خشم | Pied, رجل * كراع |
| Narines, مناخر | Poitrine, صدر |
| Nombril, سرة | Poignet, معضم pl. معاصم |
| Œil, عين pl. عيون | Poumon, رية |
| — Paupière, جفن pl. أجفان | Rate, طحان |
| — Cils, شفر | Salive, ريق |
| — Sourcils, حاجب pl. حواجب | Sang, دم |
| | Sueur, عرق |
| — Prunelle, بص العين | Talon, قدم pl. أقدام |
| | Tête, راس pl. رؤس |

| | |
|---|---|
| Veine, عرق pl. عروق | Jaunisse, صڤاير |
| Ventre, بطن ٭ كرش ٭ جوف | Lavement, حقنة |
| Vessie, نبولة | Maigre, هزيل ٭ راهم |
| Visage, وجه pl. وجوه | Ophtalmie, رمد |
| | Panaris, داحوس |
| **Les Maladies** | Paralysie, نقطة |
| (الامراض) | Peste, حبوبة |
| | Plaie, جرح ٭ جرحة |
| Abcès, دمالة | Phtisie, برد رفيق ٭ سلّة |
| Agonie, سياق ٭ نزاع | Pus, قيح |
| Angine, خناق | Rhume, نزلة، كحّة، سعال (Tun.) |
| Bouton, حبّة | |
| Cauchemar, بوتليس | Rougeole, بوحمرون |
| Enflammé, منفوخ | Saigner, ٭ قطع الدم ٭ نحّى الدم |
| Épilepsie, فرزينة | |
| Étourdissement, دوخة | Tousser, كحّ ٭ سعل (Tun.) |
| Fièvre, سخانة ٭ حمّة | Toux, كحّة ٭ سعلة (T.) |
| Gale, جرب | Variole, جدري |
| Indigestion, وخمة ٭ نشرة | |

| | |
|---|---|
| Vomir, تفيّأ | Boiteux, اعرج |
| — Camphre, كافور | Bossu, احدب |
| Sulfate de quinine, كينة | Chauve, اصلع * اصلج |
| — Pilule, حبّة pl. حبّات | Estropié, عايب |
| (Tun.) حربوشة pl. حرابش | Louche, احول |
| Remède, دوا | Muet, بكوش * عقرون (Tun.) |
| Brancard, نعاش | Nain, وشبرون |
| Béquille, عكّازة pl. عكاكز | **En Classe** |
| Réduire une fracture, جبّر | (في بيت التعليم) |
| | Absent, غايب |
| Rebouteur, جبّاز | Adjectif, نعت * صفة |
| Vacciner, قطع * يصد الجدري | Alphabet, حروف الهجا |
| | Arabe (en), بالعربيّة |
| Aveugle, اعمى | Article, اداة التعريف |
| Bancal, طبّال | Cahier, كرّاس pl. كرارس |
| Bègue, تمتام | Causer, هذر * فجم |
| Borgne, اعور | Comprendre, فهم |

| | |
|---|---|
| Expliquer, فهّم * فسّر | — Sens, معنًى pl. معاني |
| — Explication, تفسير | Conjuguer, صرّف |
| Examen, إمتحان | — Conjugaison, تصريف |
| Français (en), بالفرانسيسة | Consonne, حرف pl. حروف |
| Former, صوّر | |
| Genre, جنس | Copie, نسخة pl. نسخ |
| — Masculin, تذكير * مذكر | — Ramasser, لمّ |
| — Féminin, تأنيث * مؤنث | Corriger, صحّح * نحّى الغلط |
| Leçon, درس * تعليم | Crayon, قلم رصاص * لابس (Tun.) |
| — Apprendre, تعلّم | Dicter, بنى F. I. — املى F. I. |
| — Réciter, عرض | |
| — Savoir, حفظ | Écouter, صنّت |
| Lettre, حرف pl. حروف | Écrire, كتب |
| — Solaire, شمسي | — Écriture, كتيبة |
| — Lunaire, قمري | Encre, حبر * مداد |
| — Lettres formatives, زوايد | — Encrier, محبرة * دواية |
| | Épeler, هجّى F. I. |

| | |
|---|---|
| — Duel, تثنية | — Lettres faibles, حروف العلّة |
| — Pluriel, جمع | |
| Orthographe, ضبط * رسم | Ligne, سطرة * خطّ |
| Oublier, نسي F. A. | Lire, فرا |
| Papier, كاغط | — Lecture, فراية |
| — Feuille, ورقة * طبقة | Lycée, مدرسة |
| Phrase, جُملة | Mot, كلمة |
| Plume, قلم | Nom, اسم pl. أسماء et أسامي |
| — Tailler, برى F. I. | |
| — Roseau, قصب | — propre, اسم علم |
| Point, نقطة | — d'action, مصدر |
| — Ponctuer, نقط | — masculin, اسم مذكّر |
| Préposition, حروف الجرّ | — féminin, اسم مؤنّث |
| Présent, حاضر | — de métier, اسم الحرفة |
| Pronom, ضمير | — de lieu, اسم المكان |
| — Se rapporte à, راجع لـ | — d'instrument, اسم آلة |
| Prononcer, نطق | Nombre, عدد |
| Prononciation, نطق | — Singulier, مفرد * فرد |

| | |
|---|---|
| Punir, عاقب | Traduire, ترجم |
| — Punition, عقوبة | — Traduction, ترجيم |
| Récompenser, كافى F. I. | — Mot à mot, كلمة بكلمة |
| — Récompense, مكافاة | Tromper (se), غلط |
| Règle, مسطرة | Verbe, فعل pl. أفعال |
| — Régler, سطّر | — régulier, سالم |
| Règle (de grammaire), قاعدة pl. فواعد et قياس | — irrégulier, غير سالم |
| | — sourd, أصمّ |
| | — assimilé, مثال |
| Répondre, جاوب * ردّ الجواب | — concave, أجوب |
| — Réponse, جواب | — défectueux, معتل الاخر |
| Suivre, تبع | — hamzé, مهموز |
| Tableau, لوحة | — transitif, متعدّي |
| — Craie, طباشير | — intransitif, لازم |
| — Eponge, نشّافة | — Temps, زمان pl. أزمنة |
| — Effacer, محى F. I. | — 1re personne, متكلّم |
| — Essuyer, مسح | — 2e personne, مخاطب |
| — Appuyer, ثقل * نزل على | — 3e personne, غايب |

— Prétérit, ماضي         — Le Futur, المستقبل
— Aoriste, مُضارع        — Le Fut. passé, المستقبل الماضي
— Impératif, أمر
— L'Indicatif, المرفوع   — Le Plus-que-parfait, الماضي التّام
— Le Subjonctif, المنصوب
— Le Condition., الشرطي  — Le Participe présent, اسم الفاعل
— Le Présent, الحاضر     — Le Participe passé, اسم المفعول
— L'Imparfait, الماضي غير تامّ
حَرَكة, Voyelle,

FIN تمام

# TABLE

## A

| | Pages |
|---|---|
| Adjectif démonstratif | 55 |
| — qualificatif (ses règles) | 77 |
| — qualificatif (sa formation) | 210 |
| — possessif | 58 |
| — de couleurs | 236 |
| — relatif | 246 |
| — numéraux cardinaux | 20ᵉ, 21ᵉ et 24ᵉ leçon |
| — numéraux ordinaux | 275 |
| Adverbes (quelques) | 90 et *passim* |
| Alphabet | 1 |
| Annexion (règle de l') | 51 |
| Aoriste | 22ᵉ, 23ᵉ leçon et 138 |
| Article | 47 |
| — devant une lettre solaire | 50 |
| Assez | 30ᵉ et 31ᵉ leçon |
| Assimilé (verbe) | 28ᵉ et 37ᵉ leç. |
| — à la VIIIᵉ forme | 184 |

| | Pages |
|---|---|
| Attendre | 231 |
| Aucun, aucune | 65 |
| Autant | 283 |
| Autre | 90 |
| Avant de | 240 |
| Avoir | 43 à 51 et 171 |
| — traduit par *être* | 76 |
| — *qu'as-tu ?* | 129 |
| — *il y a* | 156 |

## B

| | |
|---|---|
| Beaucoup | 74 |

## C

| | |
|---|---|
| Certain (quelque) | 213 |
| Cesser de | 159 |
| Chacun, chaque | 126 |
| Chadda | 19 |
| Comparatif | 220 |
| Compliments | 303 à 311 |
| Concave (verbe) | 29ᵉ, 30ᵉ et 37ᵉ leçon |
| Conditionnel | 41ᵉ leçon |
| Conjonction *et* | 44 |
| Conjonction *mais* | 87 |
| Conjonctions (autres), *passim* | |

## D

| | |
|---|---|
| Défectueux (verbe) | 32ᵉ et 37ᵉ leçon. |
| Dérivé (verbe) | 140 et 35ᵉ à 40ᵉ leçon. |
| — (temps) | 40ᵉ et 41ᵉ leçon. |
| Devoir (verbe) | 253 |
| Dictons | 321 à 347 |
| Diminutif | 238 |
| Djezm | 17 |
| Duel | 16ᵉ leçon. |

## E

| | |
|---|---|
| Écriture | 6 et suiv. |
| En | 167 |
| En (suivi d'un participe présent) | 248 |
| Encore | 31ᵉ leçon. |
| Être | 72, 152, 171 |
| Exclamations | 303 à 311 |

## F

| | |
|---|---|
| Faire faire | 280 |
| Féminin | 53, 61, 222, 236 |
| Fils | 251 |
| Fois | 220 |
| Formes du verbe | 39ᵉ leçon. |
| Fractions | 276 |
| Futur. 40ᵉ leçon (V. *aoriste*). | |
| Futur passé | 40ᵉ leçon. |

## H

| | |
|---|---|
| Hamza | 4 |
| Hamzé (verbe) | 33ᵉ leçon. |
| Heure (manière de l'exprimer) | 196 |

## I

| | |
|---|---|
| Idiotismes | 391 |
| Imparfait | 40ᵉ leçon. |
| Impératif | 25ᵉ leçon. |
| Imprécations | 301 à 303 |
| Infinitif | 122, 250 |
| Injures | 303 |
| Interrogatifs (mots) | 69 et *passim*. |
| Interrogation | 44, 47 |
| Irréguliers (pluriels) | 17ᵉ et 18ᵉ leçon. |
| Irrégulier (verbe) | 141 |

## J

| | |
|---|---|
| Jamais | 144 |
| Jours de la semaine | 148 |

## L

| | |
|---|---|
| Lamalif | 8 |
| Lettres de prolongation | 15 |
| — lunaires, solaires | 10 |
| — serviles ou formatives | 140 |
| — (leur liaison) | 6 |

## M

| | |
|---|---|
| Madda | 22 |
| Manger | 215 |
| Maximes | 321 à 347 |
| Même | 256 |
| Metâ متاع | 13ᵉ leçon. |
| Mettre à (se) | 229 |
| Modèles d'écriture | 25 |
| Mois | 316 |

## N

| | Pages. |
|---|---|
| Négation. | 44, 54 |
| Ni... ni | 54 |
| Nombres. | 16e, 17e et 18e leçon. |
| Noms d'action | 194 |
| — de couleurs. | 236 |
| — d'instrument. | 288 |
| — de lieu. | 281 |
| — de métiers. | 217 |
| — de nombres. | 20e, 21e et 24e leçon. |
| — d'unité. | 110, 224 |

## O

| | |
|---|---|
| On. | 226, 258 |
| Ou | 54 |
| Où | 70 |
| Ouesla | 21 |

## P

| | |
|---|---|
| Participe | 195 |
| Différence entre le participe présent et le participe passé. | 264 |
| Passé. | 40e leç. (V. *prétérit*). |
| Peine (à) | 265, 270 |
| Perdre | 245 |
| Personne | 65 |
| Peut-être | 164 |
| Pluriel irrégul. | 17e et 18e leç. |
| — régulier | 92 |
| — de certains mots. | 228 |
| Plus-que-parfait. | 40e leçon. |
| Point (être sur le) | 270 |

| | Pages. |
|---|---|
| Prendre | 215 |
| Prépositions. | *passim*. |
| Préposition *de* entre deux substantifs. | 51, 81 |
| Prépositions مع et بِ, leur différence | 62 |
| Préposition لـ | 118 |
| Présent | 40e leçon. |
| Prétérit | 26e leçon. |
| Primitif (verbe). | 140 |
| Pronoms affixes | 57 à 90 |
| — démonstratifs. | 54 |
| — personnels (sujets) | 85 |
| — personn. (compléments). | 65 |
| — (avec un verbe réfléchi) | 243 |
| — possessifs | 80 |
| — réfléchis | 243 |
| — relatifs | 89, 121 |
| — *le, la, les*. | 12e leçon. |
| — *celui, celle*. | 79, 89 |
| Proverbes | 321 à 347 |

## Q

| | |
|---|---|
| Quadrilitère (verbe) | 172, 182 |
| Quel, quelle, etc. | 50, 90 |
| Quelque. | 213 |
| Qui | 70, 89 |
| Qui...? | 69 |

## R

| | |
|---|---|
| Racine. | 140 |
| Régulier (pluriel). | 94 |
| Régulier (verbe). | 140 |

## S

| | Pages. |
|---|---|
| Salutations | 303 à 311 |
| Semblant (faire) | 270 |
| Serment (particule de) | 237 |
| Serments | 303 à 311 |
| Seul (adjectif) | 87 |
| Si | 135 |
| Solaires (lettres) | 10 |
| Souhaits | 303 |
| Sourd (verbe) | 27ᵉ et 37ᵉ leçon. |
| Subjonctif | 40ᵉ leçon. |
| Sujet (sa place) | 114 |
| — (accord du verbe avec lui) | 278 |
| Superlatif | 221 |
| Syllabes | 22 |

## T

| | |
|---|---|
| Ta marbouta | 7 |
| Tchdid | 19 |
| Temps (du) | 311 |
| — dérivés | 40ᵉ et 41ᵉ leçon |

## U

| | Pages. |
|---|---|
| Un, une | 43, 86 |

## V

| | |
|---|---|
| Venir | 166 |
| Venir de | 148 |
| Verbe *avoir* | 43 à 49, 171 |
| — — (traduit par *être*) | 74 |
| — *être* | 72, 152, 171 |
| — irrégul. | 26ᵉ à 35ᵉ leçon. |
| — primitif | 140 |
| — dérivé | 140 et 35ᵉ à 40ᵉ leçon. |
| — à la VIIIᵉ forme | 193 |
| Vœux | 303 |
| Voici, le voici | 89 |
| Vouloir (je voudrais bien) | 129 |
| Voyelles | 11 |

## Y

| | |
|---|---|
| . . . . . . . . . | 173 |

ALGER. — TYPOGRAPHIE A. JOURDAN.

www.ingramcontent.com/pod-product-compliance
Lightning Source LLC
Chambersburg PA
CBHW072112220426
43664CB00013B/2096